# 体験型 教育相談
## ワークで学ぶ

監修 小野田正利・藤川信夫／大前玲子 編著

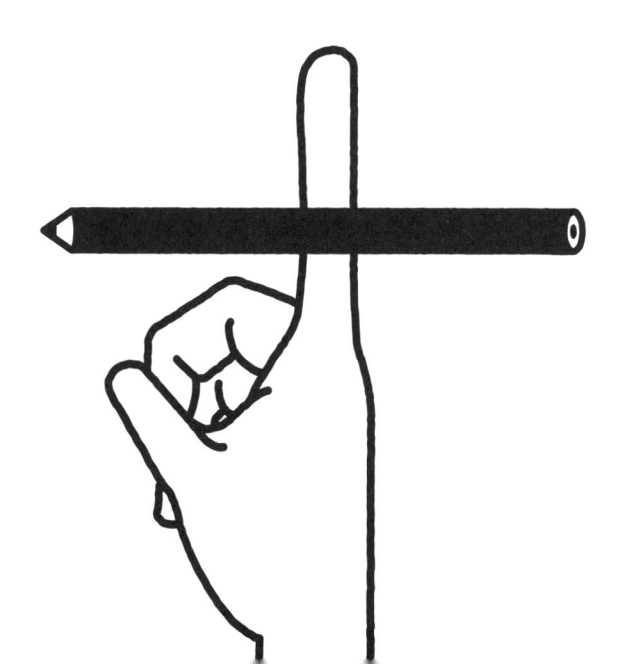

## はじめに

### 1．必須アイテムとしての「子ども理解の力」

　学校・教師と保護者の間に生じるトラブルの解決、あるいは相互の良好な関係づくり、別の言葉で言えば「保護者対応問題」という従来の教育学にはなかった奇異なテーマを追及している私のところには、全国各地の教育現場から「助けて欲しい」「話をして欲しい」という依頼がたくさんきます。その依頼された講演の最後に、最近では必ず次のように言います。

　《全国各地で、多くの若い先生の採用が始まっています。若い先生が学校に入ってくることは、それだけで職場が輝きます。"ういういしい"こと"みずみずしい"こと、それだけで価値があります。しかし他方で「最近の若い教師はいろんなことはできるが、コミュニケーション力というか対話力というか、それが乏しい。もう少し保護者とうまくやっていく力を教員養成で学んでこないのか！」と、怒っておられる年配の先生もいるかもしれません。

　教えません、そんなことは！　いまの大学の教員養成段階では、他に学ぶことがいくつもありすぎるんです。それにねぇ、大学に多くのものを求めてはいけません。大学の教師は他の世界で生きていけないから、こうして大学で生きているんです（笑い）。

　ベテランの先生方も、若い頃に年配の先生から教えられ、注意されながら学んでいったのではありませんか。「先生、今日クラスの子どもが学校でケガをしたやろう。いまから親御さんに電話一本入れておけ」「ええっ、あんな程度のケガでもいちいち入れるんですか？」「親っていうのはなぁ、ちょっとした程度でも、さぞ痛かったんだろうなぁと思うねん」「分かりましたよ。ハイハイ」「もしもし、お母さんですか？　よかったですね。今日のお子さんのケガがたいしたことがなくて……」「コラッ、お前がその言葉を使うか！　口の

i

きき方に気をつけろ！」(笑い)――こう怒られた経験はありませんか。

　それにね、私は最初から思っています。教師にとって必要な力の中に、保護者とうまくやっていける力は、入っていないと思っているんです。教師として必要な力というのは、自分の教えるべき教科の内容を、いかに・わかりやすく・きちんと・丁寧に・面白く教えることができるか。一つめはこの「授業力」なんです。そして二つめは、ますます多様で複雑になる子どもたちの状況をトータルに把握できる力、つまり「子ども理解の力」なんです。この二つで十分です。「保護者とうまくやっていく力？」――そんなものを最初から身につけている教師なんていない。失敗しながらもひとつひとつ、自分の身体にしみこませるような形で学んでいかなければならないものだと思います。それは時代が変わった今日でも同じです。

　そして間違ってはいけません。学校や教師は、とことん子どもと向き合ってなんぼです。保護者の歓心を買うことが教師の任務ではありません。保護者の喜びというのは、毎朝わが子が「行ってきます」と言って、家の玄関を出て学校に向かう、その姿を見ることにあるのです。そのことを決して間違ってはいけないと思っています。》

## ２．課題解決のための知識と実践、そして連携と協働の力

　学校教育法第１条に定める学校の教員の資格（教育職員免許状）を得るには、多種多様でいくつもの領域の単位を修得する必要があります。上記で私が述べている「子どもを理解する力」というのには、いくつもの「教職に関する科目群」が関係していますが、その中でも「教育相談」に関する科目が中核になっていると思います。それだけ、子ども（児童生徒）をとりまく社会が、複雑化するだけでなく、子どもの育ちにとっても困難と辛さを抱えることが大きくなってきたからです。

　私なりに、ますます重要性を増している「教育相談」という領域の学びのポイントを示しましょう。それは、①「児童生徒一人ひとりあるいはその集団」が「明示的あるいは黙示的に」様々な問題行動として立ち現れている「悲

# はじめに

鳴や叫び（＝課題）」を、②共に学校生活を送り未来を切り開く力を育てる使命がある教師が「真摯に、理性的に受けとめ理解」する姿勢を持ち、③「課題解決の方向へと導く」ことのできる「科学的な知識と実践的力量」を身につけるものといえます。

　教育課題としてこれまで何度も指摘されてきた不登校の増加やいじめ問題、学校内で暴力行為だけでなく学校外での万引き・窃盗などの犯罪行為、加えて麻薬や危険ドラッグなどの薬物乱用、増え続けている児童生徒への家庭でのDVや虐待あるいは養育放棄的傾向、さらには携帯電話やスマホといった情報通信機器が児童生徒に必須のアイテムとして広がる中で、他者との人間関係トラブルだけでなく、それらの長時間使用による生活リズムの乱れ——これらは子どもが落ち着いて学校生活をおくる上で、相当に困難な障害としてより大きくなっています。これに加えて、目に見えやすい各種の障害だけではなく、教師から見て「気になる子」と感じる発達障害等の児童生徒への特別支援の重要性も指摘されています。

　もちろんそれらの課題や問題群は、学校の教職員の献身的な努力だけによって改善が可能となるものではありません。当然ですが、政治や行政の責務として、どのようにして安定的な社会をつくっていくかということが最も大きなものです。それでも教師に求められる、いや教師でないとできない任務も当然あります。きちんとした「授業力」を備えた教師が「子ども理解の力」を身につけるというのは、自らで課題解決をすべておこなうことではではなく、学校内の他の職種の教職員や、学校に配置されるようになったスクール・カウンセラーやスクール・ソーシャル・ワーカーとの円滑な連携をはかり、同時に保護者や地域社会の諸資源や行政機関との協働を展望するという、問題解決を「見通す基礎的な力」を持つことにあります。

　本書は「体験型ワークで学ぶ」を特徴として「教育相談」を編みました。教師を目指している学生にとって、自身の持つ感覚や感情から出発して具体的な体験へとつなげていくことで、知識と併せたよりリアルな体験が、教師になった時にも十分に応用的な活用が可能になるように工夫しています。ま

た現職教師の方々にとっても、本書によって新たな気づきを得ることで、日々の教育実践で直面することになる課題解決への一助になればと思います。

「教育は希望、そして未来。教師は未来への希望を紡ぐ」

2015年春

小野田正利<br>
（大阪大学大学院人間科学研究科・教授）

# 目　　次

はじめに　i

## 第1章　学校教育における教育相談……………………………1
1　ある事例から　1
2　本書の構成と特徴　7

## 第2章　教師に求められるカウンセリングスキル……………11
1　教師が生かせるカウンセリングスキル　11
2　「心の世界」と「現実の世界」の中で実感を育てる　18
3　体験学習──集団から個人へのアプローチ──　21

　ワーク2-1　1本のペンを支える　25
　ワーク2-2　バウムテストを使ったイメージワーク〈元気をつくる〉　26

　`column`　臨床動作法（井村修）　28

## 第3章　カウンセリングの基礎的知識……………………………29
1　はじめに　29
2　精神分析療法　32
3　分析心理学　38
4　来談者中心療法　42
5　認知行動療法　42

　ワーク3-1-1　思考記録表を作ってみよう（個人）　49
　ワーク3-1-2　思考記録表を作ってみよう（集団）　50
　ワーク3-2　マインド・マップを作ってみよう　51

## 第4章　カウンセリングの演習──個人へのアプローチ………53
1　はじめに　53
2　個を育てる「傾聴」のワーク　54

　ワーク4-1　傾聴のトライアングルワーク──実践編──　62

v

3 個を育てる「イメージ表現」のワーク——コラージュによる認知物語アプローチ　65
4 終わりに　69

　　ワーク 4-2　傾聴に役立つ相づち　69
　　ワーク 4-3　傾聴のトライアングルワークのまとめ　69
　　ワーク 4-4　コラージュ作品への認知物語アプローチ　70

## 第5章　カウンセリングの演習——グループでのアプローチ　71

1 はじめに——開発的カウンセリングという視点　71
2 グループで行うカウンセリング——構成的グループエンカウンター　72
3 グループで行うカウンセリング——ロールプレイを用いて　78
4 グループで行うカウンセリング——イメージを用いて　83
5 終わりに——人と関わること　84

　　ワーク5　上手な断り方を考えてみよう　85

　　column　想像（イマジネーション）という妙薬（老松克博）　88

## 第6章　カウンセリングの方法と演習——イメージ表現を用いて　89

1 はじめに　89
2 自己理解と他者理解のためのイメージ活用　89
3 芸術・表現療法によるアプローチ——見る力・観る力を育てる　96
4 芸術・表現療法によるアプローチ——聞く力・聴く力を育てる　104
5 ダンス・ムーブメント・セラピーと心理劇——身体表現を育てる　111

　　ワーク 6-1-1　夜空の星と星座　113
　　ワーク 6-1-2　夜空の星のイメージ展開　114
　　ワーク 6-2-1　色いろ遊び〈直線と曲線による画面構成〉　114
　　ワーク 6-2-2　造形遊び　114
　　ワーク 6-3-1　手拍子やリズム楽器を使っての〈リズム問答〉　114
　　ワーク 6-3-2　受動的な音楽療法の応用
　　　　　　　　——アンジェラ・アキ『手紙〜拝啓十五の君へ〜』を素材にしてイメージを広げよう　114
　　ワーク 6-4　ダンスやムーブメントによる感情表現　115

## 第7章　発達障害・特別支援教育　117

1 学校現場における発達障害とは　117

2 発達障害の基礎知識　118
3 特別支援教育における発達障害　128
4 発達障害のある子どもたちへの理解と対応　132
5 終わりに　138

　　ワーク 7-1　発達障害のある子どもへの指示　139
　　ワーク 7-2　発達障害の子どもたちの疑似体験ワーク　139
　　ワーク 7-3　自閉症者の世界に触れる　139

## 第8章　思春期の心理的問題 …………………………………………141

1 はじめに——大人になることを前にして　141
2 思春期の発達課題　141
3 思春期の心の理解と支援　144
4 思春期に現れやすい病理　148
5 終わりに　155

　　ワーク8　「中二病」あれこれ——思春期を思い出し、子どもの理解に役立てよう　155

## 第9章　不登校 ……………………………………………………………157

1 不登校とは　157
2 こころの問題　162
3 外の世界との連携　167

　　ワーク9　物語「いばら姫」の続き　171
　　column　1人で考えるか、人と話し合うか（野村晴夫）　172

## 第10章　いじめへの対応 ………………………………………………173

1 いじめという現象　173
2 現代のいじめの実際　175
3 いじめはなぜ起こるのか　178

　　ワーク 10-1　子どもたちの日常生活を把握するための工夫　185
　　ワーク 10-2　いじめを振り返る　187
　　ワーク 10-3　いじめの芽を摘む方法　188
　　column　教育相談と認知行動療法（佐々木淳）　190

## 第11章　学級運営に関する困難 …………………………………191

　1　現代の教育現場の実情　191
　2　実際に体験してみる　196
　3　問題行動とは　200

　　ワーク11　クラスの問題児を演じてみよう　206

## 第12章　保護者への対応 ……………………………………………209

　1　保護者との連携　209
　2　保護者へのサポート（連携のスキル）　211
　3　保護者の苦情・要望に対する理解と関わり方　218

　　ワーク12-1　1つの絵から2つの絵を観る　224
　　ワーク12-2　一方通行のコミュニケーションと双方向のコミュニケーション　225
　　ワーク12-3　身体の距離と心の距離　227

## 第13章　他職種、他機関との連携と支援のあり方 ………………229

　1　はじめに　229
　2　学校内外の他職種との連携　229
　3　チームとしての連携と留意点　236
　4　まとめ　240

　　ワーク13　発達障害の可能性がある子どもへの対応　241

## 第14章　教職員のメンタルヘルスと目指す教師像 ………………243

　1　教職員のメンタルヘルス　243
　2　自分の教師像を膨らませる　254

　　ワーク14-1　「なりたい教師像」のマインド・マップ　258
　　ワーク14-2　マインド・マップのシェア　259

付録　さらなる読書のために　262

あとがき　267

執筆者紹介　271

索引　274

| 目　次 |

## 体験型ワーク 一覧

第2章　ワーク2-1　　　1本のペンを支える
　　　　ワーク2-2　　　バウムテストを使ったイメージワーク〈元気をつくる〉
第3章　ワーク3-1-1　　思考記録表を作ってみよう（個人）
　　　　ワーク3-1-2　　思考記録表を作ってみよう（集団）
　　　　ワーク3-2　　　マインド・マップを作ってみよう
第4章　ワーク4-1　　　傾聴のトライアングルワーク（実践編）
　　　　ワーク4-2　　　傾聴に役立つ相づち
　　　　ワーク4-3　　　傾聴のトライアングルワークのまとめ
　　　　ワーク4-4　　　コラージュ作品への認知物語アプローチ
第5章　ワーク5　　　　上手な断り方を考えてみよう
第6章　ワーク6-1-1　　夜空の星と星座
　　　　ワーク6-1-2　　夜空の星のイメージ展開
　　　　ワーク6-2-1　　色いろ遊び〈直線と曲線による画面構成〉
　　　　ワーク6-2-2　　造形遊び
　　　　ワーク6-3-1　　手拍子やリズム楽器を使っての〈リズム問答〉
　　　　ワーク6-3-2　　受動的な音楽療法の応用――アンジェラ・アキ『手紙～拝啓十五の君へ～』を素材にしてイメージを広げよう
　　　　ワーク6-4　　　ダンスやムーブメントによる感情表現
第7章　ワーク7-1　　　発達障害のある子どもへの指示
　　　　ワーク7-2　　　発達障害の子どもたちの疑似体験ワーク
　　　　ワーク7-3　　　自閉症者の世界に触れる
第8章　ワーク8　　　　「中二病」あれこれ――思春期を思い出し、子どもの理解に役立てよう
第9章　ワーク9　　　　物語「いばら姫」の続き
第10章　ワーク10-1　　子どもたちの日常生活を把握するための工夫
　　　　ワーク10-2　　いじめを振り返る
　　　　ワーク10-3　　いじめの芽を摘む方法
第11章　ワーク11　　　クラスの問題児を演じてみよう
第12章　ワーク12-1　　1つの絵から2つの絵を観る
　　　　ワーク12-2　　一方通行のコミュニケーションと双方向のコミュニケーション
　　　　ワーク12-3　　身体の距離と心の距離
第13章　ワーク13　　　発達障害の可能性がある子どもへの対応
第14章　ワーク14-1　　「なりたい教師像」のマインド・マップ
　　　　ワーク14-2　　マインド・マップのシェア

# 第1章

# 学校教育における教育相談

**key words** いじめ、不登校、カウンセリング・マインド[1]

## 1 ある事例から

　ここで取り上げるケースは、かなり古いものである。しかし、今日の小学校の児童たちにも、ここで示したものと類似した問題行動は見られるはずである。まずはその児童の担任教師からの相談内容を紹介しておこう。

　　最近、小学校6年生の男子児童Aくんのことが気になっています。Aくんは、ここ数日、とくに彼が全校の委員会活動で飼育委員長になってからですが、腹痛を理由に欠席することが多くなってきました。登校してきても、授業に出ずに保健室で寝ていることが多いのです。過去には幾度か学級委員長を務めたこともありますし、飼育委員会でも委員長として責任を持って振る舞っていますから、委員長に選ばれたことが原因になっているとも思えません。そこで、何か参考になることはないかと思い、以前学級担任をされていた先生方にも尋ねてみました。すると、たしかに以前、ちょっとだけ気になることはあったようです。小学校入

---

[1]「教師が教育指導に当たる際に必要とされる相談的な考え方や態度、またはカウンセリングで大切にしている基本的な指導理念、態度、姿勢を示す和製英語」学校カウンセリング辞典（金子書房）

学直後のわずかな期間だけなのですが、Ａくんは授業中に指名しても全く反応を示さないことがあったそうです。その後は、授業でも少しずつ発言するようになったようですが、それでも他の多くの男子児童たちとは違って、無口、無表情、不活発、病気がち、自己主張が弱く友人関係を結ぶのが苦手、という印象だったそうです。私自身もＡくんについては同じような印象を抱いています。ところが、２年生の頃、彼よりももっと内気で無口なある女子児童をいじめるようになって、そのいじめは女子児童の母親が介入するまで続いたそうです。それ以後はいじめ行動も収まったようで、幾度か悪戯をして担任にしかられることはあったようですが、とくに目立った問題行動はなかったと聞いています。

　もしあなたが教師であれば、Ａくんに対してどのような行動を取るだろうか。なるほどこのケースは早急に対策を取るべき深刻なレベルのものではないようにも思える。ここは慎重に、しばらく様子を見ておくことにしよう。そう考える人もいるだろう。Ａくんをこのままにしておくわけにはいかない。できるだけ早く何らかの手を打つ必要がある。そう考える人もいるだろう。もし彼を放置しないとすれば、どのように対応すればよいのだろうか。そもそも、適切に対応できるためには、それがどのような原因によるものなのかを探らなければならない。

　実は、このケースに関しては、Ａくんが示した個々の問題行動からその問題行動を引き起こした原因にいたるまで、かなり詳細な情報がある。以下、その情報を提示しておこう。彼の問題行動の原因を知るためには、まずＡくんが育った家庭環境の説明から始めなければならない。

　Ａくんの父親の学歴は小学校卒であり、つまり義務教育を終えていない。彼の父親は、小学校卒業後、しばらくの間、実家の農業を手伝い、重労働に耐えられる年頃になるとすぐに炭鉱夫となった。やがて彼は結婚し、長女も生まれた。しかし、炭鉱の閉山が相次ぐようになり、彼は家族の将来を考え、鉄鋼労働者に転職した。その後、長男Ａくんが生まれている。Ａくんの父親

やおじたちのほとんどが炭鉱から鉄鋼業への転職組であり、その中に高学歴者はいない。その意味で、Aくんは典型的な労働者文化の中で育ったと言える。「子どもらしさ」を尊重し、学歴に重きを置く新中間層由来の文化とはほとんど無縁の労働者たちの中で育ったせいか、Aくんにはある意味、早熟なところがあり、すでに幼稚園時代には、幼稚園教諭の「お遊戯」の指導に反抗的な態度を示していた。大人たちから「子どもらしさ」のイメージを押しつけられることに耐えられなかったからである。彼の心はすでに大人であり、よって1人の大人として扱われることを欲していたのである。

　さて、小学校入学後しばらくの間、Aくんは、授業の中で教師が何を自分に要求しているのか、何をさせようとしているのかを理解できなかった。授業の内容以前に、授業の文脈を、より具体的には教師が用いる教授言語を理解することができなかったのである。そのため、授業で教師に発言を求められるたびに、彼は凍りついてしまった。それは、すでに大人のつもりでいた彼のプライドを傷つけるショッキングな出来事であった。言うまでもなく、彼の育った家庭文化と学校文化の間の隔たりの大きさがその原因であった。幸いにも彼は、じきに教授言語にも慣れ、少なくとも授業には適応することができた。しかし、学業以外の点で早熟であった彼は、とくに体育教師たちによって醸成されたこの学校の軍隊的雰囲気にだけはどうしても馴染むことができず、何よりこの体育教師たちを大変恐れていた。というのも、命令とそれに背いた場合に行使される体罰という2つの要素のみで成り立つ将校のような人物を、それまで彼は家族の中にもその周囲にも見たことがなかったからである。他方で、Aくんは、この学校が推奨する「明るく活発な小学生」というステレオタイプを受け容れることもできなかった。子どもに対して示す具体的な行動という点での違いはあるが、彼を「子ども扱い」するという点で両者は共通していた。両親から危険を伴う家事の一部を完全に任され、また、親戚との寄り合いの席では他の大人たちに混じって飲酒することをすでに小学校4年生の時点で許されていたAくんにとって、この「子ども扱い」は実に耐え難いものだったのである。

Aくんの問題行動には、素質や性格といった彼の個人的な特性も関わっていた。彼の性格は基本的に内向的で、うまく自己主張ができず、当然ながら友人も少なかった。また、小学生、とくに男子児童の多くを特徴づける身体的な活動性（運動能力）が、彼には決定的に欠けていた。これに上述の環境要因が加わった。もともと彼は家庭環境からの影響で「明るく活発な小学生」としてのあり方に対して嫌悪感を抱いていたし、また、軍隊の訓練を思わせるような体育の授業にも嫌悪と恐れを感じていた。これら2つの要因が重なり、彼は学校生活の中でとくに、体育の授業と昼休みの時間を大きな苦痛と感じるようになった。もちろん、彼もまた、学校生活に慣れるにつれ、他の多くの男子児童たちと同じように校庭を元気に走り回ることを心のどこかで羨ましく思うようになっていた。しかし、運動能力の欠如は、彼が他の楽しげな男子児童たちのもとへと駆け寄ることを決定的に阻んだ。やがて彼は、自分の弱点を人目に曝さないために、体育の授業を仮病で見学したり、昼休みを教室でぼんやりと過ごしたりすることを好むようになった。しかし、その結果、運動が得意で自己主張もでき、小学校文化に適合的で、Aくん自身の憧れの対象にもなりつつあった「明るく活発な」男子児童たちから仲間はずれにされるようになってしまったのである。

　たしかに彼は、4年生の頃から幾度か学級委員長を務めたこともあり、その点で、周囲からは積極的な側面もあるように見えたかもしれない。しかしそうした印象は、彼の心の現実とは大きくかけはなれていた。そもそも、内向的な彼が自らそれを望むはずもない。学級委員長の仕事は、実は、学校文化にうまく適応している「明るく活発な」男子児童たちの大きな声によって押しつけられたものにすぎなかったのである。彼は、家庭でそうであったように、与えられた仕事をきちんとこなすことのできる強い責任感の持ち主であった。しかし、そのことがむしろあだとなった。友人関係を結ぶことの苦手な彼を助ける者はほとんどおらず、その結果、すべての仕事をたった1人でこなさなければならなかったからである。彼はこのことにひどく苦しんだが、委員長に選ばれたことが彼の人望によるものではなく、「明るく活発な」

男子児童たちの策略であったことなど、教師たちに打ち明けられるはずもなかった。なぜならば、彼にとって人望のなさは親にすら打ち明けられぬ恥辱であったし、また、彼を委員長に推薦した男子児童たちは、学校文化に適合的であるがゆえに多くの教師たちのお気に入りだったからである。

　これほど豊かな情報を前にすれば、Ａくんの問題行動の原因はほとんど余すところなく明らかになるだろう。まず、Ａくんが小学校低学年時にいじめ行動を示したことの原因は以下の通りである。要するに、家庭文化とのギャップに由来する学校文化への不適応、内向的性格や運動能力の欠如と友人関係の乏しさとの相乗効果によって生み出された孤独、学校文化に適合的な「明るく活発な」男性児童たちからの仲間はずれなどが複雑に絡み合い、大きなストレスとなってＡくんを襲い、そのストレスのはけ口として、彼は、彼以上の弱者であった女子児童を**いじめ**ていたのである。さらに、６年生の時期の問題行動についても説明が可能である。６年生の時期にＡくんが示した問題行動は、「**過敏性腸症候群**」による「**不登校**」及び「**保健室登校**」として特徴づけることができる。そして、彼にこの症状をもたらした直接の原因は、相談に訪れた担任教師の推測とは異なり、まさに６年生になって飼育委員長に選ばれたことにあったのである。すでに彼は、自らの意志に反して学級委員長に選ばれた苦い経験があったが、今度は全校規模の委員会活動で委員長としての責任を担わなければならないのである。それが彼にとって非常に大きなストレスとなったことは容易に理解できよう。こうして彼は「**不登校**」や「**保健室登校**」という問題行動を示すようになったのである。

　担任教師から直接的に観察可能な現象がごくわずかなものにすぎず、その現象の背後にこれほど広範で複雑な社会的、心理的事情が隠れていたということに驚きを感じた人は少なくないはずである。子ども好きで将来教職に就くことを希望している学生であれば、このケースから自らの無力を思い知り、自信を失い、教師になることに尻込みするかもしれない。子どものことをどれほどわかったつもりでいても、教師からはその子どものごく一部しか見えないからである。

しかし、自信や希望をなくす必要はない。それには二つの理由がある。第一に、このAくんは、実は、私の少年時代（1970年代はじめ）の姿だからである。Aくんの家族やそこでの生い立ちに至るまで細かな情報を記述しえたのも、それが私自身だからである。たとえベテラン教師であったとしても、ここまで詳細な情報を得ることはできなかったはずである。よって、児童・生徒のすべてを理解できなくとも、それは当然のことである。そして第二に、Aくん、つまり私の悩み・苦しみを取り除き、その問題行動を解消できたのは、医師でも臨床心理士でもなく、一人の教師、それも教職に就いて間もなく、私が属していたクラスを担任した新人教師（女性）だったからである。（ただし、冒頭の相談内容は私が作りだしたフィクションである）。

　中村先生。それが決して忘れることのできないその教師の名である。では、中村先生は、このどことなく危なっかしいA少年にどう対応したのであろうか。

　しばしば腹痛を訴え、「不登校」と「保健室登校」を繰り返す私に対し、決して学校文化に親和性の高い文化に育ったとは言えない両親は、仮病ではないかと疑いつつも、理由を詮索することも授業への出席を強要することもなかった。それは、私にとってありがたいことだったが、しかし中村先生は違っていた。登校や授業への参加を強要しなかったという点では両親と同じだったのだが、唯一違っていたのは、ただ黙って私の話を聴いてくれたという点である。まず中村先生が行ったこと、そして最も効果のあったこと、それは生徒の話を「聴く」ということ、つまり本書で繰り返し強調されている「傾聴」であった。そして飼育委員長に選ばれたことが問題行動の直接の原因であったこと（たとえ中村先生に対してであっても、それ以上のことを打ち明けることは私にはできなかった）を理解した先生は、クラスの友人たちの幾人かを連れ立って保健室で寝ている私を見舞いに来てくれた。そして「教室でみんなが待っているよ」と誘いの言葉をかけてくれたのである。しかも、先生はその時点ですでに、私を押しつぶそうとしていた飼育委員会の仕事をクラス全体で片づけてくれていたのである。私の問題行動は、これによって

いとも簡単に解消した。内向的で無口だった私は、中村先生に直接謝意を伝えることはできなかったが、感謝の気持ちで胸がいっぱいになり、密かに涙したことを今でも覚えている。

中村先生にこの機転、この対応を可能にしたものはいったい何だったのだろうか。今日のように「**カウンセリング・マインド**」が重要視される時代ではなかったため、おそらくそれは先生の「人柄」だったと言うより他ない。では、先生のこのような「人柄」はどのようにして形成されたのだろうか。中村先生が私の心のすべてを知り得たわけではなかったのと同様に、先生の「人柄」の由来もまた私にとって知り得る類いのものではない。いずれにしても中村先生がそうした「人柄」を備えていたこと、そしてそれが私にとって最大の喜ばしき「偶然」であり「幸運」であったことだけはたしかである。

しかし、「**いじめ**」、「**不登校**」といった問題行動がもはや特殊なものとは言えなくなり、教師に「**カウンセリング・マインド**」が強く求められるようになった今日の教育は、もはやそうした「偶然」に頼っているわけにはいかないだろう。

本書は、多様な実践例や専門的知見を交えながら、これから教師になろうとしている大学生に「**カウンセリング・マインド**」を身につけてもらうために書かれたものである。もちろんそれが「マインド」である限りにおいて、それは一朝一夕に身につくものではなく、豊かな経験とそれに支えられた定着期間を要することは言うまでもない。しかし、たとえ児童・生徒に向き合う外形的な行動（あるいはそのまねごと）からであったとしても、それを身につけようと努力しないことには始まらないのである。

## 2 本書の構成と特徴

そうした観点から、本書では、「体験学習から学生がリアリティをもって学ぶこと」を狙いとして定め、そうした狙いを達成できるよう、各種の体験型ワークやグループディスカッションの要素を取り入れている。

まず第一に、体験型ワークの多くは、臨床心理学的アプローチをベースとしたものであり、心の成長を促し主体性を育てることを目的としている。しかも、その多くは、執筆者たちが、教職の授業や教員研修などのさまざまな教育現場で実践してきたものである。

　具体的には次の通りである。第2章では、心と体の両方からのアプローチとして、自己調整能力と相互調整能力を体験できるよう「一本のペンを支えるワーク」を行い、また、自分の成長に気づくことができるようバウムテストを活用する。第4章では、個人のカウンセリング力を伸ばす観点から、傾聴のワークを通じて相手の話を聴く力の重要性に気づくこと、コラージュ作品に認知物語アプローチを導入することで、自分の心理的課題に気づくことを目指す。第5章では、エンカウンターグループ体験により自己啓発及び対人関係を学ぶ。第6章では、絵画療法、箱庭療法、造形療法、音楽療法、ダンス・ムーヴメント・セラピーなどのイメージ表現を駆使した芸術療法・表現療法によるアプローチが網羅される。いずれも、臨床心理学の観点から主体性を育てるのに役立ちセルフ・トリートメント（自己治癒力）の効果もあるとされてきたものである。第12章では、ゲシュタルト心理学の観点から、「1つの絵から2つの絵を観る」ワークを体験し、保護者の行動・態度を一つに意味づけせず、他の意味でも認知できる柔軟性が必要であることの気づきに結びつける。また、保護者に対する理解と関わり方のワークとして、一方通行のコミュニケーションと双方向のコミュニケーションの対比を通じて「コミュニケーション・トレーニングの基礎」を体験的に学習する。そして第14章では、ストレスコーピングの体験を通じて、メンタルケアにとっても重要な心と体のバランスを学ぶ。

　これらの章とは違って、第3章、第7章、第8章では、どちらかと言えば臨床心理学の専門的知見を重視している。しかし、これらの章でも、認知行動療法のワークやソーシャル・スキル・トレーニング、発達障害の子どもの感覚を理解するために軍手をはめて折り紙を折ってみるなど、何らかの形で体験型ワークを取り入れている。

第二に、本書には、グループディスカッションの要素も組み込まれている。具体的に言えば、第9章では不登校、第10章ではいじめ、第11章では学級崩壊、そして第13章では学校内外の連携という、現代を特徴づける代表的な教育問題が取り上げられる。これらの主題に関するグループディスカッションを通じて、現代の教育問題に主体的に取り組むことができるだろう。また、心理劇の手法を取り入れ、不登校の子どもやいじめを受ける子どもの気持ちになってみるためにロールプレイを行うことも可能だろう。

体験型ワークやグループディスカッションに加えて、本書ではさらに、学生が自身の気づきなどを記入し、自分自身の学習の軌跡を振り返ることができるようなスペースを設けている。また、本書には、学生のさらなる学びのきっかけとなりうるよう、臨床心理学を専門とする教員による専門的見地からのコラムも付している。

以上のように、これまでの教科書とは異なり、学生自身のリアルな感覚、感情、体験を活用しながら知識を身につけてもらうことが本書の大きな目標の1つとなっている。これは、今日、文部科学省が推奨しているアクティブ・ラーニング、すなわち学習者の能動的な学習への参加を取り入れた教授・学習法とも符合するものである。他方で、本書で取り上げたワークやグループディスカッションは、いずれも、「教職課程の教育相談を履修している大学生、及び、その学生たちが教師（教育実習も含む）になった時に関わるであろう中学生、高校生にも実施できるようなもの」という実際的観点から選択されたものでもある。このような二重の意味で、本書が**「カウンセリング・マインド」**を求めて歩み始めた学生たちの最初の一歩になることを我々は期待している。

# 第2章

# 教師に求められるカウンセリングスキル

**key words** 自己調整能力、相互調整能力、体験学習

## 1 教師が生かせるカウンセリングスキル

### (1) 教育相談と生徒指導

　教育相談の定義は、中学校学習指導要領解説（特別活動編）に「教育相談は、一人一人の生徒の教育上の問題について、本人又はその親などに、その望ましい在り方を助言することである。その方法としては、一対一の相談活動に限定することなく、すべての教師が生徒に接するあらゆる機会をとらえ、あらゆる教育活動の実践の中に生かし、教育的配慮をすることが大切である。」とされている。

　また、生徒指導の定義については、生徒指導提要において「生徒指導とは、一人一人の子どもの人格を尊重し、個性の伸長を図りながら、社会的資質や行動力を高めることを目指して行われる教育活動のことです。すなわち、生徒指導は、すべての子どものそれぞれの人格のよりよき発達を目指すとともに、学校生活がすべての子どもにとって有意義で興味深く、充実したものになることを目指しています。」とされている。

　この両者の違いについて、生徒指導提要には「教育相談と生徒指導の相違点としては、教育相談は主に個に焦点を当て、面接や演習を通して個の内面の変容を図ろうとするのに対して、生徒指導は主に集団に焦点を当て、行事

や特別活動などにおいて、集団としての成果や変容を目指し、結果として個の変容に至るところにあります。」とされている。

具体的には、生徒指導の領域は、子どもの問題行動に対する指導と学校や学級、学校クラブ活動などの集団全体の安全を守るための管理と指導である。生徒指導は、集団から個人へのアプローチが１つの特徴と考えられる。

また、指導を受けた子どもに、そのことを自分の課題として受け止め、問題がどこにあるのか、今後どのように行動すべきかを主体的に考え、行動につなげていくようにするのが教育相談の領域と言える。この領域においては、さまざまな面接の技法や、発達心理学、臨床心理学等の知見が、指導の効果を高める上でも重要な役割を果たす。教育相談は生徒指導とは逆に、個人から集団へのアプローチとして考えられる。

このように教育相談と生徒指導は、重なるところも多くあるが、教育相談は生徒指導の一環として位置づけられるものであり、その中心的な役割を担うものである。

さて、教育相談は学校カウンセリングとも言い換えることができる。この学校カウンセリングは、行われる場所、対象やねらいによって、①教育相談室・教育相談所・教育相談センターなどのカウンセリングセンターと言うべき場所でのカウンセリング、②校務分掌としての教育相談担当者の行うカウンセリング、③学級担任や教科担任の行うカウンセリングの３通りに分けられる。本書で述べる「教員に求められるカウンセリングスキル」は、主に②、③の領域である。

これら２つの領域における学校カウンセリングは、２つの機能に分けられる。１つは、開発的カウンセリング（developmental counseling）である。これは、心の問題を持たない、精神的に健康な子どもに対してより健康的に援助するものである（⇒第５章と第６章参照）。もう１つは、治療的カウンセリング（therapeutic counseling）である（⇒第４章と第６章参照）。これは、心の問題を持つ子どもに対してその解決援助を目指すものである。

## (2) 教員とスクールカウンセラーの役割の違い

　1995年「スクールカウンセラー活用調査研究事業」が始まるまで、公立学校の教育現場では、教育相談活動は教師の手で行われていた。そして、2013年には、全国で小学校・中学校・高等学校、教育委員会等へのスクールカウンセラー派遣数は23,635ヶ所となった。
スクールカウンセラーは、学校に配置され、子どもや保護者の抱える悩みを受け止め、学校におけるカウンセリング機能の充実を図るため、臨床心理に関する専門的な知識・経験を有する学校外の専門家である。
　このスクールカウンセラーと教師の役割・機能には、おのずと違いがある。この違いから「教師が生かせるカウンセリングスキル」の特徴をみることができる。例えば、以下のような場面で、教師とスクールカウンセラーの役割と機能の違いが明確になる。

---

**ある不登校生徒の登校時での出来事**

　朝、高等学校の校門に数人の教師が立ち、遅刻指導をしていた。そこに、2ヶ月の間、学校に登校できなかった2年生のA子が登校してきた。A子は、教師の些細な言葉を気にして、自宅に引きこもり不登校になった経緯があった。登校してきた姿は、金髪でピアスを耳と鼻に数個つけて、制服のスカートは短く、あまり望ましいとは言えない。
　校門で指導している教師は、他の生徒との公平性を保つため、そのA子にも服装指導する必要を感じていた。そのとき、3階のカウンセラー室から登校状況を心配そうに見ていたスクールカウンセラーは「○○先生！校門で何も言わずに、学校の中に入れてほしい。」と思っていた。

---

### ①「集団から個人へのアプローチ」と「個人から集団へのアプローチ」

　教師は、まず集団を見て、その集団の中の1人の子どもとして見る。スクールカウンセラーはまず個人（1人の子ども）として見てから、集団の中の

1人の子どもと見る。1人の子どもを見る際のアプローチが異なっているのである。教師は集団全体を見ることを前提とする傾向が強いと考えられる。

「ある不登校生徒の登校時での出来事」では、他の多くの生徒が登校している場面でもあり、教師が校則違反の服装を見逃すことで、全ての生徒への公平性と集団の安定性（秩序維持）を壊す可能性があることから、教師の立場としては指導する必要が生じる。

しかし、スクールカウンセラーは、その生徒に「今日は、よく登校できたね」と伝えたいだろう。そこには、A子が2ヶ月の不登校状態から変化が生まれ、引きこもりの状態から学校に登校できたことを認めて支援する役割があるからだ。

教師は集団ということに重点を置きながら、個人へのアプローチをしていく役割を持ち、逆に、スクールカウンセラーは個人に焦点を当てながら、集団への適応を考えてアプローチする役割を持つ。

② 「価値判断する（指導する）」と「明確な価値判断をしない（相談する）」

教師は、「やってよいこと、やってはいけないこと」の価値判断を持って子どもと対応することが多い。しかし、カウンセラーは、はっきりした価値観や立場を基本的には明確に出さない。それは「ある不登校生徒の登校時での出来事」の対応の違いにも現れている。A子は「金髪でピアスを耳と鼻に数個つけて、制服のスカートは短く、……」とある。高校生として好ましくない姿で登校していると教師は判断するが、スクールカウンセラーは姿だけで価値判断するのでなく、「学校に登校した」という行為に意味づけして、心理的支援にあたる。このように、子どもの行為・行動がわかる「現実の世界」だけに視点を置くのではなく、「心の世界」の動きにも対応するために、「明確な価値判断をしない」対応が必要となる。

③ 「評価する人」と「評価しない人」

教師は、生徒一人一人の教科目の成績をつける。その関係性から、教師は

「評価する人」、生徒は「評価される人」と言える。今や、中学・高校生において、進学や就職にボランティア活動、生徒会活動の有無や活動内容までもが、その評価基準に入っている場合もある。誇張して言えば、生徒の行為・行動までもが、教師にとっては評価の対象となる。

　子どもは、いろんな悩みを養護教員、司書教諭（図書館）、事務職員、校務員、給食担当職員（学食のおばちゃん）など、評価をしない人に話をすることが多い。成績評価や管理監督をする教師には、「自分を良く見せよう」と無意識で動く部分がある。スクールカウンセラーは、学校職員とは違い、学外から派遣され、評価する人でないことが、子どもが関わりやすい要素となる。

### ④ 子どものつながり方（構造化された関わり、されない関わり）

　一般的には、スクールカウンセラーは１週間に１度の割合で来校し、その日４時間〜５時間の心理的支援をする。時間という枠組みがあり、制約がある。限られた時間に、決められた場所で支援することになる。さらに、サポートの必要な子どもや保護者とマッチングするには、彼ら彼女らと信頼関係が築けている教育相談担当教員のサポートも必要となる。いくつかの限られた条件（構造化された枠組み）の中で、子どもとつながっていくのがスクールカウンセラーである。

　教師は、主に生徒指導と学習指導という役割を持ち、毎日、子どもとつながっている状態にある。そこには、スクールカウンセラーとは異なる時間の枠組みがあるが、自由につながれる環境もある。また、校内のさまざまな場所で生徒と関われる可能性があり、家庭訪問もできる。生徒とつながる自由度はスクールカウンセラーよりも高い。

### ⑤「相談的役割」と「補導（指導する）的役割」

　「生徒指導」には、「補導的側面」と「相談的側面」がある。補導的側面においては、教師が粗暴な生徒や校則を犯した生徒を懲戒規定に則り指導する。いわば、外からの力で外的に規制して対応する。例えば、退学、停学、訓告

15

の他に、「放課後等教室に残留させる」、「授業中に起立させる」、「学校当番を多く割り当てる」、「立ち歩きの多い子どもを叱って席につかせる」などである。

「相談的側面」においては、子どもが自分を見つめ、自ら問題点を気づかせるための「内省的コミュニケーション」を促進する関わりをする。

スクールカウンセラーは「相談的側面」を全面的に出して子どもに関われる役割と機能を持つ。「ある不登校生徒の登校時での出来事」での、登校できたことを認め支援する対応が、相談的対応にあたる。一方、教師は相談的側面を前面に出すことができない立場であり、上記の場面では非常に難しい対応を迫られる。これは、教師が「補導的側面」と「相談的側面」を子どもの状況・状態に応じて使い分け、「現実適応」と「心の成長を促す」という両側面を育てる役割を持っていることにも関係している。

### ⑥「個人的守秘義務」と「集団的守秘義務」

スクールカウンセラーも教師も守秘義務が存在する。しかし、スクールカウンセラーと教師の守秘義務は少し異なる。スクールカウンセラーの守秘義務は、病院で働く心理カウンセラー（セラピスト）に近い。どちらかと言えば、医師の守秘義務に近いだろう。来談者と一対一の状況で限られた場所（病院のカウンセリングルーム）、限られた時間（例えば、1週間に1回50分の面接時間）、料金で仕事（臨床業務）が行われる。そこでは、心理カウンセラー（セラピスト）が面接場面で話される内容等のプライバシーを守らなければ信頼関係が築けない。

一方、教師の「守秘義務」はどうだろう。担任の先生に子ども、または保護者がプライバシーに関わることを話した場合、教師もスクールカウンセラーと同等の守秘義務が必要だ。しかし、別の面で次のことを意識しておく必要がある。学校というところは、学年集団、教員集団などの組織がチームプレイで教育活動を行う場面が多い。例えば、学年単位、仕事内容で生活指導や進路指導などの分掌単位、数学や英語・体育といった教科単位の教師群で

行動する。そこには、集団としての守秘義務が存在する。集団としての守秘義務が必要な理由は、教育現場が1人の子どもだけでなく他の子どものことも考えながら、対応しなければならない空間であるからだ。ゆえに、教師集団には情報の共有化が必要になる。そうしないと、学校という集団社会の安全性を担保できない。この違いを理解した上で、教師は個人の守秘義務とその解除による情報の共有化に十分な注意を払うことが必要である。

## （3）教師だからできるスキル（相反する価値観をつなげるスキル）

　6つの点でスクールカウンセラーと教師の役割・機能の違いを述べたが、それぞれの役割・機能を比較すれば、「集団」と「個人」、「価値判断（指導）する」と「価値判断しない」、「子どもを評価する」と「子どもを評価しない」「相談」と「補導（指導）」、「構造化された出会い」と「構造化されていない出会い」、「絶対的な守秘義務（個人的守秘義務）」と「一部の人に解除した守秘義務（集団的守秘義務）」という相対立する概念（両極性　polarity）として見える。

　教師に求められるカウンセリングスキルは、この両極の概念をつなげるということが基本的な特徴と考える。とくにカウンセリングを受けている子どもたちや保護者への対応においては、スクールカウンセラーの対応が必要となる。

　逆に教師は、学習指導や生徒指導・進路指導においては、「価値判断（指導）」や「評価」、「補導（指導）」の側面を伴いながら子どもに対応する場面が多い。そこでは、元来の教師の役割・機能による対応が必要である。その中で、教師が子どもに、理解できないことやより詳しく聴きたいことをわかりやすく伝え、不安な思いなどの感情を安全で自由に表現できる場を作れるコミュニケーションの力が必要である。このような両極性をつなげるコミュニケーションスキルが教師のカウンセリングスキルの大きな特徴である。

## 2 「心の世界」と「現実の世界」の中で実感を育てる

### (1)「個人の世界での自己調整能力」と「集団の世界での相互調整能力」

　高校２年のＢ子が担任に連れられて教育相談室に来室する。奥の部屋にＢ子が座り、ポツリポツリと教育相談担当教員に小さな声で話す。「友人の声が気になる。夜も寝られない。教室でいられない。自然と涙がどんどん出てくる。」と言う。その日の午後から、Ｂ子は授業に出席することができなかったが、相談室の片隅にあるソファに座り、涙を流していた。言葉にはならない感情が、相談担当教員の身体を通じて伝わってきた。
　その翌日も学校に来たが、教室には行けずに、相談室のソファにひとり座っていた。２日間そのような状態だったが、たまたま相談室の女性教員Ｋ先生とＢ子が話す機会があった。いつもＫ先生は、Ｂ子が座るソファを隠すパーテーションの外に机を置き仕事をしていた。数日後、Ｂ子は、そのパーテーションから外に出てきて、Ｋ先生に話すことが多くなった。その内容は、ファッションや音楽などのごく普段の会話であった。空き時間に、Ｋ先生と２人で、ファッション雑誌を見たり、好きな音楽を聴いたりするようになって、徐々に打ち解けていった。少しずつであるが、笑顔が戻り、昼食も一緒に食べるようになった。さらに、授業に行けないＢ子に担当科目である英語を教えることもあった。そのような関係ができあがってきた頃、偶然にＢ子の友人２人が相談室に来ることがあった。それから、昼休憩には友人たちが相談室に来て、昼食を一緒にとることが多くなっていく。数日後、Ｂ子は相談室から授業に行く日が増え、その後、相談室に寄らず、教室に行くことができるようになった。

私たちの意識は、自分自身（個体内）の「心の世界」と他者（集団内）と関わる「現実の世界」に存在し、2つの世界を行き来する。

B子の場合、ソファでひとり悩み、苦しみに耐えている状態は、自分（個体内）の「心の世界」にあった。外からの刺激を受けずに、自分で自分の心の中で起きている嵐に耐えている状態と想像できる。日常生活の中では、自己の欲求が社会的な力によって規制される問題場面を解決する能力が必要となる。これを自己調整能力（self-regulation）と言い、自己の欲求や意思によって自発的に自己の行動を調整する能力である。その作業を助けたのは、相談室と相談室の教員である。相談室という場とK先生が、B子に対して安らぎと安心を保証したのである。

B子は、個人の世界（intrapersonal）で考え（思考）、情動の動き（感情）に対応し、身体の変化を感じながら少しずつ動き始めた（身体反応・行動）。

子どもは、対人的な関わりにおいて生じる対立や葛藤に出会いながら、それを解決していくことで集団に適応している。

それは、学校や家庭での生活において、他者との関わり合いの中で高まっていくと思われる。自己調整能力を落としたB子にとっては、何時間もソファに座れる時間を得られたことで、相談室が守られた場所であると認識できた。そして、勇気を出してパーテーションの外に出て、K先生との関係性を築くことができた。ファッションや音楽という話題を通じて、また、昼食の場を活用して自分の考えや気持ちを話すことができ、先生の話す内容から他者の意図や他者を推測する力を回復させた。その関係性は、偶然にも相談室で出会った友人と昼食をとるまで広がった。

この友人や先生との相互作用（interpersonal）を通して、B子は集団の中の自己の認識を広げ、情動調整する力をもったと考えられる。これを相互調整能力（mutual-regulation）と言う。

このように、守られた場所での安心な人との対話（相互作用）は、相互調整能力を高め、より自己調整能力を高めるのである。

## (2)「今・ここ」に「いる」という実感（実感と身体感覚）

　私たちは、「今・ここ」に生きているつもりでも、過去の記憶の中にたとえようのない悲しみや、辛い体験があれば、その時の感情を、現在の生活の中に引きずりながら生活を続けていることがある。逆に、将来の不安を、絶えず「今・ここ」に持ち込んでいることもある。そうしたときには、「今・ここ」にいる感覚（実感）は鈍化するか、時にはなくなってしまっている場合もある。それは、今を生き生きと生きられていない状況を意味する。

　自己調整能力は、「今・ここ」に「いる」という実感がなければ高めることができない。また、この実感がなければ、他者を感じることもできないため、人間関係（相互調整能力）が機能することもない。

　この「いる」という実感は、「身体を備えた人」が「今・ここ」に「いる」ということである。

　ロジャーズ（Rogers, C. R.）が、カウンセラー養成から始まったグループアプローチ「ベーシック・エンカウンター・グループ（Basic encounter group）」は、一人一人の人間の存在を尊重し、"今ここ"の関係に生きるとき、メンバー相互に驚くほどのエネルギーの集中が起こり、個人やグループの変化や成長が起こることを発見した。

　学校においては、さまざまな刺激が存在し、思春期にいる子どもたちにとっては、過度に刺激を感じる場合がある。

　また、過度の刺激に圧倒されたときに、その刺激に気づく能力、自分を見失わない能力、自己の中心（機能範囲）に戻るためには何が必要かを知る能力（自己調整能力）が必要になる。

　B子の事例では、緊張や不安を感じ、学校には登校するが2日間は相談室のソファに座り時間を過ごす。この時は、「今・ここ」に「いる」という実感が薄い。しかし、K先生との会話（聴覚）、そして、その内容がファッション雑誌を見ること（視覚）と音楽を聴くこと（聴覚）、お昼休みでの昼食（味覚・嗅覚・触感覚）を一緒にする。これらは五感（視覚・聴覚・触感覚・味覚・嗅覚）を刺激して、安心で安らぐ安全な場所に「今・ここ」に「いる」

ことに気づいている。そして、無意識ではあるが、その安全な場所を広げるために、相談室で友人と昼食を一緒にとるようになる。すなわち、自己調整能力を高めながら、相互調整能力を機能させ、より自己調整能力を高めようとしている。

このことから、子どもたちが学校生活の中で、さまざまな問題場面に遭遇したとき、「今・ここ」に「いる」という「実感」や「身体感覚」に気づくところから関わることが必要である。また、「今、生きている体験をしっかりと実感できる」ことが、子どもたちの精神的健康を守ることにもつながると考えられる。

例えば、学校生活において、このような体験プロセスを持てるのは、学習活動や学級活動・クラブ活動等である。これらは子どもたちの心の成長を促している。

この成長の場の近くにいるのが、教師である。だから、教師が思考と感情と身体性を取り扱う専門性を持つことが必要となる。ここに、「教員に求められるカウンセリングスキル」が重要な意味を持つ。

> 章末のワーク2-1　「1本のペンを支える」の体験型ワークを実施して、自己調整能力と相互調整能力について体験してみよう。

## 3 体験学習——集団から個人へのアプローチ——

### (1) 新しい学校カウンセリングの視点

教育相談は一般的に、一人一人の子どもの教育上の問題について、子ども、保護者に、その望ましい在り方を助言するという個と個の関係と思われがちである。しかし、一対一の教育相談活動に限定することなく、子どものグループと教師、子どもたちの集団（クラスやクラブ等）相互の関係性の中での構造化されたグループ体験をすることで、教育相談活動の目的に新しい場を

作り出すことができる。具体的には、生徒指導提要（2011）第5章第2節「教育相談の新たな展開において」で、グループ体験を活用した新たな教育相談の取り組みが記述されている。ここで紹介されているグループ体験は、グループエンカウンター、ピア・サポート、ソーシャル・スキル・トレーニング、アサーション・トレーニング、アンガーマネジメント、ストレスマネージメント教育、ライフスキルトレーニング、キャリアカウンセリングである。

中学校・高等学校への入学時や、新しい学年がスタートしたとき、また学期ごとに予防・開発的なグループアプローチを行うことができるならば、相互に支え合える円滑な人間関係を生み出し、健康な心の成長にも役立つと考えられる。

このようにグループ体験活動の意義として「予防的・開発的カウンセリング」の機能を考えると、國分康孝（1999）の言う「育てるカウンセリング」、すなわち子どもの発達や自我の成長や対人関係スキルの促進が焦点化される。

このグループ体験は、子どもの発達・自我の成長・対人関係のスキルを促進するために、個人レベル（intrapersonal：個人内の・精神内界の）の体験と集団レベル（interpersonal：個人間の、対人間の）の体験という2つの視点からの体験が連動することで、主体的な学びの深さと広さを与えてくれる。

## （2）系統的・計画的な体験学習

グループ体験が教育現場に導入された当初は、合宿形式（数日間宿泊して体験する）、単発的な形式（数時間、授業1時間内で体験する）に行われることが多かった。

新しく提案されているのは、ガイダンスカリキュラムと言われるもので、明確な教育目標と構造化されたカリキュラムによって構成され、すべての子どもを対象とした開発的・予防的なインストラクショナル（教授）プログラムである。アメリカでは、スクールカウンセラーの提供サービスの1つになっている。

八並（2008）は、ガイダンスカリキュラムの特色を次の4点にまとめてい

る。①授業や集団活動を通して、個の育成する教育プログラムである。②明確な教育目標を持った系統的計画的なカリキュラムである。③発達段階に応じて段階的、継続的に知識やスキルの習得を目指す。④ガイダンスカリキュラムの教育効果は、査定可能である。このカリキュラムは、「教育相談の新たな展開」であり、大きく生徒指導、それと関わる道徳教育、キャリア教育、学習指導、学級経営を含むものと考えることができる。

学校現場でのガイダンスカリキュラムの実践については、横浜市教育委員会の「子どもの社会的スキル横浜プログラム」(2007)、千葉県の「豊かな人間関係づくり実践プログラム」(2007)、さいたま市教育委員会の「さいたま市HRTプログラム」(2005)などがある。

ここでは、商業教育における人間関係能力を育てるために、「総合的な学習の時間」としてカリキュラムの中に位置し、系統的・計画的に実施した県立和歌山商業高等学校（2年生）の「総合的な学習・職場体験学習プログラム」（2005年～2008年）の年間テーマ（表2-1）を紹介する。

表2-1 「県立和歌山商業高等学校」専門教育における人間関係育成プログラム (2005～2008年)（筆者作成）

| 1学期 | 2学期 | 3学期 |
|---|---|---|
| 体験学習理論の理解（簡単な体験学習） | 「自己インベントリー」（自分自身との対話体験） | 守秘義務についてグループディスカッション（社会制） |
| 「じゃんけんゲーム」（ストレスマネージメント教育） | 「認知のズレ」（自己理解と他者理解のズレの体験） | 挨拶や言葉遣いのロールプレイ訓練（人間関係訓練） |
| 「挨拶について」（非言語的コミュニケーション訓練） | 「一方向と双方向のコミュニケーション体験」（体験） | 報告・連絡・相談のロールプレイ訓練（人間関係訓練） |
| 「小石の人生」（イメージの言語化体験） | 「トラストウォーク」（信頼ということの体験） | 想像と事実の表現体験（自己認知・現実認知） |
| 「SPトランプで自分の個性と適正をみよう」（気づき） | 「創造力を開発するためのKJ法」（言語と協力） | 体験学習「I-messageの効果」（効果的な言語表現体験） |
| 「コミュニケーションの基礎30秒スピーチ」（アサーショントレーニング） | KJ法を使って学校と職場との違いを確認する。（協働作業とコミュニケーション） | 「みんなで考えよう。困った客の応対」ロールプレイ（創造性と対応能力） |
| 「自分の夢や将来の職業を伝えよう」（アサーショントレーニング） | 「メラビアンの法則」と職場体験の身だしなみチェック（五感と社会性） | まとめ |

## （3）集団への関わりから個人へのアプローチ

　このガイダンスカリキュラムに実施される「一つ一つのグループ体験」は、「体験する→（気づく）→何が起こったか→（考える）→何故起こったか→（課題をみつける）→次にどうするか→（試みる）→新たに体験する」という循環過程において体験プロセスの中に起こった身体反応・行動、思考、感情に気づくことが重要となる。

　つまり、体験の中で、自分自身は「どのように行動したか」、「どんなことを考えていたか」、「どんな気持ちを感じていたか」などを振り返ることが大切である。これが「気づき」である。このプロセスでの気づきのデータを集めて、一連から自分の特徴が見えてくる。今、何が起こっていたかを「内省・観察」することで自分や他者、グループに関するデータがたくさん集められ、自分の成長につなげることができる。

　小集団活動と人格変容を研究したP.B.スミスは「グループそのものを活用資源（リソース）として、トレーナー（ファシリテーター、セラピスト、ソーシャルワーカーなどを含む）がグループに働きかけ、グループ過程を通しグループの力動（ダイナミクス）、相互作用を利用して、メンバーの人間的成長を図り、彼らの思考、態度、行動、感情に変化を起こさせると共に、社会適応をはかる教育的、または治療的な過程」と述べている。

　こうした体験学習スタイルの開発的・予防的カウンセリングは、集団レベルの体験を個人の体験レベルにつなぎ、個人と集団の成長を促す効果が期待される。その効果性を高めるには、体験学習をファシリテートする力が必要である。そのファシリテート力は、教師の専門性（集団指導力と観察力、コミュニケーション力等）が生かされる領域でもあるため「教師に求められるカウンセリングスキル」そのものである。

> **章末のワーク 2-2**　「バウムテストを使ったイメージワーク〈元気をつくる〉」を実施して、身体とイメージを使った体験型学習から、自分の成長に気づいてみよう。

第2章　教師に求められるカウンセリングスキル

## ワーク 2-1　1本のペンを支える

　1本のペンを用意してください。次の動作課題を達成してください。目標は、その課題達成するときの、思考、感情、身体反応に気づくこと。（動作課題の達成は2番目の目的である。あくまでも途中のプロセスの思考、感情、身体反応の状態に気づき、後に数人のグループでその体験をフィードバックする。）

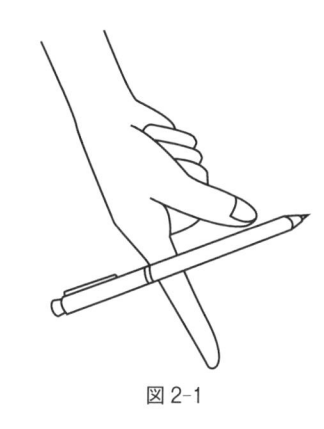

図2-1

課題1　図2-1のように、1本のペンを自分の人差し指1本で、バランスよく支えて、動作課題「椅子から立ち上がり2秒静止後、椅子に座る」を行う。動作課題をしている時の身体・思考・感情に気づくように努力する。終了後、2人1組になり、気づきを分かち合う。（自己調整能力の体験イメージ）

課題2　2人1組になり、AさんとBさんを決める。AさんはBさんの左側に立つ。図2-2のようにAさんは右手の人差し指を出し、Bさんは左手の人差し指を出す。2人の人差し指が1本のペンを横にして乗せられる距離に保ち、ペンを乗せる。2人で息を合わせてゆっくり歩こう（又は、その場で、座って立つ動作）。（二者関係の相互調整能力の体験イメージ）

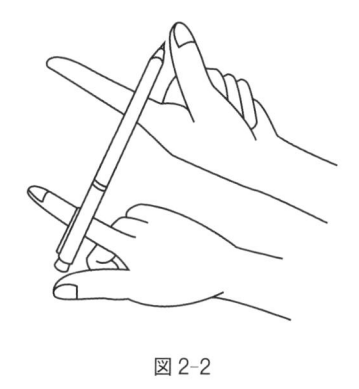

図2-2

　2人1組になり、身体・思考・感情思考の状況に気づきを分かち合う。

課題3　最後に、3人1組のグループをつくる。Aさん・Bさん・Cさんを決めて、3人で内向きに向かい合う。図2-3のように3人は内向きのまま、各自が左右の人差し指を前に出し、両横の人の人差し指に近づける。そして、両隣の人の人差し指にペンの端を乗せ、もう一方のペンの端を自分の

25

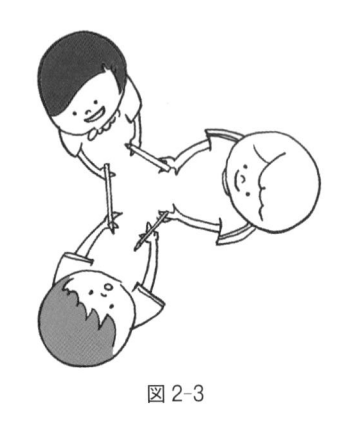

人差し指に乗せる。ペンはAさんの右手人差し指とBさんの左手人差し指に1本、同じようにBさんの右手人差し指とCさんの左手人差し指に1本、Cさんの右手人差し指とAさんの左手人差し指に1本が乗る。そして、3人でペンを落とさないように、その場で、座って立つ動作課題をする。3人で、その体験の気づきを分かち合う。（複数の相互調整能力の体験イメージ）

図2-3

### ワーク2-2 バウムテストを使ったイメージワーク〈元気をつくる〉

目　的：集団で実施するバウムテストを使った「身体とイメージのワーク」から、自分の成長に気づく体験に導く。（自己調整能力の育成）
準備物：A4判用紙1枚、クレヨン・クーピー・色鉛筆のどれか1セット

① 「昨年の今頃を思い出してください。その頃の「自分の身体の状態と気持ちを一本の木に例えてイメージしてください。」それでは、その場所に立ってそのイメージした身体（図2-4）を表現してみましょう。
② 「足の裏に意識を持ってください。そして、その木が、（1年間の間に）根を張っていくイメージをつくりましょう。そして、地球からいっぱいエネルギー（水や養分を吸い上げているイメージを持ちましょう）をもらいましょう。」（グラウンディング）
③ 「次に、その木の枝と葉っぱを想像してください。（1年間の間に）枝が伸び、葉っぱが生い茂り、お日様の光が葉っぱにたくさん降り注いでいると想像してください。そっと、腕を枝に、手のひらを葉っぱに見立てて、腕と手の平を上にあげながら、

図2-4

広げていきましょう。お日様からのエネルギーが手の平からじんわりと入ってきます。」
④「その感覚を、じっくり味わって下さい。そして、その木をイメージしてください。それを記憶に留めておきましょう。」
⑤目を開けて、Ａ４用紙にクレヨンで想像した木を描きましょう（図2-5）。
⑥木を描き終えた後、その木から少し離れた場所から「描いた木」を見てください。そして、その木に何か伝えてみるとすれば、どのような言葉（セリフ）が浮かびますか。その言葉を「木を描いた用紙」の裏に記述してください。
⑦次に、あなたは、描いた木になったつもりで、⑥で記述した言葉（セリフ）を聞いたとします。「木」になっているあなた（擬人化）は、どのような言葉（セリフ）を返しますか。その言葉を用紙の裏に記述してください。

図2-5

### 文献一覧

上野和久「グループ体験の基礎知識」、羽田紘一編著『教育相談』一藝社（2014）
上野和久『学校現場で生かすカウンセリング』朱鷺書房（2002）
桑原知子『教室で生かすカウンセリング・マインド』日本評論（1999）
國分康孝編『続　構成的グループ・エンカウンター』誠信書房（1999）
長尾博『学校カウンセリング』ナカニシヤ出版（1991）
文部科学省『生徒指導提要』教育図書（2008）
八並光俊，國分康孝編『新生徒指導ガイド』図書文化（2008）
Ｐ.Ｂ.スミス編（岡村二郎編訳）『小集団活動と人格変容』北大路書房（1984）
和歌山県立和歌山商業高等学校編『職場体験学習教本　On the Job Training Workbook』和歌山県立和歌山商業高等学校（2005）

column

# 臨床動作法

井村 修

　臨床動作法、は森田療法、内観療法とならび、我が国オリジナルに開発され、発展してきた心理臨床の技法と理論の体系である。臨床動作法は、成瀬悟策と彼の共同研究者たちによって、1960年代の半ばごろより実践・研究されてきた。当初は、脳性マヒなどの動作不自由の改善を目的としていたが、知的障がいや自閉、多動傾向の子どもたちにも適用されるようになり、コミュニケーション能力の促進や自己コントロール力の向上につながることがわかってきた。さらにその後、心身症や統合失調症、うつの成人にも適用され、身体感覚や身体意識の変化が、心理的安定や対人関係の改善に貢献することが明らかになった。これまで言葉中心の西洋の心理療法では、ほとんど注目されなかった動作や身体感覚を媒介とした、新たな心理臨床の技法と理論が誕生したのである。動作療法とも呼ばれている。

　臨床動作法の特徴は、身体感覚を通して援助者と被援助者間で、コミュニケーション（心の交流）を図ることである。そのため援助者は、被援助者の姿勢や緊張のアセスメントを行い、適切な動作課題を設定し、被援助者が主体的に動作課題に取り組めるよう働きかけるよう求められる。すなわち、不適切で過剰な緊張を低減し、望ましい姿勢や動作が獲得されると、心や体の状態が落ち着き、自体感の変容が生じるとともに、意欲の向上や行動の改善が見られたり、対人関係の持ち方が変わったりするのである。

　臨床動作法をことばで説明することは難しい。動作は非言語的体験なので、ことばで説明しようとすれば、多くの大事なものがこぼれ落ち、伝えることができない。そこで2人の臨床動作法体験者のことばを紹介する。うつに悩まされていたAさんは、数回の臨床動作法セッションの後、「最初、自分の緊張がわからなかったが、動かしにくさや軽い痛みを感じるようになり、緩める感じが少しわかってきました」と語った。そして「自分はずいぶん無理をして生きてきたのだなと思った」と続けた。その後Aさんは、生活の改善を試みるとともに、無理のない生き方を模索し、うつから立ち直ることができた。また脳性マヒで動作不自由のBさんは、「安楽な椅子は座り心地はいいけど、長く座っていると体が怠ける」、「自分には少し頑張らないと安定しない椅子がいい」と語った。またBさんによると「リラクセイションがうまくいって身体軸が安定すると、木々の緑が鮮やかに見える」らしい。

# 第3章

# カウンセリングの基礎的知識

key words　精神分析、分析心理学、認知行動療法

## 1 はじめに

### （1）カウンセリングとは

　カウンセリングという言葉は日常的に使われるようになり、聞き慣れた言葉になっている。カウンセリングは、広義には社会・経済・生活の各分野における種々の専門的相談援助行為を指し、例えば、就職留学関連、法律関連、美容関連、婚姻関連においてもカウンセリングという言葉が使われる。一方、本書で扱うカウンセリングは狭義のカウンセリングに当たる。狭義のカウンセリングは、精神心理的な相談援助、心理カウンセリングを指す。私たちは、生きてゆく中で、変化する環境において多くの出来事を経験する。その出来事が自分にやってきたチャンスであるように感じることもあれば、時に問題や悩みをもたらすものであるように感じることもある。私たちが多様な関係性を生きてゆく中で抱える問題・悩み、行き詰まりに対し、専門的な立場で、その人と共にあり、寄り添ってゆくことが狭義のカウンセリングであると言えよう。心を使って、何らかのその人にとっての行き詰まりを共に感じながら取り組んでゆくのである。「《行き詰まってしまう体験》は自らの身の内にあるいのちの生かし方と環境との間にズレが起こり、それに気づき、工夫するための大事な出来事である」（竹村、2011）と言われるが、気づき、工夫

するためにはその人の主体性が重要になってくる。そして、その主体性が発揮されるためには見守りが不可欠なのである。幼い子どもが何とか自分で靴を履こうとする、その姿を母親や父親がすぐそばで温かく見守るような感じを思い浮かべると良いかもしれない。時には手取り足取り方法やコツを教えたり、待っている親の方がもどかしくなり、ついつい強引に手出しをしたくなったりすることもあるかもしれないが、じっとその子どもが自分の力でできる可能性を信じて待つ。それは学校においても同じことが言える。教師がその専門性と人間性をもって子どもたちと関わり、子どもたちに多くのことを教え、子どもの可能性を信じて関わってゆく。教育の場であるため、教え導くことが主になることが多いものの、時にじっと待ち、その子どもにとことん添うということも行ってゆくはずである。教師がカウンセラーのようになる必要は決してなく、カウンセリング的なあり方や考え、方法をヒントにしつつ、教師にしかできない教師ならではの関わりを大切にしてゆくことが重要である。そのため、本章では、カウンセリングの基礎的な部分を紹介する。

　カウンセリングを行う人を心理療法家、サイコセラピスト（psychotherapist）（以下、セラピスト）、カウンセラー（counselor）、相談員などと言い、カウンセリングを受ける人をクライエント（client）、カウンセリー（counselee）、来談者などと言う。本書においては、カウンセリングを行う相談者を指す際、特に記載がない場合には、心理療法を主に行う人という意味でセラピストと記載する。また、学校現場においてカウンセリングを行う人を、スクールカウンセラーと表記してゆく。いずれも、学問的基盤には臨床心理学が用いられている。カウンセリングでは、そのセラピストとそのクライエントの人間関係による援助が行われる。その関係性を通して、クライエントが自らに向き合い、その作業を通じて新しい理解や洞察に自発的にたどり着くことが大切にされる。カウンセリングが終結した後も、カウンセリングの過程で体験したことを生かして、自身の「いのちのありよう」（竹村、2011）を大切にしながら、クライエントが実生活の問題や悩みに主体的に取り組んでゆける

ようにすることが目指されるのである。

## （2）形態による分類

　カウンセリングを形態で分けると大きく4種類程度に分類できる。①面接による個人カウンセリング、②プレイセラピー、③カップル・家族カウンセリング、④その他、である。①面接による個人カウンセリングは、クライエントとカウンセラーの一対一で行う面接であり、②のプレイセラピーは遊戯療法と言われ、基本的には子どもが対象となる。子どもとカウンセラーの適切で特別な対人関係の中で、安全な環境と遊び道具を使い、子どもが自分の気持ちや考えや行動を表現したり探索したりすることを促し手伝う。③のカップル・家族カウンセリングは、セッションの場にカップル、もしくは家族全員や一部のメンバーなどが来談し、カップルの間や家族のメンバー間での関係の問題を扱ったり、メンバーの誰かが示す顕著な症状やトラブルを、カップル・家族が変化するために必要な出来事として捉え、メンバー一人一人の互いに対するありかたを考え直したりする。カップルや夫婦、家族をバラバラな個人の寄せ集めではなく、1つのまとまりとして捉えて関わってゆく。④は、集団で実施するものや、メール・電話などによって行うカウンセリングなどが挙げられる。

　いずれも、クライエントの状態や状況などによって適していると判断される形態でのカウンセリングが行われることが望ましい。

## （3）理論による分類

　理論による分類は複雑で、さまざまな方法があり、稲村（1986）は2種類の分類を提示している。1つは、ペピンスキーによる分類で、①自己理論、②精神分析的、③新行動主義的、④特性・因子中心的、⑤コミュニケーションによるものとされている。もう1つはスティックラーの分類で①精神分析的および現象学的接近法、②行動修正の接近法、③学習理論に基づく接近法という3分類である。

第2節以降でこれらの分類のうち、個別の方法を主なものについて記述してゆく。

## 2 精神分析療法

### (1) 概説

　**精神分析**は、20世紀はじめに**フロイト**（Freud, S.；1856〜1939）が始めた治療法である。フロイトは、病院での勤務の中で神経症をテーマに臨床と研究を行っており、その後、催眠療法を用いてヒステリー症状を緩和する治療を行っていたパリのシャルコーのもとへ留学し、ヒステリー研究を行うようになる。催眠療法に関心を強め、催眠療法を通じて、人の意識の底には無意識が眠っているという発見をする。精神分析では人間のこころが意識的なこころと無意識的なこころの両方から成り立っているという考えを基礎にしている。クライエントは寝椅子やベッドのようなものに横たわり、自分の心に浮かんだことを思いつくまま話してゆき、分析家はクライエントから見えない場所に腰掛け共に時をすごす。そして、クライエントの心のありように思いをめぐらせ考えたことをクライエントに伝える。1回50分ほどのセッションが週数回定期的に持たれるのが、フロイト以来の精神分析の方法である。このようなセッションを積み重ねるうちに、分析を受けるクライエントの無意識が、話の内容や分析家との関係性の中に現れてくるのである。クライエントはその過程において、無意識の世界を十分に体験し気づきを得てゆく。

　精神分析療法、精神分析的精神療法、精神分析的集団精神療法、精神分析的アセスメント、乳幼児観察など、フロイトが創始した精神分析の考えに基づいた臨床アプローチは多様であるが、精神分析的な考え方の本質は、あくまで人間の生きたこころとこころの直接の交流、そしてそれを十分に体験した上で深く理解し考えるという方法にあると言われる。精神分析は、無意識を知る手段であり「その焦点はほかならぬ内的世界に合わせられて」いる（シミントン、2006）。精神分析の考え方の基本的なものとしては、第一に幼児

期における体験が後の性格形成に重要な影響を与えているということ、第二に、無意識が原動力となっており、無意識の層に抑圧されているものが症状の原因になっているということが挙げられる。人のこころは、**意識・前意識・無意識**の三層から成っているという考え（局所論）をフロイトは示し、その後、こころを**エス（イド）・自我・超自我**という三層からなる心的装置として捉える考え（構造論）を示した。他にもフロイトは多くの理論を提示し、その後の心理学に大きな影響を与え、後継者がそれを発展させているため、次項でそれらフロイト理論の変遷についてまとめることにする。

## （2）フロイト理論の変遷

　フロイトは、最初はウィーン大学医学部で精神分析や心理学ではなく神経系に関する解剖生理学的研究をしていた。しかし、先述の通り、ウィーン総合病院での勤務に伴い神経症をテーマに臨床と研究を行うようになる。その後、パリで催眠療法を用いてヒステリー症状を緩和する治療を行っていたシャルコーのもとへ留学しヒステリー研究を行う。ブロイエルとの共同研究を通じ、ヒステリー症状は精神外傷と深く結びついていると考えた。その精神外傷は催眠によって見つけ出すことが可能であり、患者にそれを意識させれば病気は治るとしている。そして、催眠中に思い出したことを言語化することで効果が得られる（イメージ、観念の自由連想）ことや、抵抗（無意識的機制、防衛機制）に気づき、それを「**抑圧**」と命名したこと、「**転移**」を発見するなど、精神分析における基礎的な発見を行う。神経症が引き起こされるのは衝動の葛藤であり、抑圧された衝動が神経症的症状として現れると考えたのである。また、夢は無意識に至る道であると考え、クライエントに夢の内容を詳しく話してもらい、分析してゆくという夢分析を行う。それから、抵抗や転移の現象をさらに追求し、治療技術の探究を行った。生の根源、心的エネルギーとされる**リビドー**は、性に関心を移したフロイトによると性的欲求のもとであるとされている。リビドーの発達は口唇期、肛門期、男根期、潜伏期、性器期の順に段階があると考えた。そして、局所論の考えを、エス

（イド）・自我・超自我の三層へと変遷させてゆく。エスとは、原始的生命力であり、欲望を充足しようとするもので快楽原則に支配されている。自我とは、現実原則に従い精神力動的葛藤を調整するものであり、超自我とは、いわゆる良心・道徳的禁止機能を果たし、快楽原則に従う本能的欲動を検閲、抑圧するものとした。快楽原則とは、本能や欲求に従っていきたいと願うことであるが、現実原則と呼ばれる規則や世の中の習慣という現実によって、阻害や制限を受け、修正されたり歪曲されて現れるのである。

　自我は、衝動的なエスと倫理的道徳的な超自我の調整役であることを述べたが、保っていた精神構造のバランスが内外からの刺激によって、脅かされるような事態が起こる場合、統合を回復するために**防衛**（あるいは**自我防衛**）という自我の機能を働かせ、**防衛機制**（defense mechanism）によって心を守ろうとする。欲求不満や葛藤を直接克服できない場合、その場面に適応し、緊張から開放されるため置き換え的な方法で自己保全の行動をとるようになるのである。防衛機制は誰にでも見られる心理作用で、さまざまな種類があり、それぞれに特徴があるのでいくつか具体的に挙げておく。

①抑圧（repression）
　　実現困難な欲求や苦痛な体験などを無意識の中に封じ込めて忘れようとすること。フロイトによって最初に取り上げられた重要な機制である。その内容には観念、感情、思考、空想、記憶が含まれる。

②反動形成（reaction formation）
　　受け入れがたい欲求や感情を抑圧するために、意識や行動レベルでは正反対のものに置き換わること。

③投影（projection）
　　自分自身の内側にある欲求や感情を外の対象が持っていると知覚すること。

④置き換え（displacement）
　欲求を本来のものとは別の対象に置き換えることで充足すること。

⑤退行（regression）
　耐え難い事態に直面したとき、現在の自分より幼い時期の発達段階に戻ること。以前の未熟な段階の行動をしたり、未分化な思考や表現様式となったりする。退行には「病的退行」以外にも「治療的退行」、「創造的退行（健康的退行）」などもある。

⑥代償（substitution）
　本来の目標への到達が困難なとき、別の目標に向かう代償行為。欲求が適応過程において、精神的・文化的に価値ある活動となり、社会的に認められてゆく方向へ向かう場合は**昇華**という。

⑦補償（compensation）
　欲求不満時に生まれる劣等感を他の活動によって補い、他人より優れている、少なくとも人並みであるという感じを得たいと願う行為。例えば、スポーツが苦手なので勉強に没頭するといったようなものである。補償が望ましくない方向へゆくと、暴行・虚言・盗み・殺人など反社会的な行動が生まれる場合があり、それを過剰補償という。

⑧同一視（化）（identification）
　自分より優れた魅力ある個人や集団を自分と同一視したり、その人や集団があげた業績によって自己満足したりして、欲求不満を解消する傾向。例えば有名人の言葉・服装を真似ることで自分もその人と同列であると考えるといったものが挙げられる。

⑨合理化（rationalisation）
　自分の失敗や無能力を認めず、何らかの理屈を付け正当化し、自尊心を保持しようとするもの。

個人によって用いられやすい防衛機制がある程度定まっているが、特定のものが柔軟性を欠き偏った用いられ方をしすぎると不適応状態として表面化することもある。学校現場においても子どもや保護者の心理的援助を考える際、役に立つ概念になると考えられる。

## （3）精神分析的カウンセリングの技法
　精神分析的カウンセリングでは、無意識を意識化することが目標となる。問題の源流をたどり、中心となる問題を見つめて、そこに生じる葛藤を知ることによって行動変容を目指すことになる。カウンセラーが解釈をし、クライエント自らの洞察によって行動変容を目指すのである。カウンセラーが、言語的表現はもちろんのことながら、非言語的表現も重視する。基礎的な技法を簡単に記しておくことにする。

①行動の指摘
　　無意識を意識化するために、普段している何気ない行動に気づくことが役に立つ。クライエントが無意識に取っている動きをカウンセラーが指摘することでクライエントが気づくということを促す。
　　例）「〇〇の科目がある日に学校へ行こうとするとき、頭痛になりやすいですね」「お母さんの話をするとき、いつもあなたは手を握り締めていますね」

②解釈
　　クライエントが無意識にとっている行動がどのような意味を持っているのかを解釈する。言語内容だけでなく、非言語メッセージもその解釈の対象となる。
　　例）「〇〇科目を担当している先生に対して、何か頭にきている（怒りがある）のではないですか」「お母さんの話をする時に手を握り締めているのは、お母さんに対する葛藤を押し込めているのではないでしょうか」

③抵抗
　　カウンセリングによって事態が好転することを拒否し、無意識を意識

化することを妨害するクライエントの行為。カウンセリングという営みすべてにあらゆる表現で生じる。

例）カウンセリングのキャンセルや遅刻、時間や頻度の短縮など。

④洞察

抵抗が克服されてゆくと次第に洞察が出現する。これまでとは異なる視点から問題を把握し、気づきを得る。無意識を意識化し、理解しなおす作業。洞察の際、クライエントは痛みや喪失感を抱くため、セラピストはそれも受け止め寄り添う必要がある。

⑤転移

重要な過去の人物に本来向けるべき感情を含み、クライエントがセラピストに向ける言動。セラピストに好意的・親愛的な感情を向ける陽性転移と、拒絶的・攻撃的な感情をむける陰性転移がある。いずれの転移も、クライエントが感情表現の練習をしていたり、出来なかった感情の再体験をしたりしている。陰性感情については特に、そういった感情をカウンセリング場面で出しても良いのだという姿勢であることが大切である。カウンセリングの進展を妨げるような場合は、そのことを話題として取り上げ、セラピストとクライエントで共有する。

例）「今、ここで私とあなたの間で起こっていることはどういうことでしょう。お父さんとの間で上手くいっていないことが、今ここで私との間で起こっていることと同じような感じがするのですが、どうですか」

⑥逆転移

セラピストがクライエントに抱くさまざまな感情。そのような感情を引き起こす何かをクライエント側が持っているか、セラピスト側が持っているのか吟味することが大切である。吟味することで、クライエント理解につながってゆく。セラピストの個人的な葛藤や課題であることもあるため、その点について十分な自覚が必要である。そのために、スーパービジョンを受けることも大切となる。

# 3 分析心理学

## （1）概説

**分析心理学**はスイスの精神科医・心理学者である**ユング**（Jung, C. G.）が深層心理について研究し創始したものである。ユングは、フロイトの精神分析学でいう個人的な無意識にとどまらず、個人を超えて人間に共通しているとされる集合的無意識（普遍的無意識）を仮定した。ユングはこころの構造を意識、個人的無意識、そのさらに奥深くに集合的無意識があるという三層で捉えている（図3-1）。

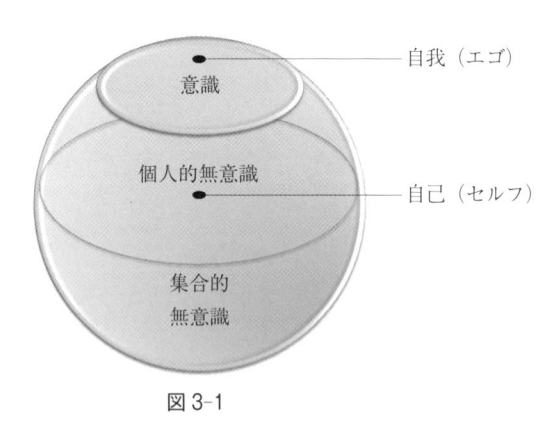

図 3-1

個人的無意識は、失われた諸記憶や、抑圧された不快な諸表象、意識に上らせることができるだけの強さのない感覚知覚、まだ意識に上らせることができるに至っていない諸内容（ユング、1977）を含んでいる。さらに、ユングは、無意識の中に個人的記憶や経験を超え人類に共通の普遍的な層があると考え、それらを集合的無意識としたのである。一方、意識には中心的機能として自我（エゴ）があり、この自我の働きによって「外界を認識し、それを判断し、対処する方法を見出してゆく」（河合、1967）。つまり、自我の働きによってその時に応じた適切な行動をとってゆくことができるのである。

意識は自我を中心として、ある程度の安定性を持ち統合性を保っている。しかし、人間には「より高次の統合性を志向する傾向」（河合、1967）があるためその安定した状態を崩す意識を超えた動きが内的に生じることがある。この意識を超えた働きの中心となっているのが自己（セルフ）である。ユングによると、自己は「意識と無意識とを含んだ心の全体性の中心」（河合、1967）であり、「人間の心に存在する対立的な要素、……（中略）……を統合する中心」とされている。これまで排除してきたものを受け入れ、自我の再統合をはかる努力の過程を、**個性化**の過程あるいは**自己実現**の過程と言い、これが人生における究極の目的と考えられる。自我が無意識に開かれ、自己との相互作用と折衝、協働することによってこそ個性化の過程を歩むことができ、これが分析心理学の目指すところでもある。

　ユングは、人間の集合的無意識の内容が表現される際、共通した基本的な型があることを見出している。意識の中心機能である自我がその内容を受け取ることができるように、集合的無意識が意識に上ってくる際は、それらがある種のパターンをとって現れるのである。これが元型的イメージであり、「意識の中に映し出されたそのイメージから元型というものを推測する」（横山・織田、1993）。元型そのものは意識化されることはないが、意識に上がってきた元型イメージを心的現実として尊重することが大切となる。そのイメージがあるからこそこころの変容が生じ、人が癒されうる可能性がある。ユング派の分析では、夢や絵画、箱庭などイメージを用いる。夢は集合的無意識としての元型イメージが日常的に現れている現象であり、また個人的無意識の現れでもあるとされるため、分析心理学では、他派よりも心理臨床において夢分析が重視される。分析心理学の夢解釈がフロイトの精神分析と異なる点は、無意識の解釈を主にするのではなく、クライエントとセラピストが対等な立場で夢について話し合い、その多義的な意味・目的を考えることによって、クライエントの心の中で巻き起こっていることを治癒的に生かそうとする点にある。また、アクティヴ・イマジネーションも取り入れられている。アクティヴ・イマジネーションとは、イメージが浮かび上がってくる

のを待ち、そのイメージの「自律性をしっかりと感じとりながら、なおかつ自我の側も自らの自立性を保ち続け」(老松、2004)、両者でやり取りをしてゆく「「折衝」のプロセス」(老松、2004)である。

　ユングは人生の方向を決めるのはセラピストではなく、クライエントであるとし、クライエントの無意識的創造力を信頼した。クライエントがクライエントなりに懸命に生きてきたことを尊重するのである。

### (2) 集合的無意識と元型

　**集合的無意識**が意識に上ってくるとき、**元型**的イメージとなって現れると先に述べたが、元型が生みだすイメージや状況は、「個人に強力な衝撃を与え、個人の力を一瞬の内に捉え、その後も捉え続ける傾向がある」(サミュエルズ、1990)。以下に元型の代表的なものを提示したい。

①ペルソナ
　　ペルソナとは、仮面に由来する言葉であるが、私たちは、社会に適応するためさまざまな顔(ペルソナ)を持ち、場面によってそれらを使い分けている。個性とは異なり、人間が外界との関係でどのような姿を示すかというものである。

②影
　　生きることができなかった側面、本人の中にあってかえりみられなかった部分とも言えるもので、本人が恐れたり軽視したり、受け入れることができないものを影という。影はその人の一部であり、なぜその人の影となったのかを、なぜそのようにしか生きられなかったのかということに取り組むことで、その人をより豊かにする可能性を開く場合がある。

③アニマ・アニムス
　　無意識にあるものが人格化されるとき、男性において女性像として現れる場合をアニマ、女性において男性像として現れる場合をアニムスと

いう。自身の中の未分化で潜在的で異性的なものに気づき、それとの関わりを深めてゆくことが大切である。

④グレート・マザー

母性の原理は包含する機能によって示され、グレート・マザーは、母親が子どもを産み保護し育て養うような側面と、つかんで離さず抱え込み呑み込む側面とを持つ。

## (3) 夢とイメージ

イメージは、人に大きな影響を与え、人を動かすものである。イメージのすごさというものは、目を向けてそれを感じ味わうことによって体感できるのではないかと思う。学校カウンセリングの場でも、子どもたちが描画や箱庭を用いてイメージを表出したり、印象的であった夢を語ったりすることがしばしばある。ユングは、夢を意識の一面性を補償するものと考えている。ユング派の夢分析では、自由連想ではなく拡充法という技法が用いられる。拡充は、夢の個々のモチーフについてクライエントの連想を聞き、夢からもたらされるさまざまなイメージや、それが持っている意味などを神話や昔話に見られる類似モチーフを用いて膨らませてゆく。分析家とクライエントが対話を通じて意識と夢（無意識）とのつながりを再構築し深めてゆく作業を行うのである。これは無意識からのメッセージと向き合うことによって自己実現に至るための方法であるとされている。ユングは自身の考えはあくまでも一つの仮説であるとして夢の解釈を行い、その仮説は夢を見た人の人生全体の中で検討し、場合によっては修正してゆくという開かれた態度が重要であるとしている。分析家には広く深い知識が要求され、「いきいきとした経験が吹き込まれ」（横山・織田、1993）ることが必要なのである。また、分析をする側の夢も重視され、生かされる。

## 4 来談者中心療法

来談者中心療法⇒第4章・第5章参照。

## 5 認知行動療法

### (1) 概説

　認知行動療法は、アメリカの精神科医ベック（Beck, A. T.）によって創始された。うつ病や不安障害（パニック障害、社会不安障害、心的外傷後ストレス障害、強迫性障害など）、不眠症、摂食障害、統合失調症などの多くの精神疾患に効果があることが実証され、広く使われるようになっている。認知行動療法は、「苦痛の原因となっている不適応な思考を発見し、検証し、修正する」（ニーナン＆ドライデン、2010）ことを目指す。物事の受け取り方や考え方（**認知**）に働きかけ、今現在の問題に対処してゆけるようにする心理療法である。何らかのストレスを感じると、私たちは時に悲観的に考えがちになってしまい、問題解決が困難な心理状態に自分を追い込んでしまうことがある。そうした考え方を調整しながらストレスにうまく対応できるこころの状態を作ることを目指すのである。

　私たちは、いつも状況を主観的に受け止め判断している。通常はそれを適応的なあり方で行っているが、強いストレスを受けている時やうつ状態に陥っている時など、通常と異なる状況下においては、普段できていたことができなくなってしまうこともある。誰しもが考え方のクセを多かれ少なかれ持っているが、それによって抑うつ感や不安感が増し、不適応を引き起こし、一層考え方のクセが強まり上手くいかない感じや生きにくさを感じやすくなることが起こってくるのである。認知行動療法では、そのような上手くいかない感じや生きにくさを感じ問題を抱えた際、自動思考に目を向けて、それがどの程度現実と食い違っているかを検証し、思考のバランスをとってゆく。

**自動思考**とは、意識の表層にある、ある状況で自動的に頭に浮かんでくる考えやイメージ・記憶のことである。反射的・瞬間的に頭に現れ、通常は深く考えたり内省したりして生じるものではなく、本人には理由もなく浮かんでくると感じるようなものである。自分で「考えている」という意識はない。現実的に考えて浮かんできたものではないため、なかには不合理であったり、特に根拠もなくただ思い込んでいるだけのもの、非現実的であったりする場合も多いが、それにもかかわらず、本人はそれを妥当、現実的と認識しているのである。とくにその考えが習慣化し、固定化したものは「スキーマ」と呼ばれる。**スキーマ**は自動思考よりも深層にあり、自動思考を生じさせる源となる。個人の価値観とも言えるものである。例えば、「人生では人間関係が最も重要」と考える人は、他人との交流に力を注ぎ、うまくいくことに喜びを感じるだろうし、親しい人との関係がこじれれば、ひどく落ち込んでしまうだろう。しかし「人生では仕事での成功が重要」と考える人は、人との交流や歓談より、まず仕事に熱を入れ、成功すれば喜びを感じるだろうし、失敗すればひどく落ち込むだろう。人間関係のもつれにはさほど動揺しないかもしれない。スキーマは個人の価値判断の基準でもあり、簡単に修正することは容易でなく、その人の行動や人生の歩み方に多大な影響を与えることがある。

　認知行動療法では、セラピストは、クライエントとのラポール（信頼関係）の形成を十分に行い、クライエントが、どのような「状況（環境）」に対して、どのような反応をしているのか、「思考」「感情」「行動」「身体反応」の4つの側面から把握してゆく。同じ体験をしても、その受け止め方（思考）によって感情や行動、身体の反応は異なってくる。そして、行動の変化は、身体反応や状況そのものにも影響するし、考え方が変わると、行動や気分、身体反応が変わり、状況が変わるということも起こってくる。この「状況」と「思考」「感情」「行動」「身体反応」の5つが、どのように関係しあっているのか理解し、クライエントが自身の問題を解決できるように一緒に考えてゆくのである。

## (2) 考え方のクセ

　先述した考え方のクセについて、主なものを簡単に記述しておく。認知とは、物事をどのように受け止め考えるかということであるが、それが不快な感情を引き起こす不合理で非機能的な認知であるような場合、考え方のクセに歪みが生じていると考えられる。

①全か無か思考
　　良いか悪いか、好きか嫌いか、白か黒かのどちらかしかない考え方。
　例）仕事が完璧にできていないと気になる。相手が少しでも不機嫌だと、「自分のことが嫌いなんだ」と思ってしまう。テストで60点をとると、0点をとった時と同じ気分になってしまう。

②破局的な見方
　　いつも最悪の事態を考えてしまい、ちょっとした困難から大きな破局や不幸な結末を想像してしまう。
　例）家族の帰りが少し遅いと、「どこかで事故にでも遭って死んでしまったんじゃないか」と考え、その後の暮らしを想像して悲しい気持ちになってしまう。LINE（ライン）が既読になっているのに（メールを送ったのに）返事が1日返ってこないと、嫌われたのだと絶望してしまう。

③選択的な抽出
　　良い情報を無視し、悪い情報ばかりを取り上げてしまう。
　例）授業で発表した際、批評されたことばかりが思い出され、良いコメントをもらったことは思い出されない。

④極端な一般化
　　たった1回の出来事から全てを決めつけてしまう。
　例）1つのプロジェクトが思ったように進まないときに、過去の失敗を思い出し、自分はいつも失敗すると結論を出してしまう。1科目の単位を落としてしまったことを知り、ほかの単位も落としているにちがいないと思ってしまう。

⑤プラスの側面の否認
　　物事のマイナス側面だけを取り上げて意味づけ、プラスの側面は否定してしまう。

例）長所を褒められても「そんなところが良くとも何にもならない」と考えてしまう。

⑥根拠のない決めつけ

根拠は全くなく、合理的ではないのに思いつきで判断してしまう。

例）初めてやってみた作業がうまく進まないときに、この作業はうまくいかないと決めつけてしまう。

⑦過大評価・過小評価

事実や出来事を実際よりも高く評価したり逆に軽視したりしてしまう。

例）自分の些細な欠点を人生に支障をきたす大問題捉え、「自分には欠陥がある」と考えてしまう。

⑧感情的理由づけ

自分の気持ちや感情を理由にして、そこから出来事や事実を意味づけてしまう。

例）「こんなに不安になるのだから、この問題は絶対解決できない」と考えてしまう。

⑨「すべき」思考

「～すべきである」、「～しなければならない」といった考えをしてしまう。

例）人間関係はうまくいっていなければならない。怠けていてはいけない。主婦なら家事を完璧にするべきだ。

⑩レッテル貼りと誤ったレッテル貼り

否定的な言葉のレッテルを貼ってしまうこと。

例）自分は落ちこぼれだ。自分には欠陥がある。

⑪自己関連づけ

何か悪いことが起きると、本当は関係ないのに自分のせいで起こったと自分を責めてしまう。

例）友人がサークルを辞めたのは自分のせいだ。子どもが学校で問題を起こし担任に注意を受け、全ては母である自分の育て方のせいだと自分を責める。

⑫自分で実現してしまう予言

否定的な予測や思い込みにより行動が抑制されてしまうため、結果的

にその予測が実現したかのように、当初の否定的な予測が確信になってしまう。

> 例)「相手と違う意見を言ったら相手を不機嫌にさせてしまうかもしれない」と考え、自分の意見を言わずに黙っていたら、「何を考えているのかよく分からない」と思われ、相手がイライラしてくる。そして「やっぱり不機嫌にさせてしまった」と考えてしまう。人前で話す時、声が震えるのではと心配し、失敗することばかりを考え自意識過剰になり、声が震えてしまって、「やはりそうだった」と考える。

## (3) 認知の転換

今までどのような認知や行動をしていることが苦痛の原因となっているのかを発見、検証、修正するのだが、原因を過去の経験に求めることはせず、原因を現在の認知や行動に求め、考え方のクセなどを特定し修正してゆく。

グリーンバーガー＆パデスキー（2001）を参照しながら、思考記録表の一例（表3-1）を紹介したい。

自分の自動思考を確認すると、気分に強く結びついている思考が見え、さまざまな状況で自分がなぜそのように感じるのか理解できるようになってくる。表は①状況、②気分、③自動思考、④根拠、⑤反証、⑥適応的思考、⑦今の気分のレベルの7つから成っている。まず、①強い感情が動く「状況」を書きこむ。②次にその時の「気分」、③「思考」をできる限り詳細に書き込む。状況・気分・思考を区別して思い出すことは「自分の気分のコントロール法を学ぶ上で大切」（グリーンバーガー＆パデスキー、2001）な点である。いくつか挙がった自動思考の中でもとくに強い気分に結びつく思考を○で囲む。④「根拠」では③の自動思考を裏づける事実を挙げ、⑤「反証」では③の自動思考に矛盾する事実を挙げる。この「反証」が思考記録表の最も大切な欄であり、自分にとって苦痛な感情を弱めるのに役立つのである。⑥「適応的思考」には、④「根拠」と⑤「反証」の内容をまとめたものを書く。根拠として挙げた事実が自動思考に完全に矛盾する場合は、事実に基づいた新しい理解の仕方を考える。なかなか出てこないようであれば「もしこれが親

第3章 カウンセリングの基礎的知識

表3-1 思考記録表の一例

| ①状況<br>いつ・どこで・誰が・何を | 連休の前日、学校から一人で帰宅している途中 |
|---|---|
| ②気分<br>どう感じたか<br>気分のレベル（0〜100％） | 孤独感　　　　80％<br>空虚な感じ　　60％<br>焦り　　　　　70％ |
| ③自動思考（イメージ）<br>直前に頭の中に浮かんだ考えやイメージ<br>（強い気分を伴う中心の思考に〇） | 自分は一人ぼっちだ<br>みんな楽しそう<br>（自分は必要とされていない）<br>連休をどうやって過ごすか、したいことがない |
| ④根拠<br>自動思考を裏づける事実 | 連休に際して、誰からも何の誘いもない<br>友人としゃべったりしながら一緒に歩いている人ばかり<br>一人で帰宅している<br>友人は、別の友達と旅行へ行くと言っていた |
| ⑤反証<br>自動思考と矛盾する事実 | 自分からも友人を連休中遊びに誘っていない<br>一人で歩いている人もいる<br>家族は家にいる<br>楽しそうに見えるが、みんな悩みも抱えているかもしれない |
| ⑥適応的思考<br>別の新しい考え・視野を広げた考え<br>それぞれの考えについて、どの程度確信できるか数値で評価（0〜100％） | 今回の連休は友人との予定はないが、次の休みには友人を自分から誘ってみることもできる　　　　　　　　　　　　　　　　　　　60％<br>その気力がわかない時は、家でダラダラ過ごしてみてもよいかもしれない　　　　80％<br>楽しい時もあれば悩む時もあるのが普通で、自分だけが孤独感を抱いているわけではないかもしれない　　　　　　　　　　　　　　　　　90％ |
| ⑦今の気分のレベル<br>「気分」欄に書いた気分の再評価<br>（0〜100％） | 孤独感　　　　60％<br>空虚な感じ　　40％<br>焦り　　　　　10％ |

しい友人であるとしたら、どう理解したらよいとアドバイスできるか」と考えることで少し客観的な視点を持てるだろう。そして、その適応的思考が自分にとってどの程度確信できるか評価する。適応的思考は「ネガティブな情報もポジティブな情報も共に考慮に入れ、すべての情報の意味を理解しようとするもの」（グリーンバーガー＆パデスキー、2001）で、より広い視野で見ることが可能となり、受け止め方に変化をもたらしてくれる。高い確信度でそれが得られると⑦「今の気分のレベル」は、当初の②気分よりもネガティブな度合いが軽減しているはずであるとされる。

　自分自身の落ち込みなど「今、ここにある」問題に焦点を当て、どのような要因がその問題を持続させているのかを分析し理解してゆく。状況に対して、どのような気分になり、その際の自動思考における考え方のクセがどのようなものであるか、もしくは自動思考よりも深層にあるスキーマがどのようなものであるかを把握し、それを裏づける根拠と否定する根拠の両方を探してゆくことで、問題が整理されてゆくのである。自動思考の矛盾点が明らかになると、気分の改善に効果があり、両面の根拠を見つける練習をすることで柔軟な認知を身につけてゆけるようになる（グリーンバーガー＆パデスキー、2001）と言われている。そして、それらから、事実に沿った新しい認知をしてゆくことで状況に新たな意味を与えるのである。
　ただし、思考記録表をきちんとつけていても気分に変化が見られないということもある。その場合は、自動思考が自分や他者や世界についての絶対的な信念であるような時がある。絶対的信念を変えることについては、グリーンバーガー＆パデスキー（2001）を参照することを推奨する。また、思考記録表の目的は、状況をより広い視野からみることを通し、その人が「バランスのとれた感情を抱けるようにしやすくする」（グリーンバーガー＆パデスキー）ことであり、ネガティブな感情を取り除くというものではないことも知っておいてもらいたい。自分の中にあるネガティブな感情も大切なものとして抱えてほしいと思っている。それらを踏まえてワークに取り組もう。

# 第3章 カウンセリングの基礎的知識

## ワーク 3-1-1 思考記録表を作ってみよう（個人）

個人でワークを行う場合：自分が落ち込んだりするような状況を書き、表を完成させよう。

| | |
|---|---|
| ①状況<br>　いつ・どこで・誰が・何を | |
| ②気分<br>　どう感じたか<br>　それぞれの気分のレベル<br>　（0〜100％） | |
| ③自動思考（イメージ）<br>　そのように感じた直前に頭の中に浮かんだ考えやイメージ<br>　強い気分を伴う中心の思考を○で囲む | |
| ④根拠<br>　自動思考を裏付ける事実 | |
| ⑤反証<br>　自動思考と矛盾する事実 | |
| ⑥適応的思考<br>　別の新しい考え・視野を広げた考え<br>　それぞれの考えについて、どの程度確信できるか数値で評価<br>　（0〜100％） | |
| ⑦今の気分のレベル<br>　「気分」の欄に書いた気分についてあらためて評価する<br>　（0〜100％） | |

## ワーク 3-1-2 思考記録表を作ってみよう（集団）

集団でワークに取り組む場合：5〜6人グループで、例を元に話し合い表を完成させよう。

| ①状況<br>　いつ・どこで・誰が・何を | （例）友達からLINEの返信が返ってこない日が続いている |
|---|---|
| ②気分<br>　どう感じたか<br>　それぞれの気分のレベル<br>　（0〜100％） | |
| ③自動思考（イメージ）<br>　そのように感じた直前に頭の中に浮かんだ考えやイメージ<br>　強い気分を伴う中心の思考を○で囲む | |
| ④根拠<br>　自動思考を裏づける事実 | |
| ⑤反証<br>　自動思考と矛盾する事実 | |
| ⑥適応的思考<br>　別の新しい考え・視野を広げた考え<br>　それぞれの考えについて、どの程度確信できるか数値で評価<br>　（0〜100％） | |
| ⑦今の気分のレベル<br>　「気分」の欄に書いた気分についてあらためて評価する<br>　（0〜100％） | |

| 第3章 カウンセリングの基礎的知識 |

## ワーク3-2 マインド・マップを作ってみよう

　本章は、カウンセリングの基礎的知識に関する概説であった。知識の定着と振り返りを行うため、15分～20分程度で「マインド・マップ」（ブザン、2005）の作成を行ってみると良い（マインド・マップ⇒第14章第2節（2）参照）。

　1人で作成してからペアや3～4人でシェアし互いに説明をし合う方法や、最初からペアで作成し、2～3グループでシェアし説明をし合う方法など実践し、他者と共有してみる試みを行う。

## 文献一覧

稲村博『カウンセリングの基礎訓練』誠信書房（1986）
老松克博『アクティヴ・イマジネーションの理論と実践① 無意識と出会う』トランスビュー（2004）
河合隼雄『ユング心理学入門』培風館（1967）
「特集：認知行動療法をめぐる対話」『精神療法〈第39巻第4号〉』金剛出版（2013）
竹村洋子『いのちの営みに添う心理臨床』創元社（2011）
横山恭子, 織田尚生「ユング心理学」、氏原寛, 東山紘久編『カウンセリングの理論と技法』ミネルヴァ書房（1993）
ブザン, T., ブザン, B.（神田昌典訳）『ザ・マインドマップ』ダイヤモンド社（2005）
フロイト, A.（外林大作訳）『自我と防衛』誠信書房（1985）
フロイト, S.（高橋義孝訳）『精神分析入門（上巻）』新潮文庫（1977）
グリーンバーガー, D., パデスキー, C. A.（大野裕監訳）『うつと不安の認知療法練習帳』創元社（2001）
ユング, C. G.（高梨義孝訳）『現代人のたましい』（1970）
ユング, C. G.（高橋義孝訳）『無意識の心理』人文書院（1977）
ユング, C. G.（小川捷之訳）『分析心理学』みすず書房（1997）
ユング, E.（笠原嘉, 吉本千鶴子訳）『内なる異性――アニムスとアニマ――』海鳴社（1976）
カザンツィス, N., ライナック, M. A., フリーマン, A. 編（小堀修, 沢宮容子, 勝倉りえこ, 佐藤美奈子訳）『臨床実践を導く認知行動療法の10の理論――「ベックの認知療法」から「ACT」・「マインドフルネス」まで』星和書店（2012）
ニーナン, M., ドライデン, W.（石垣琢磨, 丹野義彦監訳）『認知行動療法100のポイント』金剛出版（2010）
サミュエルズ, A.『ユングとポスト・ユンギアン』村本詔司, 村本邦子訳 創元社（1990）
シミントン, N.（成田善弘監訳）『分析の経験――フロイトから対象関係論へ』創元社（2006）

# 第4章

# カウンセリングの演習
── 個人へのアプローチ

**key words**　傾聴、来談者中心療法、認知物語アプローチ

## 1　はじめに

### （1）個々の子どもの心を育てるという視点

　学校教育では、「個を大切にし、個を育てる教育」が叫ばれているが、教師は学級全体を集団として扱い、学級全体の児童生徒を動かしながら、一度に20〜40人の子どもに対して授業や生活・生徒指導を行う。教師は教科を教えることはもちろん、教師の立場であっても、「子どもたちの心を育てるためにはどうすればよいか」について、日々、考えているだろう。しかし、教科の授業や、子どもを集団として動かすことは教育現場に入った時から実践を通して習得する一方で、個々の子どもの心の問題への対処法については、これまであまり目が向けられてこなかったようにも思われる。

　心理療法の視点を取り入れた「個人へのアプローチ」は、学級集団に焦点を当てた従来の学級経営に、個人を扱う心理療法の技法を取り入れる方法である。学級成員の各々を育てることにも焦点を当て、各成員が成長することで学級自体も成長させようとする試みでもある。それに加えて、第5章で詳しく述べているような開発的カウンセリングにおける予防的・開発的な視点から個人への関わりを行うことは、学級の担任として学級経営をしていくうえで重要である。

本章では、個々の子どもたちに対応するために教師のカウンセリング力を伸ばす観点から、「傾聴」のワークによって、「聴くこと」の重要性、及び受容と共感について学び、また、コラージュ作品に認知物語アプローチを導入することで、子どもたちの心理的課題に気づくことを目指す。

## （2）思春期・青年期の心理療法という視点 （⇒第8章参照）

　心理療法を行う場合、乳幼児・児童期の子どもに対する時は、遊びを通したプレイセラピーが中心になる。成人の場合は、言葉を介した対話が中心になる。その中間にある思春期・青年期の子どもたちへの心理療法は、自立と依存の間を揺れ動く時期であることを考慮して、イメージ表現を用いたり、少し工夫した対話形式をとったりすることが求められる。そこで、彼らと話せる大人になるには、「秘密は守ること」、「説教はしないこと」、「命令はしないこと」、「頭ごなしに叱らないこと」などが重要なポイントとなる。子どもたちのことを尊重してその考えや気持ちを「傾聴」することが基本になる。次節では、そのような「傾聴」の力をつけるためのワークを紹介する。

# 2　個を育てる「傾聴」のワーク

## （1）傾聴の基礎

### クライエント中心療法（Client-Centered-Therapy）

　クライエント中心療法は、ロジャーズ（Rogers, C. R.）により提唱された心理療法である。「信頼関係を築く方法」として本章で扱うのは、ロジャーズのクライエント中心療法の立場に基づく「傾聴」である。

　ロジャーズは、1902年1月8日にシカゴ郊外のオークパークで生まれた。両親は熱心なプロテスタントで、農場を経営していた。彼は当初、家族と同じく農学部に進学したが、同時にキリスト教の研究や伝道にも興味を持ち、宗教的な職に就くために神学校に入学した。その後、科学的態度と特定の宗教の主義との矛盾に悩んだロジャーズは、1926年ニューヨークのコロンビア

大学教育学部に転学し、臨床心理学と教育学を学び始める。1928年ニューヨーク州ロチェスターの児童虐待防止協会に心理学者として就職し、次第に既存の理論は役に立たないと感じ、クライエント中心療法などロジャーズ独自の理論へと進んでいく。1942年「カウンセリングと心理療法」（Counseling and Psychotherapy: New Concept in Practice）が発表され、その約10年後の1951年に「クライエント中心療法」（Client-Centered Therapy）が公刊された。その間、シカゴ大学などで教鞭をとり、1946年から1947年にかけて、アメリカ心理学会の会長を務めている。その後、エンカウンターグループで広く知られるようになり、エンカウンターグループと学習者中心の教育を融合させる試みも成された。晩年は、カリフォルニア州ラホイアの人間科学センターに身を置き、エンカウンターグループの研究や実践、ベトナム戦争やアイルランド問題への発言や、南アフリカの国際・国内紛争の解決に向ける努力など、ロジャーズ自身の関心は、心理学の領域のみならず、人間の自由、国際平和にまで広がっていった。そして、1987年2月8日、85歳の生涯を閉じた。

　クライエント中心療法は、日本では来談者中心療法とも呼ばれている。ロジャーズは**クライエント（client）**を、患者ではなく、心理療法の対象者で相談にやってくる来談者の呼称として使い始め、日本では心理療法の対象者はクライエントと呼ばれることが定着している。そして、クライエントが主体的に、積極的に面接に参加することが大切で、**面接者（セラピスト（therapist）**のことで以下セラピストと記載。第3章参照。）はクライエントの自己実現を促進するためにあり、クライエントの心の成長を目指してカウンセリングをすることが重要であると考えた。これは、セラピストがクライエントの自己治癒力、自己成長力を絶大に信頼するという哲学の上に立っている考え方である。

## ロジャーズによるカウンセラーの3つの基本的態度

### ①「無条件の肯定的関心」(unconditional positive regard)

セラピストがクライエントに無条件の肯定的関心を示すということは、クライエント自身が、自分の全てをあたたかく受容してもらっていると感じることができるものである。通常の人間関係では、例えば「あなたが私の言うことを聴いてくれた場合にだけ、あなたを愛します」など、「条件つき」の愛情である場合が多い。クライエント中心療法では、クライエントを価値のある存在として認め、セラピストはクライエントに対して無条件の肯定的な関心を向けることにより、人間対人間として関わることを目指すのである。これは**受容**(acceptance)とも言われている。

### ②「共感的理解」(empathic understanding)

セラピストはクライエントの経験している世界を**あたかも**(as if)自分自身がその人であるかのような状態で認知し、それに伴う感情体験などを含む経験をしながらも、一方では、そのような感情に巻き込まれないように、セラピストとしての立場を貫くことである。

### ③「自己一致」(congruence)

セラピストは、クライエントとの関係で自己一致して、統合されている状態でなければならない。例えば「自分の問題で頭がいっぱいで、クライエントの話が聴けない」などカウンセリング場面で生起する感情を否定することなく、時にはオープンにする自己開示が求められることもあるだろう。セラピストの**純粋性**(genuiness)が重要であると言われている。

その他に上記の3点を含むものとして、論文「治療上のパーソナリティ変化の必要にして十分な条件 (The Necessary and Sufficient Conditions of Therapeutic Personality Change)」(ロジャーズ、2001) の中で、ロジャーズは、建設的なパーソナリティ変化が起こるための6つの条件 (「ロジャー

ズ選集」上、2001）を示している。

①二人の人間が心理的な接触を持っていること。
②第一の人——この人をクライエントと名づける——は不一致の状態にあり、傷つきやすい、あるいは不安の状態にあること。
③第二の人——この人をセラピストと呼ぶ——は、この関係の中で一致しており（congruent）、統合され（integrated）ていること。先述の３つの基本的態度の「自己一致」（congruence）にあたる。
④「無条件の肯定的関心」（unconditional positive regard）
⑤「共感的理解」（empathic understanding）
⑥セラピストの「共感的理解」と「無条件の肯定的関心」をクライエントに伝達すること。

以上の６つの条件が建設的なパーソナリティ変化には必要にして十分な条件であるとしている。

## 傾聴とは

「聞く」→「HEAR」→言語・音声などに対して聴覚器官が反応を示し活動することを指す。「聞こえる」という意味。

「聴く」→「LISTEN」、「ATTEND」→身を入れて聞く。注意して耳にとめる。傾聴する。相手が伝えたいこと、感じていることを理解しようと身を入れて聞くこと。

「訊く」→「ASK」→尋ねる。問う。

漢字で書くと「聞く」と「聴く」と「訊く」の違いもわかりやすい。「聞く」は門構えに耳であるが、傾聴の「聴く」には耳だけでなく心が入っている。「訊く」には耳が入ってなくて、言うだけである。「傾聴」は「心を傾けて聴く」ので、「心を入れて聴く」「注意して耳に留めること」のために「心」の文字の入った「聴」の字が使われるとも考えられる。

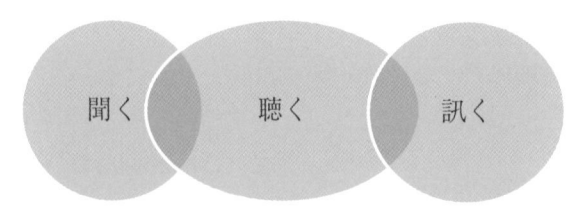

図4-1　重なりあう「聞く」と「聴く」と「訊く」

　「聴く」と「訊く」の重なっているところは、自分の興味・関心のあることだけを質問するのではなく、相手のことを理解しようとして「相手の聴いてほしいことを質問する」ことである。「聴く」ことは、話し手がわかってほしいように、聴き手が理解することであり、聴き手は相づちやうなずきによって、聴いているよ、という意思表示をして、話し手に理解していることを伝える。

### 傾聴の意味

　「信頼関係を築く方法」としての「傾聴」の仕方について、ロジャーズのクライエント中心療法の立場に基づいて考えてみる。まず、コミュニケーション力をつける方法は、子どもたちの話を聴くことにより自我を育てる取り組みとして、ロジャーズ（1969）が学習だけでなく情緒の発達や心のケアに成果をあげた「生徒中心授業」を行ったことが記載されている。ここでは、ロジャーズがクライエント中心療法で提唱している「無条件の肯定的関心」、「共感的理解」、「自己一致」というカウンセラーの態度を元にして、思春期・青年期の子どもたちとの信頼関係を築くための工夫として、教師にとっての傾聴のスキルを述べる。

　この時期の子どもは、大人に対してなかなか思ったことを話さないことが多い。とくに、思春期の中高生は親や教師に話すよりも同年齢の仲間集団とのつながりが大切になるのである（⇒第8章参照）。そこで、思春期・青年期の子どもたちと信頼関係を築くにはその子たちのことを尊重してその考えや気持ちを「傾聴」することが基本になる。

第 4 章　カウンセリングの演習 ── 個人へのアプローチ

（話し手の吹き出し）聴いてもらってることがわかると安心して話せるわ。

（聴き手の吹き出し）相手がわかってほしいように理解するようにしますね。

（聴き手の吹き出し）相づちやうなずきで、聴いてるよ、ということを伝えるわ。

話し手　　聴き手

図 4-2　「話し手」と「聴き手」

## 傾聴の技術

「聴き方」には技術が必要になる。ここでは、ロジャーズのクライエント中心療法の立場をベースにしている東山紘久氏の著書から引用して、プロのカウンセラーの聴き方を参考にした実践に役立つ傾聴のためのさまざまな「技」について紹介しよう。

### 聴き方の技 - その 1　態度

○ 聴き上手は話さない

　聴き上手になるには、相手の気持ちを負担に感じず、こちらから話したくならないような訓練が必要である。自分のほうから話さない。ゆったりと構える。相手の話を「素直に」聴くのである。

○ 自分のことは、あまり話さない

　親身になって関与する。相手の話す時間をとらない。カウンセラー

はけっして相手の心に侵襲し、自分の個人的影響を与えてはいけない。

○ 聴かれたことしか話さない
日常会話でこちらが聴き手の場合に、相手からなされた質問は「自分のことではなく、相手に関することがほとんど」である。

○ 質問には2種類ある
答えられない質問には答えないで相手の心をきくこと。

○ 情報以外の助言は無効
話し手との平等性を確保している聴き手になる。

○ 相手の話に興味をもつ
共感とは相手の気持ちで話を聴くこと。カウンセラーの聴き方は相手中心である。興味の持てない話のときこそ、相手を理解するチャンス。

○ 教えるより教えてもらう態度で
心のケアには教えてもらう態度が必要である。相手のことは相手の思いのままに聴き、自分の思いは相手が聴くまで胸にしまっておく。

その他にも「評論家にはならない」や「聴き出そうとしない」、「沈黙や間の効用」「主婦の井戸端会議を参考にした愚痴の聴き方」など、役に立つ技がたくさん記載されている。

### 聴き方の技 - その2　相づち

- **相づち**やうなづきの活用して「聴く」ことの中で**アサーション**[1]をする。

---

[1]「適切な自己表現は、〈アサーティブな自己表現〉、あるいは〈アサーション〉とも呼びます。それは、自分も相手も大事にしようとする自己表現で、自分の意見、考え、気持ちを正直に、率直に、その場にふさわしい方法で言ってみようとすることです。」と平木（2000）は述べている。

- 相づちをうまく使う。聴き上手になるための練習として役に立つのは、「相づち」のことをさまざまな角度から考えてみることである。

○ 相づちを打つ
- 耳も頭も聴くモードにならないと、相づちは打てない。相づちは「話をよく聴いているよ」と相手に伝える最良のコミュニケーション手段。相づちは肯定しているよ、というサインにもなる。
- 相手から直接非難されるような言葉を発せられても「そうだね」と相づちが打てるように訓練する。
- 聴き手には自他の区別が要求される。相手の話を聴くときには自分の意見は出さず、相手の気持ちを肯定しながら聴いている。そのときに相づちを打つ。

○ 相づちの種類は豊かに
- 一般的な相づち……「そう」「なるほど」
  　　　　　　　　　「はあ」「ひい」「ふう」「へえ〜」「ほう」
  　　　　　　　　　　　　　　　　　　　　　……など。
- 相づちは方言や地元のイントネーションで打つと、話している人の心に届きやすい。
  　　　　　……例：「そうなんや」「そうどすなあ」（関西方言）
- 繰り返しの相づちは「明快に」「短く」「要点をつかんで」「相手の使った言葉で」する。話し手の言葉をおうむ返しのように繰り返すこともある。
- プロが使わない相づちは「わかる、わかる」という言い方。話している人がわかってほしいと思っているのと同じだけ、わかることは難しいので、気安く「わかる」とは言わない。ただし、気心の知れた友人同士の軽いノリの会話で使うことはある。
- 感情の反射という、話し手の語りや非言語行動から明らかな感情を言葉にして伝え返すことも有効な方法である。

○ 自分がよく使っている相づちに気づき、その他にも使えそうな相づちをできるだけたくさん、書き出してみよう。（⇒章末ワーク4-2）

> **聴き方の技-その3 「聴く」ことと「待つ」こと**
>
> 相づち以外はしゃべらない。意見をきかれたときは、自分の意見を手短に（文章にすれば1行以内で）答える。
> 答えが見つからないときは「そうですね」と言って、考えていればいい。そのうちに30秒もすれば相手は自分の考えを述べたり、このようなことを言ってほしいという答えを自ら提示してくれたりする。ただし、30秒の間、相手がしゃべりだすまで、気まずくない雰囲気を作って待つ技術をもつ。
>
> 東山紘久『プロカウンセラーの聞く技術』創元社（2000）より抜粋

## （2）傾聴のトライアングルワーク―実践編―

ワーク 4-1

学校現場において、子どもの心の声を引き出す際や、保護者の話を聴くときや同僚との会話に役に立つと思われる「傾聴」について、ロールプレイを通して、実践練習法の概説をする。3人で1グループを作り、聴く人・話す人・観察者の3つの役割を全員が体験することで、傾聴する時や、傾聴してもらった時の感情体験をする。

〈手順〉

教示

「これからやるのを、ロールプレイと言います。役割演技という意味です。それぞれの役をやってみて、体験的に学んでくださいね。」

①3人一組のグループを作る。

＊3人グループを作る方法

バースディチェーン（図4-3）のワーク（2分～10分）

時間がある時は、全員が一斉に立って、黙ったままで、ボディランゲージや手や指を使って、自分の誕生日をメンバーに知らせて、1月～12月まで順に並ぶ。時間のない時は、自分の誕生日を、声を出して周りに知らせながら1月～12月まで順に並ぶ。並んでいる順に3人ずつグループ

第4章　カウンセリングの演習――個人へのアプローチ

になる。

②3人一組になったら、グループごとにテーブルのあるところに座る。

③自己紹介ゲームをする。（5分）

図4-3　バースディチェーン

教示

「挨拶代わりのネームゲームをします。

まず、1人（Aさんとします）が自分の名前を言います。

その隣のBさんは「Aさんの隣のBです」と言います。

その隣のCさんは「Aさんの隣のBさんの隣のCです」と言います。

上記のように、最後のCさんのところで、3人の名前が全部明らかになります。」

④1セット目の聴き役、話し役、観察者の役割を決める。

全部で3セット、つまり全員が全ての役をすることになるので、今は誰が先にするかの違いであることは予め言っておく。参加者の人数が3で割り切れない時は、4人のグループができてもよい。

　　＊聴き役と話し役が対面で座るか、90度か、横並びか（図4-4）は、各自に任せる。
　　　観察者は両者がよく見える位置に座る……など、机や椅子の配置の説明をする。

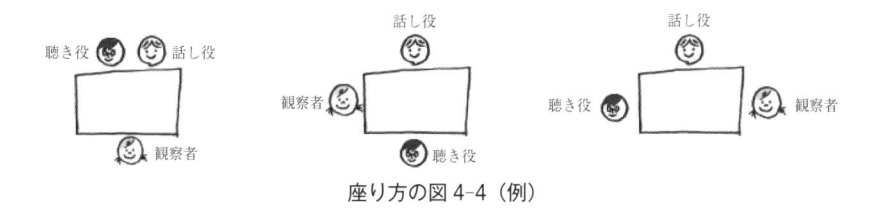

座り方の図4-4（例）

⑤話す課題を話し合う。（例：自分の好きなこと、現在困っていること）

⑥さあ、はじめよう！

聴き役は話し役の表情の見える位置に座る。まず、聴き役は、「どういうことでお困りか、お話しください。」と言う。この時は聴くのみ。話し役は自由にしゃべる。

> *留意点
> 話し役は自由に話す。聴き役は、まずは黙って、そうかそうかという思いで、批判したり、非難したりせずに聴く。観察者は、2人のやりとりをよく見る。話している内容はもちろん、表情やしぐさについても気をつける。メモをとってもよい。

⑦<u>フィードバックのポイント</u>
聞き役は、聴いてわかったことを伝える。話し役は自分の言ったことや気持ちがわかってもらえたか、率直に伝える。観察者は2人のやりとりから、気がついたことや感じたことを伝える。

> *役割を交代しながら3セット行う。（10分／1セット×3セット＝30分）

⑧<u>終わってホッとタイム</u>
「何がむずかしかったかなあ」とか、「なにがどうなったらいいですか？」など、やってみて気づいたことや感じたことを語る。

⑨<u>シェアリングをする。（10分）</u>
まず、3人でまとめとしての話し合いをし、自分が感じているままを語る。例えば：自分の言ったことを、わかってもらえたときの感情の体験、わかってもらえなかったときの感情体験等など。まとめを言う人を決める。（⇒章末ワーク4-3参照）

⑩<u>全体でシェアリングをする。（10分）</u>
話を聴いてもらえることの気持ちよさを実感した、今まで自分はしゃべり過ぎていたことに気がついた、など、さまざまな振り返りが出てくる。

# 3 個を育てる「イメージ表現」のワーク
—— コラージュによる認知物語アプローチ

　思春期・青年期の人たちと信頼関係を築くには「傾聴」することが基本であるが、その基本の信頼関係ができた上に、さらに個々の子どもたちと深く関わりたいときの方法を提案する。ここで紹介するのは、一対一の個人教育相談の場合に言語での表現が難しい子どもに対して非言語的な心理療法として使われる、イメージを使った芸術・表現療法（⇒第6章参照）の１つである。
　コラージュ、箱庭、描画などのイメージ表現された作品は、クライエントの無意識を含めた精神内界のイメージを外在化した表現である。**イメージとは、意識と無意識の接点**に現れる表象である。深層心理学では、イメージは精神内界のある部分、ないし全体が意識化されたものとして受けとめられる。

## (1) コラージュ療法

　コラージュ療法の起源は、日本では**箱庭療法**をモデルとして、1987年に森谷寛之が持ち運びのできる箱庭というコンセプトで発想した。その後、「絵や写真を台紙の上で組み合わせ、糊による貼り付け」画を用いた心理療法として展開してきたものである。これは、箱庭の設備のないところでも、箱庭療法と同等の効果があり、かつ簡便な方法とされる。森谷は、箱庭療法の本質とは「立体のミニチュア玩具（レディ・メイド）を砂箱の中に並べることにある」（中村、1984）と考えた。つまり、コラージュ療法のように「平面の絵や写真（レディ・メイド）を台紙の上で組み合わせ、貼り付けること」でも箱庭療法と同じような効果を持つはずだと考えたのである。詳細は、森谷（2012）の著書を参照してもらいたい。
　コラージュ療法の方法として、①**コラージュボックス法**（あらかじめセラピストが写真などの切り抜きを用意しておく方法）、②**マガジン・ピクチャーコラージュ法**（雑誌やパンフレットなどからクライエントが切り抜く方法）

などがある。作品制作後は箱庭療法と同様、クライエントは作品を味わい、セラピストが解釈したり評価したりすることはなく、制作中のクライエントの心の動きや貼られた切り抜きについて説明してもらい、作品から連想を広げていくようにする。

### (2) 認知物語アプローチの導入

　筆者が考案した認知物語アプローチ（大前、2010）をコラージュ療法に導入する方法である。コラージュ作品を自己理解へ導くための一つの方法として、コラージュ療法に認知物語アプローチを導入することによってコラージュ作品を意識化するのである。心理療法を行う時に大切なことの１つはクライエントがどのような心理的課題を持っているかをセラピストが見立てることである（河合、2003）。この方法の特徴は、従来のコラージュ療法に認知物語アプローチを導入することによって、クライエントが自ら、**心理的課題に気づく**ことを促進する。すなわち、従来ならセラピストのみが自分の心の中で行っていた作業にクライエント自身が取り組むことによって、クライエント自身がコラージュ作品を意識的に理解し、心理的課題に気づき、そのような過程を通して自己理解へ導かれるための方法である。

**「コラージュ療法に導入した認知物語アプローチ」の６段階**
　　第１段階　コラージュの作成過程を想起し、主人公の同定を行う。このコラージュで展開されている物語を詳しく述べる。

　　第２段階　主人公の感覚、すなわち、視覚（光景）、聴覚（音）、嗅覚（臭い）、味覚（味）、身体感覚を同定する。

　　第３段階　主人公の感情を探究する。

　　第４段階　主人公の感情体験と関連する思考と認知を探究する。

第5段階　主人公の心理的課題を措定し、コラージュ作品を現実生活の象徴的表現として捉えられるかどうか調べ、クライエントの現実生活との関連を探究する。

第6段階　クライエントの心理的課題を措定する。

## （3）方法

　本来、コラージュ療法に導入する認知物語アプローチは、一対一の場面で、個人に対して実施するものではある。授業では、集団の中で、各自が体験型ワークとして経験する。その場合、1クラスの人数は、授業者が一人一人の様子を見渡せるくらいの集団として、20人くらいまでのできるだけ少人数が望ましい。

〈手順〉

　まず、授業者はコラージュ療法（森谷、2012）の中のマガジンコラージュ法で学生をコラージュ制作に導入する。この時、集団の中ではあるが、個人に対するアプローチなので、できるだけ、「隣同士は間隔を空けて座り、各自、目の前の画用紙に自分の世界を作ること」と教示し、自分の心の世界に集中するように促す。学生は自分の気になる写真などを雑誌から切り抜きを貼っていく。授業者は、見守り手としてサポーティブに机間を巡り、作品ができ上がりつつある時に、各自が作品に対して納得できているか確かめ、作品を味わってもらう。その後、授業者はコラージュ療法用の質問用紙（Collage Therapy introducing cognitive-narrative approach　大前版）をもとに、認知物語アプローチの6つの段階に沿って問いかけをし、質問用紙に答えを記載していく。

# Collage Therapy introducing cognitive-narrative approach（大前版）

　　　（　　　　学部　　　　学科　　）学籍番号（　　　　　　　　　　）
　　　名前（　　　　　　　　　　　）記入日（　　　　　　　　　）

Ⅰ　自分の作った作品を目の前にして作成のプロセスを思い出す。
　　　作成のプロセスを順番に記入してください。

　1.　この作品の主人公はどれですか？

　2.　この作品で、今起こっているのはどんなことですか？
　　　どんな状況なのか、どんなことが起こっているのか物語を作ってください。

Ⅱ　主人公になってみてください。
　1.　主人公にはどんな世界が見えるのですか？

　2.　主人公にはどんな音が聴こえますか？

　3.　その他、においや味や肌触りや痛み、だるさ、清々しさなど主人公が感じていることがあれば記入してください。

Ⅲ　主人公の感情について

主人公はどんな感情をいだいていますか？喜怒哀楽を中心にして「うれしかったこと、怒ったこと、悲しかったこと、楽しかったこと、あと不安だったり落ち込んだり嫌な気分だったりしたこともあったら言ってください」

Ⅳ　主人公の思考について
「そんな感情のとき、主人公はどんなことを考えていますか？主人公の頭をよぎる考えはどんなことでしょうか？」

Ⅴ　この作品にタイトルをつけてください
　　＊「この物語の主人公の課題は何でしょうか？」

Ⅵ　主人公がこの世界で体験していることと、あなたが現実世界で体験していることの間に共通性・類似性がありますか。

Ⅶ　それらをまとめて心理的課題とするとどういうふうに言えるでしょう。思いついたら言ってください。
　　　あなたが、これから取り組もうとしている課題があれば話してください。

　1.　あなたの心理的課題は何ですか？

　2.　それは，今どれくらい達成できていると思いますか？（0から5までの5段階で表す。）

　　　　　　　　　　　　　　　　　　　　　　　　　　　⇒章末ワーク4-3

図4-5　認知物語アプローチ（コラージュ療法用）の質問紙（筆者作成）

第4章 カウンセリングの演習——個人へのアプローチ

## 4 終わりに

　学級に問題を抱えた子がいる場合に、その子に対する教師との一対一の取り組みは重要である。同時に、その子を取り巻く学級の子どもたちのサポートがうまく働くように、教師が支援していく視点も必要なのではないかと思う。治療的環境要因としての学級の子どもたち一人一人が治療促進的に動くことで、学級がグループ臨床の場になり得る可能性がある。そのためには、グループ成員の子どもたち一人一人が育つことが重要であり、教師は育ち合い、認め合いの学級作りをすることが必要となる。

　教師は、学級経営において子ども一人一人の人格発達に関わり、一方、学級集団の中での個人の成長、さらに学級集団そのものが育っていくことについて考慮することが求められる。ここでの教師は、河合（1995）の言う「教室という空間を子どもたちにとって自由で守られた空間にするために一人ひとりの個性を尊重しつつ、しかも全体としてまとまりを持つように努力する人」のイメージである。

　それぞれの子どもが癒され、学校ストレスが低減されることになると、子ども同士の人間関係が親密になるだろう。そうなるとコミュニケーションが活性化し、学校生活が楽しく、充実したものになると思われる。

**ワーク 4-2　傾聴に役立つ相づち**

　自分がよく使っている相づちに気づき、その他にも使えそうな相づちをできるだけたくさん、書き出してみよう。

**ワーク 4-3　傾聴のトライアングルワークのまとめ**

　傾聴のトライアングルワークを体験すること自体がワーク 4-3 の主な目的であるが、3人でまとめとしての話し合いをし、自分が感じていることを記述しよう。

### ワーク 4-4 コラージュ作品への認知物語アプローチ

自分の制作したコラージュ作品に認知物語アプローチのワークを実施し、自分の物語を作り、認知物語アプローチの6段階の過程を踏むことで、いつの間にか自分の心理的課題に気がつく。終了前に、ワークスペースに自分の気づきを記載する。

---

**文献一覧**

東山紘久『プロカウンセラーの聞く技術』創元社（2000）
平木典子『自己カウンセリングとアサーションのすすめ』金子書房（2000）
河合隼雄『臨床教育学入門』岩波書店（1995）
河合隼雄『臨床心理学ノート』金剛出版、pp.23-26（2003）
中村雄二郎「新しい都市論と箱庭表現」、河合隼雄, 中村雄二郎, 明石箱庭療法研究会『トポスの知―箱庭療法の世界―』TBSブリタニカ（1984）
カーシェンバーム・ヘンダーソン編（伊東博・村山正治監訳）『ロジャーズ選集』（上）誠信書房（2001）
森谷寛之『コラージュ療法実践の手引き』金剛出版（2012）
大前玲子『箱庭による認知物語療法』誠信書房（2010）
Rogers C. R.『Freedom to Learn』（1969）、友田不二男編『ロジャーズ全集別巻4 創造への教育（上）』岩崎学術出版社（1972）
佐治守夫, 飯長喜一郎編著『新版 ロジャーズクライエント中心療法』有斐閣（2011）

# 第5章

# カウンセリングの演習
## ── グループでのアプローチ

key words: 開発的カウンセリング、構成的グループエンカウンター、ロールプレイ

## 1 はじめに──開発的カウンセリングという視点

　一般的にカウンセリングというと、第4章にあるような一対一の個人面接をイメージしやすい。もちろん、教育相談においては、子ども一人一人の個別性を大事にした個人面接を行うための知識と技量がまず求められる。しかしそれに加えて、クラスの担任として学級運営をしていくうえで、予防・開発的な視点から集団への関わりを行うことも、教育相談の一環である。**開発的カウンセリング**とは、「不適応や問題が生じる前に、子どもたちの対人関係や自己意識の発達を促し、感情統制力や表現力を育成するよう働きかけることで、不適応や問題が生じる可能性そのものを小さくしようという目的で導入されるカウンセリング」（中釜、2002）である。学校生活はクラス、部活、委員会と、さまざまな場面で集団との関わりを求められる場所である。それゆえ、互いの居心地を良くしようという雰囲気や意識をその集団が持っているかどうかによって、不適応などの問題が生じるリスクは変わってくる。

　子どもそれぞれの問題に対して個別のアプローチが取れることと、クラス担任、教科担当、部活の指導者などの立場から、集団に対しても、カウンセリングで重視されるような共感と傾聴の視点を持ちつつ関わることができること、そのどちらもが教師には必要なのである。

この開発的カウンセリングという視点から、教育現場で積極的に取り入れられているグループでのアプローチとして、本章では**構成的グループエンカウンター**、ロールプレイを用いて体験的に他者の視点を理解しつつ、自己理解にもつなげていこうとする試みとして**心理劇**、ソーシャル・スキル・トレーニング（Social Skills Training、以下、**SST**と略す）を紹介する。また、教師がリーダーシップをとりつつ、子ども同士の交流を促進し、主体的に子どもたち自身が行っていくものとして、**ピア・サポート**を取り上げる。

# 2 グループで行うカウンセリング
## ——構成的グループエンカウンター

### （1）構成的グループエンカウンターとは

　構成的グループエンカウンターは、学校現場で総合的な学習の時間などに良く用いられている。國分（2001）は、多く用いられている理由を「①体験学習が主流であり、②臨床心理学出身ではない教師にも使える技法であり、③ふれあいとか自己発見とか現代の子どもに必要な能力が学習されるプログラムであり、④効率的で効果的、かつ即効性もある、⑤対集団向きの、⑥教育カウンセリングだから」だとしている。

　エンカウンター（encounter）とは出会いであり、ひとは他者と出会い、互いの相違点を知る中で、これまでには気づかなかった自分の一面とも出会う。このような形で、人との関わりの中で自己理解が進む部分は大きく、一対一で行うカウンセリングでも実感するところである。グループで行う際は、さらに集団との出会いというものも加わるが、この集団との出会いという点に関しては、シェアリングに関する箇所で述べることとする。

　グループエンカウンターは、日本では大まかに分けて2種類ある。1つは構成法に比して非構成法と言われているもので、ロジャーズ（⇒第2章第2節、第4章第2節参照）などによって広まったものである。非指示的で、お互いに見知らぬ10数名からなるグループが、課題も役割もなく、内容や方法まで自由

に決めていく形をとる。メンバー中心のグループ体験であり、無構造に近いことから、メンバー自らが何かしないことには始まらない（山本、2001）。野島（2000）は、このエンカウンター・グループを「自己理解、他者理解、自己と他者の深くて親密な関係の体験を目的として、1～2名のファシリテーターと10名前後のメンバーが集まり、集中的な時間のなかで、全員でファシリテーションシップを共有して、〈今、ここ〉でやりたいこと・できることを自発的・創造的にしながら相互作用を行いつつ、安全・信頼の雰囲気を形成し、お互いに心を開いて率直に語り合う場」と定義している。非構成的グループエンカウンターは、数日間の合宿というある程度の時間と、ファシリテーターと呼ばれるグループの見守り手の専門的スキルが求められ、教師が学校生活で取り組むことは現実的に難しい。それに対し、学級で日常的な取り組みとして用いやすいものとして、構成的グループエンカウンター（構成法）がある。

構成法は、グループにさまざまな枠を設けて、その中で取り組むこと、つまりエクササイズをある程度構造化して行うことが特徴である。人数、構成メンバー、時間など、さまざまな面である程度のルールを設け、参加者全員でそのルールを守りながら取り組むと、心を落ち着けて課題に臨む安全が確保される。人数は一般的にグループ活動が行いやすいとされる5人程度が良いだろう。あまり多いと"たくさんいるし、自分はいいだろう"とグループへのコミットメントが弱くなる。また、少なすぎると相互作用が生まれにくい。構成メンバーとしては、あまり知らない人同士で、異性を含むグループのほうが「エンカウンター」という面ではより適切であろう。また、仲良し同士で取り組むのでは、クラスのさらなる相互交流を深めることが難しいうえに、あまりクラスになじめていない子どもの疎外感を一層強めてしまう可能性もあるので、グループ編成は教師がある程度のリーダーシップをとる必要がある。時間も、あまり長いと集中力が切れて、雑談などに流れやすいので、集団に応じた形である程度設定したほうが、課題に集中して取り組むことができる。筆者が大学で行う際は、"時間が足りない"と思うくらいのほう

が、グループで集中して取り組もうとする意識が高まるので、30分程度にしていることが多いが、子どもの発達段階や集団の状態においても適切な時間は変わってくるので、集団の様子を見極めながら、適宜工夫する必要があるだろう。

次項で、詳しい実施方法について紹介する。

## (2) 構成的グループエンカウンターの実施方法

実施方法は、①インストラクション、②エクササイズ、③シェアリングの3つの柱によって構成される。

まず、**インストラクション**は、これから何を行うのか、を説明することである。國分（前掲書）はインストラクションを「生徒のモチベーションを高めるために、これから行うエクササイズが、子どもたちの人生でどのように役立つかをリーダーの個人体験も交えて手ぎわよく語ること」としている。集団で何かを行う場合、これから何をするのか、うまくできるのかという不安を持つ子どもは多い。子どもに見通しを示し、こういう意味があってこの行動を行うのだと納得して取り組んでもらうことが、まずは大切である。また、グループでの活動が、遊びや別の方向に流れない抑止力的な作用もあると思われる。子どもの注意を十分に引き、これから取り組む活動は、みんなで協力できれば楽しいものだと伝わるような紹介を心がけたい。

また、國分（前掲書）はインストラクション時には「(1)どういう導入にすればモチベーションが高まるか(2)どういうふうに心的外傷を防ぐか(3)どういうグルーピングが適切か」を考え、説明をすることが必要だとしている。子どもが安心して取り組めるよう、ふざけたりほかの人の発言を批判したりする行動は取らないよう、活動上のルールを周知しておくことが重要である。

次に、実際に活動として行っていくのが**エクササイズ（課題）**である。前述した通り、構成的グループエンカウンターは、時間や人数、課題など「枠」を設定して行うことが特徴である。章末で紹介した文献には、さまざまなエ

第5章　カウンセリングの演習——グループでのアプローチ

クササイズが紹介されているので、実際に行う際の参考にしてほしい。國分（前掲書）はエクササイズの選択基準は「教育目標の達成に役立つもので、しかも自分の好きなエクササイズ」だとしているが、それは好きなエクササイズでないと、熱がこもらないからである。筆者が行う際も、教師自身も楽しみながら行うことは、良い雰囲気の中でエクササイズを行う上で非常に重要であると実感している。好きなエクササイズで実践してみてほしい。

　また、エクササイズを実施する際に大事なことは、「クラスの全員にとって、それが面白くてためになるかを吟味すること」だと、國分は指摘する（前掲書）。もともと、集団での活動に対しては、人づきあいが好きかどうかや過去の体験からの印象などが、子どもによって異なっている。活動に渋々参加する子どももいれば、積極的に参加する子どももいるだろう。どの子どもにおいても、エクササイズにうまく取り組めなかったということがネガティブな経験にならないよう配慮しながら進めることが非常に重要であり、集団の相手を尊重する雰囲気を、教師が率先して作っていくことが必要である。

　最後に、**シェアリング**である。これは、エクササイズに取り組む中での気づきを定着させ、次に生かせるものにするために不可欠である。エクササイズを単にするだけでは「ああ、面白かった」で終わってしまう。なぜ楽しかったのか、どういうところに新しい発見があったのかを、きちんと言葉などの形で意識化しておくと、次に生かせるし、学びをクラス全体に生かすことも可能となる。筆者が行う際は、エクササイズの時間を短くしても、各グループが取り組んだことを全体で共有するシェアリングの時間は必ず取るようにしている。学生からの感想としても、"自分たちのグループとは全く違う考えで面白かった" "色んなやり方があるんだなと参考になった" などが挙がり、全体で共有することで、さらなる気づきにつながることが多い。これが、構成的グループエンカウンターにおける集団との出会いであろうと思われる。自分で考え、それを元にグループのメンバーと交流し、その中で新たな自己理解や他者理解、新たな視点への気づきなどが生まれる。さらに、このシェアリングには、自分たちの取り組み方とは全く異なるものが同じクラスの中

にあったことを知り、集団の中での相違性に気づき、クラス全体への理解を深める、といった作用があるように思われる。クラスで行う際は、是非エクササイズだけの活動に留めないよう、時間配分にも留意してほしい。

## （3）実習プログラムの紹介

　ここでは主に『エンカウンターで総合が変わる　中学校編』（國分、2000）より、中学校及び高校で実際に用いられているエクササイズを紹介する。構成的グループエンカウンターの手法を総合学習などに盛り込む方法が多く紹介されているので参考にしてほしい。

### 仲間わけ（カード式グループ発想法）

　藤川章が紹介している方法である（54-55頁）。講演を聞く際、予め各生徒に30枚のカードを配る。大切だと思ったことをカード1枚につき1つ書くこと、カードには短く簡潔に要点のみを書くようインストラクションをしておく。講演が終わった後、グループに分かれてKJ法（⇒第14章第2節参照）を活用し、同じ概念のもの同士にまとめ（紹介されたエクササイズではゴムでカードを束にしていく）、全体が4〜6個のまとまりになるまで、続ける。束になったカードのまとまりに表題をつけていく。

　以上が、エクササイズの概要である。詳しくは章末の文献を参照してほしい。

外部講師を招いた学習の際、どうしても子どもは受け身になり、静かに聞くことだけがその時間の目標になってしまうことがある。貴重な話を聞き、クラス全体の学びにしていくうえでも、効果的な方法だと思われる。

**黙ってコミュニケーション**

　宮本幸彦が紹介している方法である（152-153頁）。準備物として、ボール紙のような硬い紙で作ったパズルのセットを用意しておく。まず、普段なじみのない人でグループを作り、パズルのピースを適当に配り分ける。エクササイズはそれぞれが持っているパズルのピースを組み合わせて、全員が同じ形、同じ図形をそれぞれ1つずつ完成させることだが、ルールとして、「話さない、欲しがらない、ただ人にカードを渡すだけ」だと説明する。全く話もジェスチャーも交わさないが、共同作業を通して、グループのメンバーを思いやり、互いに援助の手を差し伸べあい、相互に協力的な関係を体験するのがねらいである。

　人と比べて自分はコミュニケーションスキルが低い、いわゆる「コミュ障」ではないかと不安に思っている子どもは案外多い。とくに思春期は、自他の違いを否定的に受け止める心性の強い時期でもある。このような意思疎通のためのコミュニケーションを制限しての交流で、互いを支持的に援助しあえる体験は、子どもに与える影響も大きいと思われる。もちろん、ルール違反をしていないかなど、教師がきちんと見守り、肯定的なフィードバックを行いつつ、取り組むことが必要である。

　ここでは文献にあるエクササイズを紹介したが、高校生くらいになれば、山本（2001）が大学で実践しているように、子どもたち自身に創案してもらうこともできるだろう。修学旅行や遠足など、集団でバス移動を行う際や文化祭での取り組みなどに、グループエンカウンターの視点を入れると、ただ面白いだけではなく、個々の気づきにもつながる部分もあるかもしれない。取り組み当初は、自分たちで案を考えることを、何となく面倒に思ったり、

人にどう思われるかが気になり、考えることが難しい子どももいるだろう。各取り組みの際、繰り返し肯定的なフィードバックを教師が行い、子どもに自信を持たせ、楽しんで取り組めるように後方支援ができると望ましい。その際に重要なことは、やはり教師自身が楽しむことであり、素直に子どもの案の良いところをほめることのできる力量であると思われる。

## 3 グループで行うカウンセリング
――ロールプレイを用いて

### (1) サイコドラマ

　心理劇は、モレノによって創始されたものであり、長年精神科臨床で心理劇を実践してきた増野（1989）は「心理劇とは、舞台という自由で安全な世界の中で被治療者がいろいろな役割をいろいろな状況下で演じることによって、自己実現、自己洞察を可能にするよう、補助自我や監督、それに観客が援けていく集団療法」と定義している。心理劇で行うのは即興劇であり、監督、主役、補助自我、舞台、観客で構成される。高原ら（2007）によると、監督は劇の進行係であり、治療者や指導者が主に行う。主役は劇の主なる登場人物で、自らの提出したテーマに基づき、監督の援助や共演者の助けを借りて劇を演じ、補助自我は主役を助けて、主役の身代わりを演じたり、主役の相手役を演じたりして、監督にあわせて補佐する役割である。舞台は心理劇が演じられ、心理的な安全性が保証される場所である。また、観客は心理劇に参加する利用者やその援助のスタッフで構成される。単なる劇の観客であるというだけではなく、時にはその中から舞台に参加したり、あるいは演じている主役の応援者となったりもする。

　心理劇は、心理的準備性を高めるウォーミングアップ、即興劇が演じられる劇化、その後に行われるシェアリングという流れで実施される。

　これを発達障害（⇒第7章参照）へのアプローチとして学校現場へ導入している取り組みも行われている。高原ら（前掲書）は、とくに発達障害の方に適

用する意義を、身体運動感覚によって、感情や認知の体験を具体的に行うこと、劇として舞台の上で演じられることで視覚イメージの世界として現出されること、他人に理解してもらうことや共通の体験を味わうこと、日常的に起こる場面を再演することにより、感情体験を再確認したり、体験を言語化したりする機会にもなることなどを挙げている。同書では特別支援学校での取り組みも紹介されているほか、さまざまな臨床現場での心理劇の活用の仕方が提示されている。

　さらに近年、コミュニケーション力を育てる教育手法として、演劇ワークショップを小中学校で行うことを提唱する動き（平田・蓮行、2009）もある。これは演劇を通して、潜在的に持っているコミュニケーション能力をいつでも発揮できることを目的としているが、身体を用いてコミュニケーションを深めていくことは、心理劇とも共有されるところであろう。なお、心理劇については第6章第5節でも言及されている。

## （2）SST

　ソーシャル・スキルとは、小林ら（2008）によると、「良好な人間関係を作り、保つための知識と具体的なコツ」である。人は人と関わりながら日々過ごしているわけだが、同じことでも言い方一つで相手に与える印象もその後の関係も変わってくる。人間関係に失敗したと主観的に感じる経験を何度かすると、関わること自体を避けたり、苦手感か

ら余計緊張してしまったりする場合がある。このようなしんどさを抱えている人を対象に、ロールプレイを用いて具体的な練習を行い、日々に役立てようとするのが、SSTの目的である。これまで主に病院や発達障害のトレーニングとして行われてきた。小谷（2009）は「違いを知り、その認め方を学ぶこと」をSSTの目的として、発達障害児を対象にしたSSTの取り組みを紹介している。また、佐藤・佐藤（2006）では、SSTを用いた学校ストレスや不登校への対応も紹介されている。

　こういったソーシャル・スキルを育てることに学校で取り組むというものがソーシャルスキル教育である。ソーシャル・スキルを獲得する機会として、これまでは児童期における集団遊びがあり、仲間集団を作り、そこに属しながら、集団内での役割や他者との関係を遊びの中で学んでいくことができていたとされるが、最近では外遊びの機会の減少もあり、集団で遊ぶ機会が少なくなったとされている。確かに、子ども同士で集まってはいても、それぞれ自分のゲーム機とにらめっこという場面は、よく見かけられる光景である。そのため、学校においての積極的な取り組みも求められるようになってきている。

　小林（2005）はソーシャルスキル教育の12の基本を、基本的かかわりスキルとしての①あいさつ、②自己紹介、③上手な聞き方、④質問する、仲間関係発展・共感的スキルとしての⑤仲間の誘い方、⑥仲間の入り方、⑦温かい言葉かけ、⑧気持ちをわかって働きかける、主張行動スキルとしての⑨やさしい頼み方、⑩上手な断り方、⑪自分を大切にする、問題解決技法として⑫トラブルの解決策を考える、としている。いずれも社会においても重視されるものであり、学校という集団の中で、これらを意識的に学ぶ体験ができると、生涯において自分を支える力の1つになるだろうと思われる。

　ソーシャルスキル教育の主な実施法は以下の通りで、流れとしては①インストラクション②モデリング（モデルの提示）③行動リハーサル④フィードバック⑤定着化となる。これはベラック（2000）などで紹介されているように、SSTとして行われている流れとほぼ同じになっている。

## 第5章 カウンセリングの演習──グループでのアプローチ

　ここでは、筆者が講義でも行っている「上手な断り方」を目標スキルとした場面を例にして説明する。「上手な断り方」は、本章のワークとしても取り上げているので、実際に体験して理解を深めてほしい。

　まず、今日練習したいこと、すなわち目標スキルを決める。インストラクションでは、「うまく断ることができるとどんな良いことがあるだろうか」を、例を挙げながら説明し、子どもたちのモチベーションを高めたい。次に、目標となるモデルを見せるモデリングであるが、これは実際には教師が行ったり、既に身についている子どもにしてもらったりすることが一般的である。筆者が講義で行う際は、SSTを基に、予行のロールプレイとして、今日練習する人に普段している方法をやってもらい、それをさらに良くするにはどういう行動を取り入れたらいいかをグループで考え、実際にそれを提案した人にモデルを示してもらうようにしている。その際、今の行動でできているところについてもきちんと肯定的な評価を返すことを心がけている。次に行動リハーサルで、実際に具体的な場面を設定し、ロールプレイを行う。フィードバックは今回学んだことや生かせそうなことをシェアリングする時間である。定着化は日常生活で応用できるようにすることである。せっかく練習してもその場限りでは、役に立つスキルにはならない。実際に練習して来ることを宿題にすることで、「お店の人の勧めを、練習を活かして断れた」、「友だちに掃除当番を頼まれたとき、これまではいつも断れなかったが、練習を活かして今度は断れた」など経験を積み、練習したスキルが身についていくよう、教師からも促していきたい。

　筆者は病院臨床での経験をもとに、SSTを紹介し、実習を行っている。ほとんどの学生がSSTは初体験なので、進行がなかなかうまくいかない場合もあるが、具体的な状況を設定することで、次に生かせる新しい行動の獲得が可能であり、メンバーから自分にはなかった視点からの提案をもらえて有益だったという感想が多い。また、自分には苦も無くできることが、他の人には難しい場合もあることに気づく機会にもなるようだ。クラスでSSTを行うと、多くのクラスメイトが困る場面の共有、どうすればいいか困った場面で

の行動の選択肢の広がりなど、さまざまなメリットがあるものと思われる。また、筆者は幼稚園の保護者向けの講演において、保護者会の役員さんたちと協力しながら、「困った子どもへの対応を考える」というSSTを行っている。SSTをグループに分かれて行ってもらい、それを発表してもらってみると、それぞれの保護者の良いところが出てきて、お互いに上手な方法は取り入れようという温かい雰囲気が生まれ、場も盛り上がる。子育てには正解はなく、多くの保護者がこれでよいのかと思いながら、日々子どもに接している。保護者のエンパワメント、悩みを共有し、より良い方法を考えていこうという雰囲気づくりという面からも、保護者の集まる機会に試してみるのも良いのではないだろうか。

## (3) ピア・サポートについて

　学校でのピア・サポートは、思いやりのある子どもを育て、思いやりある学校風土を醸成することを目的に1970年代にカナダで生まれた。滝（2004）は、日本のピア・サポートにおいては、異年齢の関わりのもつ力を利用しつつ、子どもが他人の役に立つことで生まれる自己有用感を獲得できる機会とするため、教師は活動の選定や設定に配慮しつつサポートすることが重要だとしている。その際、まず仲間（ピア）のサポートができるよう、ピア・サポート・トレーニングなどを実施すると、子どもが自身のコミュニケーションの良いところも苦手なところも自覚した上で、ピア・サポートに取り組めるようになる。用いられるエクササイズは、構成的グループエンカウンターで用いられるものと同じものもあるが、「仲間をよりよく援助できるためのスキルを身につける」という目的が異なるため、トレーニングを行う教師は、子どもにトレーニングで身につけたいことのインストラクションをしっかりと行うようにしたい。また、その後取り組んでいく活動としては、上級生による下級生へのお手伝い活動や、職業体験活動など、さまざまなものがある。

　実践例は菱田（2006）などがあるので、参照してほしい。ピア・サポートに学校で取り組む際には、あくまで子どもの主体的な取り組みであることを

尊重したい。現在、多くの大学がピア・サポートの取り組みを導入しているので、そのような活動に学生時代に参加しておくことも、自分が教師になった時には生きる経験となるだろう。また、どこまでを子どもたちに任せるか、といった点に関しては、学校での共通認識も必要であると思われる。

# 4 グループで行うカウンセリング
## ——イメージを用いて

### (1) イメージを集団で共有する意義

　コミュニケーションには言語的コミュニケーションと非言語的コミュニケーションの2種類がある。カウンセリングというと、言語でのやり取りが主なものだと思われがちだが、自己表現や個別性の理解の手段として、イメージが用いられる場合も多い (⇒第6章参照)。学級をはじめとする学校における集団においても、イメージを介して相互理解を促していくことは、アプローチの1つとして有用である。とくに、思春期は、心の内にあるモヤモヤとした言葉となりにくいものを抱えているが、それを言葉にするのが怖い、あるいはどんな言葉にしたらいいのかわからない、といった気持ちを抱えている子どもも少なくない。人とイメージを介して関わる中で、言葉のみを用いたコミュニケーションとはまた異なった理解が期待できる。

### (2) 実習プログラムの紹介

　ここではマンダラ塗り絵を紹介する。
　マンダラ塗り絵は、筆者が大学のカウンセリング演習などの講義で用いているものである。ねらいは、同じ構成の絵を塗るという同じ刺激に対する反応として、ひとつとして同じものはなく、個々の反応が生じてくることを実感することにある。講義では20〜40名の学生に45分程度で塗り絵をしてもらっているが、後でシェアリングする際、1枚1枚を皆の前で紹介していくと、同じ構成のものが全く違うように彩られ、別のもののように見えること

に、軽いどよめきがあがる。このようにして、自他の違いを、体験的に理解することができる。こういった自他の違いへの実感を伴った理解は、人とコミュニケーションをとるうえでも、先入観を持つことの危険性、相手を尊重して傾聴することの重要性を、説得力を持って理解することにもつながる。塗り絵は絵画の技術にはあまり関係なく抵抗感なく取り組めるのも良い点である。また塗り絵は芸術療法でも用いられている技法であり、体験後の感想では、何も考えず無心に塗ることのカタルシスへの言及や、"すっきりした"などのストレス解消効果に関するものも多い。逆に、マスを細々と塗っていく作業が、飽きっぽい学生、単純作業が苦手な学生には苦痛にもなってくる。それも大事な体験で、同じことに取り組んでも、楽しめる人もしんどい人もいるのだということを、学習や運動以外の形で共有できることも意義があるのではないかと考えている。また、苦痛に感じた学生には、自分なりのストレス解消方法があればそれでいいのであって、これは自分にとっては違うことがわかったということを大事にしようと伝えている。

## 5 終わりに——人と関わること

　分析心理学（⇒第3章第3節参照）においては、「個人に内在する可能性を実現し、その自我を高次の全体性へと志向せしめる努力の過程」（河合、2010）を個性化の過程、あるいは自己実現と呼び、人生の究極の目的と考えた。河合（前掲書）では、講義でのユングのエピソードが紹介されているが、「もっと具体的に見えるもので、何が自己なのか」という質問に対し、「ここにおられるすべてのひと、皆さんが、私の自己です」とユングは答えたと言う。ユングのこの言葉をどう解釈するかは、個々に違うかもしれないが、河合はこれを、自己実現が自分のことだけではなく、他の人々とのつながりを有するものであることを端的に示したものだとしている。人と関わることは楽しいことばかりではない。傷つけられたり、嫌な思いにさせられたりすることもあるし、面倒だと感じる時もある。しかし、その中で自分というものがはっき

りしていくこともまた、事実である。できれば、学級ひいては学校という集団での人との関わりが、子どもたちにとって何かを学べる体験になっていくよう、教師は細やかな配慮と準備をしていきたい。筆者自身、大学時代はあまりグループワークが好きではなかったこともあり、講義で行う際は、押しつけにならないよう、なるべく楽しい体験になるようにと、考えられるだけの準備を行い、意識的に肯定的なフィードバックを強めるようにしている。しかしその一方で、学生たちの楽しむ様子にこちらも安堵し、さらに新しい気づきを与えてくれることが本当に多い。教師になった時の1つの引き出しとして、蓄えておいてほしい。

### ワーク5　上手な断り方を考えてみよう

ここに紹介するワークは菱田（2006）で紹介されている「上手な断り方」をもとに、筆者がアレンジしたものである。

〈手順〉

①グループ分けをする

②グループの中で司会者を決める。

③断り方について、グループで考えるケースを選ぶ。ケースは以下の4場面。

　ケースA：試合前日のクラブの練習に向かう途中、友だちに数学の勉強を教えて欲しいと頼まれました。あなたは気が乗りません。
　ケースB：夜に友だちから電話がかかってきて、相談があるから今から公園に来てくれないかと言われました。あなたは気が乗りません。
　ケースC：友だちから、自分たちの悪口を言っている子を、無視しようと言われました。あなたは気が乗りません。
　ケースD：仲の良い友達が泣いています。心配して声をかけましたが、泣いてばっかりで何も言いません。時間がどんどんたって、家に帰らなければいけない時間になってしまいました。

④グループの中で、断り方の練習をする人を決める。練習する人がリアルに練習できるよう、選んだケースのより具体的で細かい設定をグループ

で話し合い（相手役との関係、時間などの状況など）、相手役を決め、その場面のロールプレイを一度やってみる。

⑤ロールプレイの良かったところをメンバーがそれぞれ挙げる。

⑥さらに良くするにはどうしたらいいか、グループで話し合い、練習する人が取り入れたい提案をした人に、モデルのロールプレイをしてもらう。

⑦練習する人が、モデルを参考にロールプレイをもう一度行う。

⑧さらに良くなったところを、メンバーがそれぞれ挙げる。

⑨各グループのロールプレイを、教師を相手役にして発表してもらい、全体のシェアリングを行う。教師は相手役の設定を細かく聞いて、リアルに演じるよう心がけたい。

## 文献一覧

河合隼雄『ユング心理学入門新装版』培風館（2010）
國分康孝監修『エンカウンターで学校を創る』図書文化社（2001）
國分康孝監修『エンカウンターで総合が変わる　中学校編』図書文化社（2000）
小谷裕実『発達障害児のための実践ソーシャルスキル・トレーニング』人文書院（2009）
小林正幸『先生のためのやさしいソーシャルスキル教育』ほんの森出版（2005）
小林正幸「ソーシャルスキルを育む」、小林正幸・橋本創一・松尾直博編『教師のための学校カウンセリング』有斐閣（2008）
佐藤正二，佐藤容子編『学校におけるSST実践ガイド』金剛出版（2006）
フィンチャー, S. N.（正木晃訳）『マンダラ塗り絵』春秋社（2004＝2005）
高原朗子編『発達障害のための心理劇』九州大学出版会（2007）
滝充『ピア・サポートではじめる学校づくり　中学校編―「予防教育的な生徒指導プログラム」の理論と方法』金子書房（2004）
中釜洋子「開発的カウンセリング-学級経営に生かすカウンセリング的手法」、一丸藤太郎，菅野信夫編著『学校教育相談』ミネルヴァ書房、p.135（2002）
野島一彦『エンカウンター・グループのファシリテーション』ナカニシヤ出版（2000）
菱田順子（森川澄男監修）『すぐに始められるピア・サポート指導案＆シート集』ほんの森

| 第5章　カウンセリングの演習 ── グループでのアプローチ

　　出版（2006）
平田オリザ，蓮行『コミュニケーション力を引き出す』PHP 研究所（2009）
ベラック, A. S. 他（1997＝2000）（熊谷直樹，天笠崇監訳）『わかりやすい SST ステップガ
　　イド』星和書店（1997＝2000）
増野肇『心理劇とその世界』金剛出版（1989）
山本銀次『エンカウンターによる"心の教育"』東海大学出版会（2001）

## 想像（イマジネーション）という妙薬

老松 克博

　なにがしかのイメージ——友だちや家族の姿だったり、未知の生き物やあの世のことだったり——がふと浮かび上がってくる経験は誰にでもあるだろう。というより、私たちはみな、不断に姿を変える無意識由来の自律的イメージの流れのなかにいる。つまり、覚醒時でも夢を見続けているようなものである。しかし、微かな光しか帯びていないそうしたイメージは、昼間の意識の燦然たる光のもとでは影が薄い。心理療法では、描画、粘土細工、箱庭制作などを通して、「なんとなく」表現したくなったイメージにかたちを与える。いわば、昼間の意識を一時的に少し暗くして、おぼろげに移ろいゆくイメージの河から偶然に目に入ったものを拾い上げるわけである。実際には、これは偶然であって偶然でない。体に不足している水分や栄養素が自然にほしくなるように、そのとき意識に欠けているもの、意識という光の色合いの偏りを修正してくれる種類の微光がおのずと引き寄せられるのだ。

　こうして捉えられたイメージは薬かサプリメントのように働き、心を癒し成長させるが、その使い方にはコツがある。たとえば、いったんは暗くした意識を次には明るい状態に戻し、捉えたイメージに含まれているメッセージをしっかり理解しなければならない。難しいのは、曖昧模糊としたイメージの持つ意味を意識が理解可能なかたちに翻訳できるかどうかである。その点を考えると、イメージはイメージでも、言葉に近いところで理解しやすい「想像」というイメージ形態を使うことに利がある。とりわけ、静止画ではなく動画としての想像を。

　「動画としての想像」と聞くと、映画を鑑賞しているような状態が思い浮かぶだろうが、それとはちょっとちがって、動画に主人公として入り込む技法とでも言うべきものがあり、ユングはこれをアクティヴ・イマジネーションと呼ぶ。そこでは、ちょうど現実で初対面の人と会ったときに、この人は何を思っているのだろう、こう言えばどう感じるだろう、と考えながら意図を探って応じていくのと同じように、予期せぬイメージの動きに含まれているメッセージを汲み取り、こちらの主張も組み込んで応答を返すのである。すると、今度は向こうがそれに反応する（イメージが再び動く）ので、またこちらが……という具合に意識と無意識の間でキャッチボールを繰り返し、両者の折り合える一線を見出していく。

　こうして想像の物語が紡ぎ出されるなかで意識の偏りが修正されると、葛藤に満ちた現実もおのずと変化してくる。言うまでもなく、想像は日常的な営みだが、徹底的に続けてみたことのある人は稀である。それが想像を絶する効果をもたらすことを知らずに人生の苦難を乗りきっていこうとするのは、手もとにある妙薬に気づかないことに等しい。

# 第6章

# カウンセリングの方法と演習
―― イメージ表現を用いて

**key words** イメージ、芸術・表現療法、自己理解・他者理解

## 1 はじめに

　カウンセリング場面で使われる芸術・表現療法と呼ばれるイメージ表現について、体験学習を通して学び、自己理解ならびに他者理解に役立てよう。
　そのためには、作品の上手・下手はさておき、まず自ら積極的にワークに取り組むことが肝要である。その際に自分の心の中に湧き上がってくる感情を、心の声を受け止める練習も合わせて行っていくことを奨める。

## 2 自己理解と他者理解のためのイメージ活用

　クライエントの訴えや語られる「心的現実」もイメージそのものであり、重要な意味を持っている。

### （1）心的現実とイメージ

　「心的現実」とは、精神分析用語で、〈個人が現実として受け止めているもの全て〉を指し、それが実際に生じた出来事かどうかは問題にしない。したがって、あたかも実際の出来事の記憶のように体験されるファンタジー、子ども時代に性的誘惑を被ったというファンタジーなども含むことになる。

**フロイト**（Freud, S.）は、「"ファンタジーとは、物理学的現実とは対照的に、心的現実を有したもの"で、"神経症（ノイローゼ）においては、心的現実とみなされ、確固とした現実とみなされる"」と主張している（⇒第3章参照）。

　『心理学辞典』（丸善）によると、「イメージ」には以下の5つの意味内容が含まれる。「①ある対象の描写。またはその対象に類似したもののこと。」、「②ある対象の、光学的に形成された像のこと。例えば、眼の水晶体によって網膜に投影された網膜像など。」、「③物理的な刺激がない状態で、想像ないし記憶によって形成された、刺激の心的表象。心像ともいう。」、「④人や組織が公に示している、外見や性質のこと。」、「⑤語句を通常ないし字義的な意味ではない、別の意味で用いる比喩的表現法の別名。言葉の彩、文彩。」である。

　つまり、カウンセリング場面で、セラピストがクライエントの訴えや語りに耳を傾ける（**傾聴**する）とき、クライエントのもつ心的現実やイメージからなる「個人の内的世界の枠組み」を尊重する態度（**共感的理解・無条件の肯定的関心**：⇒第4章参照）が重視されることになるのである。

## （2）見え方はさまざま——「物理的世界」と「見える世界」

　「**錯視**」とは、さまざまな視覚の錯覚の総称である。重要なものはおよそ次の9範疇に分類される。

　①運動錯視、②遠近法錯視、③錯覚的輪郭、④視覚残効、⑤時空錯覚、⑥多義図形、⑦不可能図形、⑧立体錯視、⑨連合錯視である。

　ここでは、そのうちの「運動錯視」、「多義図形」を中心に例示してみよう。

### 「図と地」：だまし絵——脳は簡単にだまされる？

　「**図と地の反転**」とは、多数の**多義図形**の基礎となる現象のことを指す。多義図形の見え方が入れ替わるのは、画像のどの部分が「図」を表しており、どの部分が「地（背景）」を表しているかという解釈が切り替わるためである。

　オランダのグラフィック・アーティストである**エッシャー**（Escher, M. C.）

第6章　カウンセリングの方法と演習──イメージ表現を用いて

は有名で、不可能図形といった視覚パズルとともに、しばしばこの現象を利用した作品を多数残している。エッシャー財団のウェブサイトにアクセスすれば、その多数の作品を見ることができる（http://www.mcescher.com/、2015年1月アクセス）。

「ルビンの杯」とは、デンマークの心理学者ルビン（Rubin, E.）が1915年に導入した多義図形である。図と地の反転を示す古典的な例で、1つの杯と2つの向き合った顔のシルエットが交代して見えるものである（⇒第2章参照）。

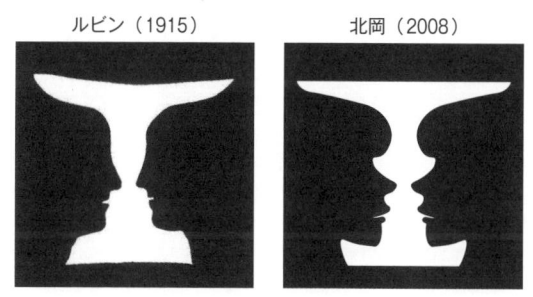

図6-1　ルビンの杯（ルビンの『隠れた顔と杯』）、北岡明佳（2008）

図6-2　動くルビンの杯、北岡明佳（2008）
（出典：ウェブページ『北岡明佳の錯視のページ』）

## 錯視

さて、ここでノートに次のとおり描いてみてほしい。

①同じ長さの直線を横向きに3本引く。
②つぎに、3本の直線の両端に＜、＞を書く。
　（組み合わせは、＜＆＜、＞＆＞、＜＆＞の3種類。）
③できあがった3本線を見比べる。

これが、「ミュラー・リエール（Müller-Lyer）の錯視」と言われるもので、最も有名な錯視の1つとして心理学実験実習でも取り上げられる課題である。すなわち、「内向きの矢印がついた線分が、外向きの矢印がついた同じ長さの線分よりも短く見える」というものである。

錯視研究の第一人者である北岡によるウェブサイト『北岡明佳の錯視のページ』から2つの作品を紹介したが、魅力的な作品が多数発表されているので、さらに興味・理解を深められることを期待したい（http://www.ritsumei.ac.jp/~akitaoka/、2014年9月アクセス）。

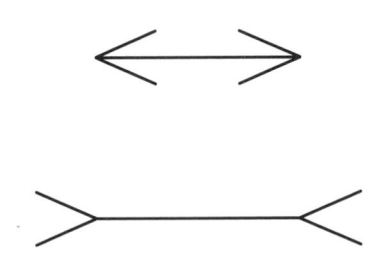

図6-3　ミュラー・リエール（Müller-Lyer）の錯視

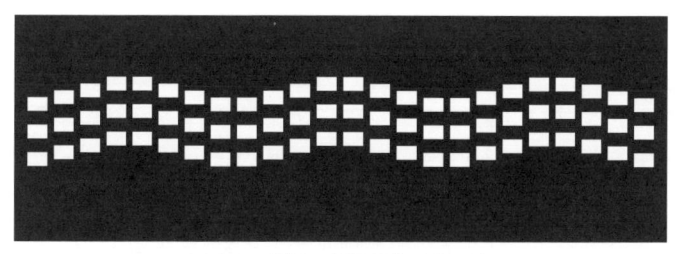

第6章　カウンセリングの方法と演習──イメージ表現を用いて

図6-4　『波』、北岡明佳（2002）

図6-5　『田動』、北岡明佳（2000）

## （3）人間とイメージ表現

「投影」とは、精神分析用語で、**防衛機制（抑圧、昇華、退行**など。(⇒第3章参照)の一種であり、耐え難い感情、衝動、思考を不当に他者に帰属させることをいう。

「**投影法**」とは、応答者が、インクブロット（**ロールシャッハ・テスト**のよ

93

うな図版：紙にインクをたらし、二つ折りにして広げると、折り目を対称軸とした左右対称の形ができる）、絵画、あるいは未完成文（「私の夢は、＊＊＊」）のような一種の**刺激**に対して自由に**反応**する（「＊＊＊」の部分を記入する）形態をとる**パーソナリティ検査（テスト）**のことをいう。応答者は**無意識**の側面をテスト項目に投影し、それを応答内容に示すという仮説に基づいている。よく知られている投影法検査としては、**人物画法テスト、ロールシャッハ・テスト、ローゼンツヴァイク絵画フラストレーション・テスト、文章完成法、ゾンディテスト、TAT、言語連想検査**などがある。

## (4) イメージ表現としての芸術療法・表現療法

### 表現療法

「人間が生来もっている心の内奥にあるものを、何らかの形で表現したいという人間が生来的にもつ欲望を基礎にした心理療法」を**表現療法**という。

表現療法には non-verbal（**非言語的**）な手法を主として用いるという特性があり、無意識層に抑圧されたさまざまな不安や葛藤が表現されることがあるため、表現行為そのものがカタルシス効果をもつこともこの療法の特徴である。また、言語的コミュニケーションが困難な場合には、さまざまな芸術表現を用いる表現療法を通してコミュニケーションをもつことも可能である。ただし、表現療法には詩歌療法のような verbal（**言語的**）な手法も含まれる。

さて、アメリカの心理学者**メラビアン**（Mehrabian, A.）による好意・反感などの態度や感情のコミュニケーションを扱う実験研究では、言語より非言語のほうが伝わる情報量が多いという結果が出ている。すなわち、言語による感情表現は7%で、非言語である声による感情表現は38%、顔による感情表現は55%である（**メラビアンの法則**）。

過度の一般化は避けねばならず、言語コミュニケーションより非言語的コミュニケーションの方が大事ということではないが、重要度は高いと言える。ことわざにあるように「目は口ほどにものを言う」である。

ちなみに、非言語的なコミュニケーションの具体例を紹介すると、視覚情報としては、表情、目線、態度、動作、服装、身だしなみ、姿勢、空間表現などがあり、聴覚情報としては、声の大きさ、話す速度、発音の正確さ、声のトーン、イントネーション、間の取り方、語尾の言い方、口調の歯切れ、語気などがある。

　これらは、カウンセリング場面で**関与的観察**が行われる際にセラピストが心得ておく重要なポイントと言える。

　そこで、本章では、**non-verbal（非言語的）**な手法を中心に以下に紹介することにしたい。

　**髙江洲義英**（1995）が留意点として指摘しているように、芸術療法の諸技法の中から、どの技法を適用するかの選択・決定を行う際には、「対象者がどのような人なのか」、「その人に何が起きているのか」、「どのようにアプローチすればよいのか」というクライエントへの理解を深め、クライエントの状態像がセラピストの持つどの技法に対応するかを見極めて選択することが重要である。すなわち、「どのような病態期にあるのか」、「どのような症状が治療対象目標となるのか」、「どのような治療関係を目指すのか」という仮説を立て、治療戦略の上に立って芸術（表現）療法の治療脚本を構想し、適応決定を検討することが肝心である。

## 表現療法の種類と技法

　表現療法に用いられる芸術表現技法は実に多種多様である。**絵画療法、造形療法、箱庭療法、コラージュ療法、音楽療法、ダンス・ムーブメント・セラピー、心理劇**などがあり、各々のクライエントの状態に応じて適用される。さらに、おおまかに①視覚優位のアプローチ②聴覚優位のアプローチ③心身全体を使って表現するアプローチの3つに分けて解説を続けよう。

# 3 芸術・表現療法によるアプローチ
## ——見る力・観る力を育てる

本節では、**絵画療法**と**造形療法**の実際を中心に解説する。

## (1) 描画法

主な課題画法を取り上げ、各種の課題画の用具と教示、さらに描画の解釈などを簡単に紹介しよう。

### 課題画法と自由画法

診断用には課題画法の方が適しているが、療法として用いる場合には自由画法の方がクライエントの精神内界に沿った展開ができるので有用である。なお、**課題画法**には以下のような諸技法がある。

### 色彩分割法

鉛筆かサインペンで1枚の用紙を好きなように分割し、そこにクレヨン等で好きな色を塗ってもらう。セラピストがあらかじめ分割する方が、安全度が高い。

### 色彩とイメージ

ここで、少し「色」の象徴的意味について触れておこう。着色された描画作品を味わい、読み解く際に参考になるだろう。

**香川勇・長谷川望**（1988）によると、「赤」は「活動と興奮」、「黄」は「求愛と依存」、「褐色」は「渇愛」、「緑」は「疲労と鎮静」、「青」は「自制と服従」、「紫」は「傷病と死」、「黒」は「抑圧と恐怖」、「白」は「失敗感と警戒心」、「灰」は「無と無気力」のシンボルで、さらに二色の組み合わせでは「赤と黒」は「母への求愛」、「黄と黒」は「父への求愛」、「赤と緑」は「性」、「赤

と青」は「嫉妬と求愛」、「黄と青」は「葛藤と心労」のシンボルを示すという。

また、**渋谷昌三**（2007）によると、「可視光線の7色は虹の7色。波長の長い赤から短い紫に近づくにつれ、より精神的な意味をもつ」という。「赤」は「野生、生命、生殖、性など生きることの象徴」、「オレンジ」は「家庭、労働など、現実的なものの象徴」、「黄」は「知恵、意欲、向上心、好奇心を象徴」、「緑」は「平和、バランス、調整など、社会性を象徴」、「青」は「理性、理解、抑制、合理性など、左脳的なものを象徴」、「青紫」は「気品、孤独など、精神的なものの象徴」、「紫」は「神秘、美、死、霊性など非現実的なものを象徴」するという。

## バウム・テスト（樹木画法）

スイスの**コッホ**（Koch, K.）が診断用テストとして考案した技法であるが、治療的にも用いられる。

解釈は、樹木の**形態分析**（全体の形、大きさや豊かさ、幹や枝の形と伸びる方向、葉や身のつき方、根の形状、全体のバランス）、鉛筆の**動態分析**（勢い、筆圧など）、樹木の位置の空間象徴から総合的に行う。

つまり、樹木が描かれた画面の中の位置（樹の大きさ）、視点の位置（樹が描かれた位置）、幹や枝の表現（幹や枝の描き方）、葉や実の表現（葉や実の描き方）、置かれている環境（樹の情景や特徴）から、内向性や過去への執着、外向性や未来への願望、自信などや、精神性や衝動性、攻撃性や抑制、責任感、社交性などと、知性や理性、表面に出やすい感情と生命力や心の奥に秘められたもの、などを読み取っていくのである。

実施法が容易であり、コッホによる詳細な解釈法がマニュアル化されているため、子どもから大人まで適応範囲が広い。

〈手順〉

①まず、被験者との信頼関係をつくる（**ラポール**の形成）。

②用意するもの：Ａ４判かＢ５判の白紙、Ｂか２Ｂの鉛筆、消しゴム。
③教示：「絵の上手・下手は関係ありません。**一本の実のなる木を自由に描いて下さい**」と言う。

## 人物画法テスト

一般的な人物画法テストは、１人の人間を頭の先から足の先まで描かせる。ただし、**自画像**を描いてもらう場合には、クライエントが嫌がることがあるので注意する。彩色してもらうことで、治療的にいっそう役立つことも多い。

**グッドイナフ人物画知能検査**：1926年にグッドイナフ（Goodenough, F. L.）により発表された子どもが描いた人物画を得点化して知的能力を測定するテストで、略記としての **DAM**（Draw A Man Test）をよく使う。

**マコーバー人物画テスト**：マコーバー（Machover, K.）により開発された投影法検査である。白紙と鉛筆を手渡し、単に人物を描くように告げ、さらに別の用紙に最初の人物とは反対の性の人物を描くように告げる。そして、最後にそれぞれの人物の年齢、教育の水準、職業、不安、望みなどを質問する。外形的な配置（大きさ、身体の詳細、位置取り、衣服など）によって解釈される。この検査は、人は同性人物に容認可能な衝動を投影させ、異性には容認不可能な衝動を投影させる傾向があると仮定する。さらに、以下のように顔の一部がそれぞれ個別の意味をもつと仮定する。つまり、長いまつげはヒステリーを、目や耳が目立つときは猜疑心を、大きな人物は**アクティング・アウト**（防衛機制の一種。無意識の感情的葛藤や衝動を、思考や熟考によってではなく、失錯行為を含む行動によって処理すること）を、小さな人物、特徴のない顔や落胆した顔の表現はうつ病を、身体輪郭が詳細でないときは自殺傾向を、暗い影は攻撃衝動を、身体が詳細に欠けるときは精神疾患もしくは脳損傷を示唆する、という具合である。

第6章　カウンセリングの方法と演習 ── イメージ表現を用いて

## 家族描画法

　家族関係に焦点づけた情報を得たい場合には**家族描画法**を用いる。家族というテーマをクライエントに与えることは、単一の人物画よりも家族布置や家族内葛藤が表現されやすいという点に特徴がある。

　家族描画法は、子どもだけではなく大人の臨床場面にも用いられる芸術療法の内の投影法検査の1つである。さまざまな技法が開発・創案されているが、親子関係や家族の人間関係を描画検査から捉えようとしたのが、**ハルス**（Hulse, W. C.）の考案した家族描画法である。この家族描画法から発展し「家族が何かをしているところ」という教示によって描く技法として、**バーンズ**（Burns, R. C.）と**カウフマン**（Kaufman, S. H.）による**動的家族描画法**があり、また、**円枠家族描画法**は、先のバーンズにより考案された技法である。

**家族描画法**：クライエントに自分の家族全員を1枚の画用紙に描いてもらい、描かれた順番や家族員像の大きさなどから親子関係や家族関係を分析する。

**動的家族描画法**：クライエントも含めた自分の家族全員が「何かをしている」姿を1枚の画用紙に描くことで、家族員像の特徴、シンボル、スタイル、行為の4描画から分析する。家族全員の人間関係や心理的力動性について多くの情報が得られ、描画の可能な幼児から適用対象となるので、臨床場面でもよく使用される。

**円枠家族描画法**：1枚の画用紙の中心に19〜23cmの直径で円を描き、クライエントに円の中心に母親（または父親）の全身像（人物像はスティック状とか漫画風ではなく）を描いてもらい、それに対する自由連想を円の周辺に描いていく技法である。

## 九分割統合絵画法

　**九分割統合絵画法**：森谷寛之（1995）によって考案された独創的な技法で、1枚の画用紙にサインペンで枠づけした後、画面を3×3に分割し、「右下隅から反時計廻りに中心に向かう順序か、または、その逆に中心から時計廻りに右下隅の順序か、どちらの順序でもいいですから、順番にひとこまずつ思

い浮かぶものをそのまま何でも自由に描いて下さい。どうしても絵にすることができなければ、文字、図形、記号など何でもかまいません。」と教示し、9画面すべて描き終わった後、その各々の絵に簡単な説明文か、言葉を記入した後、色鉛筆かクレヨンで彩色して完成させる技法である。

| | | |
|---|---|---|
| ⑤<br>↓ | ④<br>← | ③<br>← |
| ⑥<br>↓ | ⑨ | ②<br>↑ |
| ⑦<br>→ | ⑧<br>↑ | ①<br>↑ |

| | | |
|---|---|---|
| ⑤<br>→ | ⑥<br>→ | ⑦<br>↓ |
| ④<br>↑ | ①<br>↓ | ⑧<br>↓ |
| ③<br>↑ | ②<br>← | ⑨ |

図6-7　九分割統合絵画法のシート（2タイプ）

## HTP法

**バック**（Buck, L.）によって考案された方法で、オリジナルは、家、木、人（男、女）を1枚ずつ、計4枚の紙に描いてもらう。1枚の紙に「家と木と人を入れて、何でも好きな絵を描いてください」と教示する**統合HTP法**もある。

## 風景構成法

**風景構成法**は、**中井久夫**（1984）により考案された技法で、**山中康裕**によって推進された方法である。心理療法におけるクライエント理解の有力なツールとして、日本で独自に創案・開発されたものである。**ロールシャッハ・テスト**のような侵襲性が高いものとは異なった視点から、クライエントの現況を推察できるので、心理査定や治療過程の一環として、多くの臨床場面で使用されている。風景構成法では、1枚の絵の分析よりも描画過程の**関与的観察**と複数回の縦断的観察が重視される。心理検査としても治療技法としても優れている技法である。

〈手順〉

用具：サインペン（油性の黒）、彩色用クレヨンまたはクレパス（12色）。

用紙：Ａ４ケント紙または画用紙。

手順：枠づけは、描き手の見ている目の前で行い手渡す。「絵の上手、下手を見るのではない」ことを断り「好きに描いてよい」ことを保証する。

教示：指定された物を、指定した順番に一つずつ描くことを指示し、最後に風景になるように描いて完成させる（各アイテムの拒否も認める）。アイテムが描き終われば、彩色をする。

描画後の質問：季節、時間、川の流れの方向や深さ、山の高さ、遠さ、家の住人の数、人と家の関係、木の高さなどを尋ねる。

▽描く順：①川→②山→③田→④道→⑤家→⑥木→⑦人→⑧花（草植物）→⑨動物→⑩石→指定外自由追加

〈内容分析〉

川：　エナジー、無意識との関わり、感情、悩みなど。

山：　理想、目標、現実と理想の隔たり、目標意識の欠落など。

田：　労働、職業、仕事、義務や課題など。

道：　意識的に自分が歩む道、人生そのもの。

家：　外的、内的な自分、家族、家庭、社会生活に適合か不適合か。

木：　生命エナジー、幼児性の現れ、逃避、内的世界など。

人：　自己像、理想像、調和と対立など。

花：　優しさ、生活の彩り、愛情、期待と諦めなど。

動物：自分自身や内面、自己主張、受動性、甘え、変化など。

石：　感情やエナジーの障害、進路の障害、過去の体験など。

## 中井久夫の臨床観・描画観

描画法のまとめとして、中井久夫の臨床観・描画観は、基本的に**統合失調症**の臨床から成立しているものであるが、以下に紹介しておこう。

1．1人で部屋の隅で描かれた、いわゆる病理的絵画と、面接の場で描かれた絵画、あるいは面接の場で何ごとかを伝えるために描かれた絵画は、全く質が異なる。後者は言語に直せるかどうかは別として、強いメッセージ性がある。

2．絵画に正常、異常の別は立てられない。例えば「妄想画」という概念は、(言語で表現された)「妄想」という概念と同じ意味で成り立たない。

3．非常に強烈な体験を一挙に表現するには、絵画のほうが適している。少し複雑な対人関係の図示にも適している。

4．芸術的完成をめざすことは、治療的に意味がないとは言わないが、しばしばメッセージよりも防衛のために用いられているようで、どちらであるかの見きわめが必要である。1本の線と巧緻な絵画は"哲学的"に対等である。

5．急性期、臨界期(とのちに名づけるに至ったもの)、寛解期初期、後期にそれぞれ特徴的な絵画がある。言いかえれば絵画には1つの流れがある。つまり縦断的に見てはじめて意味が浮かび上がってくる。

6．症状と絵画の平行性("反映理論")という通念は、必ずしも正しくないし(例えば言動の鎮静時に爆発的な描画)、そうでなくても浅薄である。

7．誰でも使える簡単な手段(サインペンとクレヨン)が私の目的にかなっている。

## (2) 箱庭療法とコラージュ療法

これまで平面的(二次元的)表現技法を中心に見てきたが、次に立体的(三次元的)な表現技法についても少し触れておこう。

### 箱庭療法

スイスの**カルフ**(Kalff, D. M.)がイギリスの**ローエンフェルド**(Lowenfeld, M.)から**世界技法**(The World Technique)を学び、それらをもとに**箱庭**

療法を開発した。ユング派の分析家の資格を取得するためにスイスにいた**河合隼雄**はカルフの箱庭を見て、日本人に合う心理療法だと直感し、1965年、箱庭療法を日本に導入した。

適量の砂を入れた、内法72cm × 57cm × 7cm、内側を水色に塗った木製の箱とさまざまなミニチュアやフィギュアを用意して「ここにある人形や動物、建物や乗り物などを使って、砂の上に何か作ってください」と教示し表現してもらう技法である。

箱の中に創り出される小さな世界は、造る者の心を投映させた象徴的世界である。箱庭という枠に守られることで、クライエントは安心して隠蔽していた自らの世界を創り出すことができ、抑圧されていたこころが解放され、本来持っているこころを取り戻すことができるという考えから考案された技法である。

クライエントの箱庭創作中は、セラピストは介入や批評などをせずに静かに**見守る**ことが重要な意味を持つ。箱庭を創作する時間は通常1時間くらいであるが、注意点としては、クライエントが箱庭を作るうちに、ミニチュアを箱の外にまで置き始めたり、取り乱したりしはじめた場合には、無理に続けさせずにすぐに止めさせた方が賢明である。

なお、箱庭療法の簡便版としての**コラージュ療法**（画用紙の上に、雑誌やパンフレットなどの絵や文字を切り抜き、糊で貼りつけて作品を構成する方法）も表現療法の有用な技法である（⇒第4章第3節参照）。

## （3）造形療法

**造形療法**には、彫刻、陶芸、粘土などが含まれる。最も普及しているのは粘土を用いた造形療法で、粘土の特有な質感で立体的なイメージ表出が可能である。粘土には紙粘土、プラスチック粘土、油粘土などがあるが、クライエントの「好み」を優先させるのがよい。

また、折り紙は、意図的に「鶴や紙風船」を折るのではなく、紙を自由に「折る・広げる」ことを繰り返して「何か」を形作ることに利用できる。

新しい素材として、レゴ・ブロックによる造形は、着色された素材で「つくる・こわす」を自由に反復できるのでカウンセリング場面で利用される。

# 4 芸術・表現療法によるアプローチ
## ──聞く力・聴く力を育てる

本節では、カウンセリング場面でセラピストに必要な技能である**傾聴・受容**に通じる「聞く力・聴く力を育てる」ことについて述べる。

携帯電話によるメールでの視覚的コミュニケーションが多用される昨今では、相手との声による聴覚的コミュニケーションの力を鍛える機会が少なくなっていると思われる。

カウンセリング場面では、観る力を養成し、場合によっては「診る専門家＝精神科医・心療内科医など」に**リファー**（refer）できる力も身につけておく必要がある。その際にクライエントの語りの声や呼吸に着目する必要がある。そして、その前に、カウンセラー自身がどのような語りの声（音質）や呼吸（テンポ）で関わっているのか、そのチューニング法を心得ておく必要がある。

本の栞に「ひと粒の雨の音に心をとどめてみよう。そうすれば、人類の歴史に及ぼす自分の人生の意味がわかるだろう。」（アントニー・デ・メロ神父）と書いてあった。さて、あなたにはここで言う「一粒の雨音」を聴いたことがあるだろうか。

ストレス社会を生きている私たちには、時に、日常の喧騒を離れ立ち止まって沈黙の時間を過ごす中で、耳を澄ましてこのような音を「聴く」トレーニングすることが、豊かな感性を育てるために必要になるだろう。

## （1）音楽療法の略史

原始時代から音楽は「精神に働きかける魔力をもったもの」とされ、宗教儀式や治療的適応手段としての役割を持っていた。

# 第6章　カウンセリングの方法と演習──イメージ表現を用いて

　古代ギリシャでは「良い音楽は人間の徳性を養ううえで不可欠である」という考えが広がった。アリストテレスは「音楽には人間のこころに日頃鬱積している情緒を発散させる効果、カタルシス効果がある。」と言っている。

　音楽療法の起源説でよく取り上げられる逸話は、旧約聖書に出てくるダビデの竪琴の話である。紀元前1000～975年に活躍したと言われるイスラエル王国の創始者ダビデは、羊飼いであったが、彼は竪琴（ハープ）を奏でてユダヤ王国の王サウルの精神の病を癒した、という。旧約聖書『サムエル記』に「サウルは元気を回復し、良くなり、悪い霊は彼から離れた」と書かれている。

　さて、20世紀初頭から「療法としての音楽」に注目が集まるようになった。

　現在の音楽療法の形態は、第1次・第2次世界大戦後、アメリカにおいて、負傷した兵士が送られてくる病院に演奏家や音楽教師が病院スタッフとして雇用されたことに発する。

　アメリカでは、1950年には全米音楽療法協会が、その後1971年にアメリカ音楽療法協会が設立された。そして、1998年に両団体が合併し米国音楽療法学会が設立された。

　イギリスでは、イギリスの音楽療法の創始者である**ジュリエット・アルヴァン**（Alvin, J.）が、1958年に音楽療法治療音楽協会を設立し、その後1976年、職業音楽療法士会を設立した。

　さて、日本では、**山松質文**が1959年に初めて自閉症を持つ子どもと接し、遊戯療法の中に音楽を取り入れた（自閉症児の音楽療法）。また、**櫻林仁**は1962年「生活と音楽」を出版し、長くわが国の音楽療法を指導してきた。その後、**田中多聞**は1974年ごろから、認知症高齢者に音楽療法を行った（高齢者の音楽療法）。

　1986年に日本バイオミュージック研究会（後に日本バイオミュージック学会）が発足し主に音楽療法の効果研究が開始された。1994年には臨床音楽療法協会が設立され、その後、両者が連合して、1995年全日本音楽療法連盟となった。さらに、2001年には日本音楽療法学会となり、今日まで「日本音楽

療法学会認定音楽療法士」を輩出している。

## （2）音楽療法（Music Therapy）

**音楽療法**とは、音楽の機能を活用するのであって、音楽活動そのものを目的としない。その効果は、用いられる音楽の種類にも音楽の完成度にも関係することなく、「音の人間に与える影響に由来する」とされる。

音楽療法では、クライエントに音楽を聴かせながら感想やイメージを語らせ、クライエントの心の分析を行う**受動的音楽療法**、または、クライエントが自分1人で歌を歌ったり楽器を演奏したり、他のクライエントと共に歌を歌ったり演奏したりする**能動的音楽療法**の形態がある。

### 音楽療法の定義

**日本音楽療法学会**（2001）によると、「音楽療法とは、音楽のもつ生理的、心理的、社会的働きを用いて、心身の障害の回復、機能の維持改善、生活の質の向上、行動の変容などに向けて、音楽を意図的、計画的に使用すること」である。

音楽のもつ生理的、心理的、社会的働きとは、古代から用いられてきた音楽の治療的特質のことである。音楽の治療的特質について、**ボックスヒル**（Boxhill, E. H.）は、以下のようにまとめている。

①音楽は通文化的な表現形態である。
②音楽はその非言語的特性により、コミュニケーションの手段として自在に用いられる。
③音楽は人間の個々の知力や状態に関わりなく、音刺激として直接人間の心身に働きかける。したがって、音楽は諸感覚を刺激し、気分や感情を喚起し、生理的、精神的反応を引き起こし、心身に活気を与える。
④音楽固有の構造と特質は、自己統合や集団組織化のための可能性を有する。

⑤音楽は、音楽的行動と非音楽的行動の両面に影響を及ぼす。
⑥音楽は学習や諸技能の獲得を促進する。
⑦音楽は、機能的、順応的、美的に卓越した形態であり、あらゆる臨床場面に適応できる。

さらに、これらの音楽の治療的特質を意図的、計画的に使うとは、クライエントについて、**情報収集**（intake）し、**アセスメント**（assessment）（査定）を行い、目標を設定し、どのように音楽を使うのか、どのような音楽の治療的特質を使えるのかといった計画を立て、実際に音楽介入を行い、その結果、クライエントはどのように変化したのかを**評価**（evaluation）するということである。

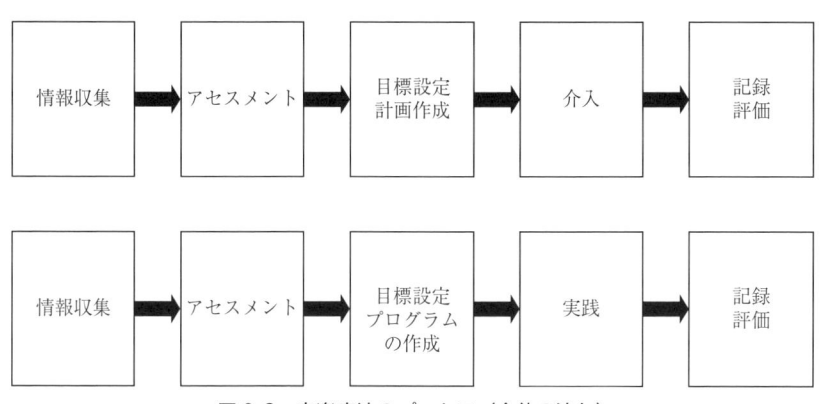

情報収集 → アセスメント → 目標設定 計画作成 → 介入 → 記録 評価

情報収集 → アセスメント → 目標設定 プログラムの作成 → 実践 → 記録 評価

図6-8　音楽療法のプロセス（全体の流れ）

## 音楽療法の形態

音楽療法の形態は、先にも少し述べたが、次の4つに大別される。

**受動的音楽療法**
①鑑賞する

音楽療法士がアセスメントの結果、選曲した既成の曲を生演奏または録音

で聴取する。

**能動的音楽療法**

②演奏する

既成の楽曲を歌ったり、楽器演奏したりする、また音楽療法士とクライエントが即興で歌ったり、演奏したりする。

③身体を動かす

既成の曲や即興の曲とともに身体を動かす（音楽ムーブメント）。

④創作する

クライエントが作詞・作曲したり、また身体表現動作を創作したりする。

このような音楽療法の形態は、対象者の特性に応じて通常組み合わせて用いる。なお、一対一の個別セッションでも一対多の集団セッションでも同様に用いられる。

## 音楽療法によるクライエントの変容——「声」に着目して

音楽療法を実施して、クライエントはどのように変容するのかについて、とくに「声」に着目して図解してみよう。

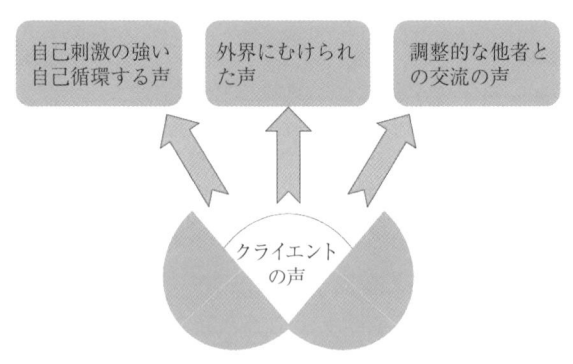

図6-9 クライエントの「声」はどのように変容するのか？

第6章 カウンセリングの方法と演習──イメージ表現を用いて

図6-9のように、クライエントの声は、「自己刺激の強い自己循環する声」⇒「外界に向けられた声」⇒「調整的な他者との交流の声」というように変容する。

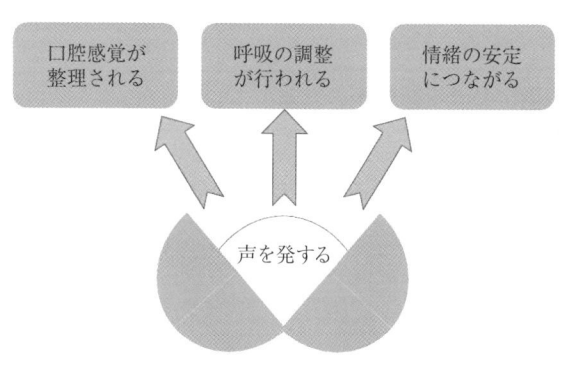

図6-10 クライエントの「発声」

クライエントの声が変容していくプロセスで、図6-10のように「発声」により「口腔感覚が整理される」ことになり、「呼吸の調整が行われる」ことになり、ひいては「情緒の安定につながる」ことになる。

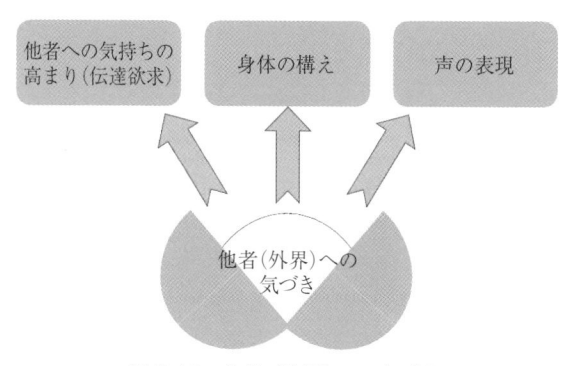

図6-11 他者（外界）への気づき

図6-11のように、クライエントの「他者（外界）への気づき」は、「他者への気持ちの高まり（伝達欲求）」を生み、「身体の構え」ができて、さらに

「声の表現」のバリエーションや多様性を生む。

## 音楽療法の実践の場

音楽療法は以下に示すようにさまざまな場所で実践されている。

### 施設・教育現場における音楽療法

①母子通園施設（視覚障害・聴覚障害・ダウン症・発達障害・脳性マヒなどの運動障害・自閉症など）
②特別支援学校
③作業所（授産施設・更正施設）
④在宅・グループホーム（養護学校等高等部を卒業後）

### 高齢者施設における音楽療法

①介護老人保健施設
②特別養護老人ホーム
③グループホーム

### 医療現場で行われている音楽療法

①内　　　科：透析・気管支喘息・脳血管障害リハビリ・認知症・末期患者
②小　児　科：外科手術前の基礎麻酔時（入院時など）
③外　　　科：外科手術前の基礎麻酔時
④心療内科：うつ病、各種神経症、不眠症、筋緊張を伴う疾患（筋緊張性頭痛・斜頸・関節症など）
⑤精　神　科：統合失調症（入院時など）
⑥歯科・口腔外科：治療時
⑦病　予　防：ストレス対策として

# 5 ダンス・ムーブメント・セラピーと心理劇
## ——身体表現を育てる

本節では、自分という身体を媒介としたコミュニケーションであるダンス・ムーブメント・セラピーと心理劇を紹介しよう。

### （1） ダンス・ムーブメント・セラピー

まず、一般の人が考える「ダンス」とは異なる。「**ダンス・ムーブメント・セラピー**」とは、さまざまな思いや感情、感覚などを、身体を少しずつ動かしながら、身体表現で会話し、その中で新しい自分を発見し、自らのこころの回復力を引き出す療法のことである。

文字言語によるコミュニケーションのなかった時代には、人々は、自他の悲しみ・喜び・怒り・愛・友情などの表現を、その声の音質や響きなどによってまず身体で感じて、身体を動かすことで相手にそれらを表現し、相互に理解し合ったのである。つまり、身振り・身体言語による伝達表現法である。

現在でも、幼児期の子どもが、うれしい時には満面に笑いを浮かべてあたりを跳びはね走り回り、悲しい時には涙をいっぱい浮かべ、音楽が鳴ればそれにあわせて足をトントンさせ、身体を左右に振ったりして、踊り出すのと同様である。

#### ダンスセラピストの役割

クライエントの気持ち・心持ちに柔軟性を持たせ、社会性を広げ、自己表現力を上げていくことである。つまり、ダンスセラピストは、行きづまった人や、心を痛めている人と、同じ位置（時空間）を共有し、その人たちの力が戻って来るように、心身のバランスを取り戻し、身体を動かし会話し、自己の心身の関係を見極め、自己治癒力を刺激して活性化させ、病気を良い状態に持ってゆき、心の悩みなどを解消する治療を行うのである。

例えば、予後不良の病と診断されたとき、たいていの人は、愕然とし、将

来に不安を覚え、その時点で精神的に落ち込む。こころがマイナス志向になれば、身体も動かない状態に凝り固まる。つまり、このような状態に陥ると、健康に過ごしている時と比べて、本当はできるのに、「あれもダメ、これもダメ」とあらゆることにしり込みしてしまう状態となり、自信を無くしどうしたら良いのかわからなくなり、結局、心身共に固まってしまう。

**廃用性症候群**のように、身体が動かしづらくなると、自ら身体を動かすことがなくなっていくため、筋肉そのものが硬くなってますます動きづらくなり悪循環を作り、しまいには寝たきり状態になるという。

このような時には、あえて身体を動かしてみる。動きづらくなった時には、音楽にあわせてステップを踏んだり、両手をしっかり振って、足を高く上げて歩いたり、飛んだり、走ったりすれば、最初はできなくても、自然にできるようになる。スモール・ステップ方式で、1つのことができれば、1つの自信になる。それが積み重なって本当の自信になり、健康な自分を取り戻し、心身症状も良くなるように、プラスの循環となるように指導していくのがダンスセラピストである。

## 音楽療法とムーブメントとの関連

ここで、「音楽療法とムーブメントとの関連」について、「障がい児にとっての身体運動」を例として少しまとめておこう。

### 障がい児にとっての身体運動

音楽療法で見られる障がい児の身体運動は、①楽器を叩く、②声を出す、③セラピストの音楽を聴く、である。

音楽や楽器さらにはセラピストとの関係性の中で生まれた「表現」としての身体運動である。

### 音楽の構造的特徴と動きの関係

①聞き手を刺激し覚醒させる音楽（快活な、勢いのある、元気な）は、動

きを活性化させる要素をもつ。
②活動を静めたり、心を穏やかにしたりする音楽は、衝動的でないなめらかな旋律（メロディ）と、安定した和声（ハーモニー）によるものである。
③動きに最も影響を与える音楽の要素はリズムである。
　リズムの重要な属性であるテンポ（速度）が大きく関与する。

**音楽ムーブメント（music movement program）**
①音楽と動きは切り離すことができない。
②動きの触媒として音楽が位置づけられる。
　ダンス・ムーブメント・セラピーとは、音楽を心理療法だけでなく運動と合成することで精神運動療法へ発展させるという考えである。

## （2）心理劇

　**心理劇**は、**サイコドラマ**とも呼ばれる芸術療法の一種で、クライエントが脚本のない即興形式の劇を自由に「演じる」ことで、言葉のみならず身振りや手振りを用いて、こころの内奥を表現する療法である。カウンセラーは言葉だけでは表現されないクライエントのこころの在り様を知ることで、的確に治療を行うことができる（⇒第5章第3節参照）。

### ワーク 6-1-1　夜空の星と星座

　夜空の星を黙ってしばらく見つめてみよう。あなたは夜空にどのような星座を見つけることができるだろうか？　例えば、北斗七星とは、おおくま座の腰から尻尾を構成する7つの明るい恒星で象られる星列のことだが、あなたはどのくらい星と星を結びつけてイメージすることができるだろうか？
　それにはまず、1年中北の空にあって動かない北極星から見つけよう。

**ワーク 6-1-2　夜空の星のイメージ展開**

　NASA のハッブル宇宙望遠鏡（Hubble Space Telescope）によるさまざまな画像が公開されているので、7月7日の七夕にゆっくり夜空を眺めることのできない場合には、天の川銀河（Milky Way）の画像を見てイメージを膨らませてみよう。[無料アプリ：『今日の天文学画像』参照]

**ワーク 6-2-1　色いろ遊び〈直線と曲線による画面構成〉**

**実施法**：クレヨンまたはクレパス、画用紙（八つ切り）を用意する、2人1組になり、交互に直線と曲線をそれぞれ3本ずつ自由に引く。直線と曲線で区切られた空間を交互に着色する。塗りあがった作品を見て作品名をつける。［学習者が1人で行う場合には、PCで「お絵かきソフト」を利用すればよい。］
(⇒第5章ワーク参照)

**ワーク 6-2-2　造形遊び**

**実施法**：広告紙や新聞紙、石などを用意して、「私の心」という題で、広告紙や新聞紙などで「形」を作ったり、「今の自分の気持ちにぴったりだと感じる石」を拾って来たりして、「今の気持ちにあった色」を塗る。できあがった作品をお互いに味わいながら**シェアリング**（⇒第5章第2節参照）しよう。

**ワーク 6-3-1　手拍子やリズム楽器を使っての〈リズム問答〉**

**実施法**：まず、5〜6人からなるグループを作る。言葉での自己紹介の代わりに、手拍子や足拍子などで挨拶してみよう。つぎに、2人1組になり、お互いにリズムで「今、ここで」の心模様を表現して問答をしてみよう。

**ワーク 6-3-2　受動的な音楽療法の応用——アンジェラ・アキ『手紙〜拝啓十五の君へ〜』を素材にしてイメージを広げよう**

　大人の誰かに悩み事を打ち明けようにも、なかなか打ち明けられないもの

のようである。打ち明けようと決心したものの、職員室やスクール・カウンセリング室の前の廊下を行ったり来たり、ドアの前で時々立ち止まるけれどなかなかドアを開けられないようである。

　そのような時に、「もう一人の自分」がいれば、自己内対話ができる。
　さて、あなたの心に迫ってきた歌詞はどの部分ですか？
　　あなたは、どんな「今を生きている」のでしょうか？
　　あなたは、どんな「夢」を抱いているのでしょうか？
　**グループ・ワーク**として、**開かれた質問**（⇒第12章第2節参照）を使って、**シェアリング（分かち合い）**をしてみよう。
　ただし、「**無理やりに、こころの扉、開けないで**」（ある中学校への通学路の立て看板に書いてあった評語）ということは忘れないように実施しよう。

### ワーク 6-4　ダンスやムーブメントによる感情表現

　ダンスやムーブメントによって、あなたの日頃感じている「イライラ」・「ハラハラ」・「ドキドキ」などを表現してみよう。

---

#### 文献一覧

アルバート・メラビアン（西田司ほか共訳）『非言語コミュニケーション』聖文社（1986）
大前玲子『箱庭による認知物語療法　自分で読み解くイメージ表現』誠信書房（2010）
小野けい子，佐藤仁美『心理臨床とイメージ』放送大学教材（2010）
小野京子『表現アートセラピー入門　絵画・粘土・音楽・ドラマ・ダンスなどを通して』誠信書房（2005）
皆藤章『風景構成法―その基礎と実践』誠信書房（1994）
皆藤章『風景構成法のときと語り』誠信書房（2004）
香川勇，長谷川望『原色　色彩語事典―色の単語・色の熟語』黎明書房（1988）
河合隼雄『箱庭療法入門』誠信書房（1995）

小林芳文, 藤村元邦, 仁志田博司『医療スタッフのためのムーブメントセラピー　発達障害・重症心身障害児（者）の医療・福祉・教育にいかすムーブメント法』メディカ出版（2003）

コッホ, K.（林勝造ほか共訳）『バウム・テスト』日本文化科学社（1970）

渋谷昌三監修『見てわかる心理学』ナツメ社（2007）

髙江洲義英, 守屋英子「芸術療法の諸療法とその適応—絵画療法を中心として—」精神科治療学 6：631-637（1995）

高橋多喜子『補完・代替医療　音楽療法』金芳堂（2006）

高橋雅春, 高橋依子『樹木画テスト』文教書院（1986）

高橋雅春, 高橋依子『人物画テスト』文教書院（1991）

土野研治『声・身体・コミュニケーション　障害児の音楽療法』春秋社（2006）

徳田良仁, 村井靖児『アートセラピー』日本文化科学社（1988）

ドラ・M. カルフ（山中康裕訳）『カルフの箱庭療法　新版』誠信書房（1999）

中井久夫『H. NAKAI 風景構成法』岩崎学術出版社（1984）

日比裕泰『動的家族描画法』ナカニシヤ出版（1986）

平井タカネ編著『ダンスセラピー入門　リズム・ふれあい・イメージの療法的機能』岩崎学術出版社（2006）

藤永保, 仲真紀子監修, 岡ノ谷一夫, 黒沢香ほか編『心理学辞典』丸善（2005）

フロイト, S.（高橋義孝・下坂幸三共訳）『精神分析入門』新潮社（1973）

星野良一『補完・代替医療　芸術療法』金芳堂（2006）

山中康裕『心理臨床学のコア』京都大学学術出版会（2006）

山中康裕『山中康裕著作集』全6巻　岩崎学術出版社（2001～2004）

ロバート・C. バーンズ（加藤孝正・江口昇勇共訳）『円枠家族描画法入門』金剛出版（1991）

ロバート・C. バーンズ（伊集院清一訳）『動的描画診断法』星和書店（1997）

森谷寛之『子どものアートセラピー　箱庭・描画・コラージュ』金剛出版（1995）

森谷寛之『コラージュ療法実践の手引き　その起源からアセスメントまで』金剛出版（2012）

**図版引用**

『M. C. Escher. — The Official Website』（http://www.mcescher.com/）

『北岡明佳の錯視のページ』（http://www.ritsumei.ac.jp/~akitaoka/）

『錯視とトリックアート入門』（http://www.geocities.jp/sakushiart/zutozi1.htm）

『日本音楽療法学会：公式サイト』（http://www.jmta.jp/）

**謝辞**

立命館大学北岡明佳教授に、作品転載の許可をいただきましたことを感謝いたします。

# 第7章

# 発達障害・特別支援教育

**key words**　発達障害、自閉症スペクトラム、特別支援教育

## 1　学校現場における発達障害とは

　学校現場において、軽度の発達障害的様相をもつ児童・生徒について、今までは「落ち着きのない子」「他の子たちと遊ばない子」「少し変わった子」など「ちょっと気になる子」として取り上げられながらも、適切な配慮や支援を受けることなく過ごしてきた。

　2007年、「**特殊教育**」から「**特別支援教育**」へと学校教育法が改正され、すべての学校において、発達障害も含めた「**幼児・児童・生徒一人ひとりの教育的ニーズ**」を把握しそれに対応する教育を可能にするように転換された。

　本章では、まず、最新の診断基準 DSM-5（Diagnostic and Statistical Manual of Mental Disorders-5）（米国精神医学会、2013）に則り、発達障害について概説し、乳幼児期からみられる特性など概観を学び、その中でも思春期・青年期の発達障害について理解を深め、教師として支援できるような基礎知識をつける。次に、特別支援教育のねらいを理解し、学校教育における発達障害のある子どもたちへの支援に取り組む姿勢を学ぶ。また、特別支援教育から、「特別」をはずした、支援教育への広がりについても考える。そして、発達障害の子どもたちが社会で生きていく力をつけるためのサポートについて考える。

# 2 発達障害の基礎知識

## （1） DSM-5 の分類による診断基準による発達障害

　本章で取り上げる発達障害とは、神経発達症群／神経発達障害群（Neurodevelopmental Disorders）の中に分類されたもので、発達障害の定義[1]に示されたもののうちの、自閉スペクトラム症／自閉症スペクトラム障害（Autism Spectrum Disorder）、注意欠如・多動症／注意欠如・多動性障害（Attention-Deficit/Hyperactivity Disorder）、限局性学習症／限局性学習障害（Specific Learning Disorder）及び、運動症群／運動障害群（Motor Disorders）の発達性協調運動症／発達性協調運動障害である。

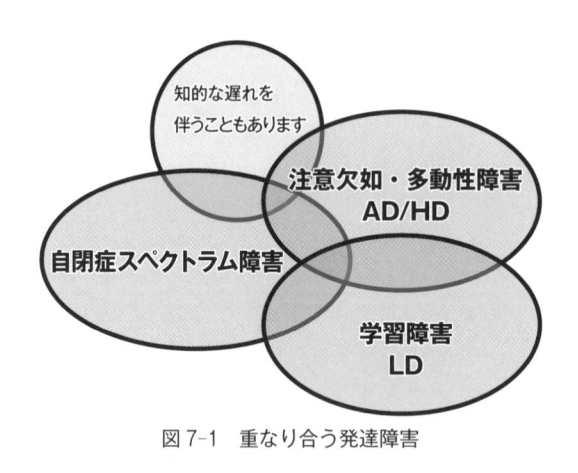

図7-1　重なり合う発達障害

---

1）2005年に施行された「発達障害者支援法」第2条では「自閉症・アスペルガー症候群・その他の広汎性発達障害、学習障害、注意欠陥多動性障害、その他これに類する脳機能の障害であってその症状が通常低年齢に於いて発現するもの。」としている。

## （2）自閉スペクトラム症／自閉症スペクトラム障害（Autism Spectrum Disorder）

### 「自閉症」研究の歴史

「自閉症」とは、1943年アメリカの精神科医**カナー**（Kanner, L.）による、最初の報告があり、翌年**早期乳幼児自閉症**と名づけられた。そして、1944年、オーストリアの小児科医である**アスペルガー**（Asperger, H.）によって**「小児期の自閉的精神病質」**という概念が報告された。偶然にも、これら二人の研究者が、同時期に全く別々に、「自閉」について同じような症例報告をしたのである。**「アスペルガー症候群」**はアスペルガーによって報告された「小児期の自閉的精神病質」から1981年、イギリスの**ウィング**（Wing, L.）が発展させた概念である。カナーのいう自閉症は、言葉の発達の遅れや異常が目立ち、他人との意思疎通がほとんど見られず、こだわりの強いタイプを指し、今の自閉症の概念のもととなっている。アスペルガー症候群の子どもたちは、対人関係のとり方は自閉症と共通しているが、流暢に言葉を話せるものであった。ウィングは、カナータイプの自閉症と、アスペルガー症候群の人たちは、両者の間のさまざまな特徴が重なり合う**連続体（スペクトラム）**であると考え、**「自閉症スペクトラム」**と呼ぶことを提唱した。1950〜60年代には、自閉症は親の愛情不足と考えられていた。1960年代以降、原因として、親の育て方でなく、**脳の中枢神経系の機能障害**が基礎にあることが推測される研究が主流になった。

### DSM-5における自閉症スペクトラムへの流れ

DSM-5における自閉症スペクトラムとは、話し言葉の遅れがある**高機能自閉症（High Functioning Auitizm: HFA）**や著しい言葉の遅れがないアスペルガー症候群（Asperger's Syndrome: AS）などの知能障害がない（IQ70〜75以上）発達障害と重度・中程度の自閉症を含めた連続体の概念で、今までは、広い発達の領域に一度に障害を生じる、**広汎性発達障害（Pervasive Developmental Disorder: PDD）**とも呼ばれていた。重度の知的障害や言

語障害を伴う典型的な重度の自閉性障害から、知的障害や言語障害を伴わないものまでを連続した性質を持つもの連続体（スペクトラム）として包括的に捉える。

　発達障害関連におけるDSM-5の特徴の1つは、自閉性障害、アスペルガー障害、広汎性発達障害を自閉スペクトラム症に統合したことである。これら各障害の症状は、それぞれがはっきりと区別される障害であるというよりも、社会的コミュニケーションの制限、および反復性の行動と興味、という2つの領域における軽度～重度の能力低下という1つの連続体を示している。この変更は、自閉症スペクトラム障害診断のための基準の感度と特異度を改善するため、および特定された特異な能力低下に対してより焦点を絞った治療ができるように、作成されている。

## DSM-5による診断への課題

　「自閉スペクトラム症／自閉症スペクトラム障害は非常に稀な疾患だったが、近年では20倍に増加していると言われている。なぜ、爆発的な増加を見ることになったのか、については、レッテルの張り替えによって、割合が急速に変化したのであり、自閉症的行動が実際に変化したというのではない。1．診断される例が増えたこと。2．偏見が減ったこと。3．重症例でないものを診断するようになったからである。大部分は、自閉スペクトラム症／自閉症スペクトラム障害の診断が、学校のさらなる特別な配慮や支援を受けるための必要条件であるために、診断面接や正確な評価が行われないまま診断をつけられている。」（フランセス, A., 2014）自閉スペクトラム症／自閉症スペクトラム障害と診断されるならば、その症状はなかなか変化せず、いつまでも持続するはずであるが、自閉症であるとレッテルを貼られた子どもたちの半分がすぐにそこから成長して外れていく、とも言われている。また、間違って診断された人々には、偏見による心の傷が残ったり、将来に向かって開かれていたはずの可能性にチャレンジしないまま、自ら閉じてしまうこともあるなど、診断に関するリスクもある。

## 乳幼児期の特徴

「自閉症」が示す基本症状とは、ウィングの「三つ組み」と言われる3症状「社会性の障害」、「コミュニケーションの障害」、「想像力の障害とそれに基づく行動の障害」とされる。

〈1〉社会性の障害

「他の人との関わり」の障害

①「自分の体験と人の体験とが重なり合うという前提が成り立たないこと」（杉山、2007）からくると言われている。例えば、バイバイの動作をする時に、掌を自分の方に向けて振る「逆転バイバイ」の動作が一時的にでも出る現象などである。
②人と人との基本的つながりに生まれつきの苦手さがあるということ。
③愛着行動に大きな遅れがある。例えば、目が合わない、後追いをしない、歩けるようになると平気で親の元を離れて突進してしまい親の方が後を追いかけないと迷子になってしまう、人見知りもほとんどない、などである。
④「一緒に見る、一緒に喜ぶ」といった共同注視の行動が著しく遅れる。

〈2〉コミュニケーションの障害

①言葉の遅れ。始語の開始が遅れ、オウム返しが続くこともある。
②社会性の障害の上で言葉を発達させているので言葉が伸びてきた子どもでも会話を通して体験を共有するという言葉の活用が苦手。ミルクがほしい時に「ミルクが欲しいの？」と質問形で要求を言う。逆転バイバイと同じ構造。

〈3〉想像力の障害とそれに基づく行動の障害（一般的にはこだわり行動と呼ばれている）

①見立てて遊ぶことが苦手なので、ごっこ遊びができない。
②目の前で手の平をひらひらさせる、くるくるまわるなどの反復自己刺激行動。
③特定の記号やマークや換気扇などくるくる回る物にだけ注目して突進するなど興味の限局。道順・ものの位置・同じやり方・順番にこだわる。

〈4〉それ以外の特性

　**知覚過敏性**：視覚・聴覚・味覚・触覚・嗅覚など五感の過敏性及び鈍麻。
　例えば、聴覚過敏の人は、必要な音だけを選択的に聴くというような音をフィルターにかける仕組みがないので、雑音も含めた全ての音が同じレベルで耳に入ってきたり、特定の音が何倍にも大きくなったりするので、うるさくて、耳を両手で覆ってしまうことがある。また、自閉症者のウイリアムズ（1993）は触覚が過敏だったようで、自伝で「人に近寄られるのは好きではない。触られるのは論外。どんな触られ方でも怖いし痛い。」と述べている。彼らは人を求めていないのではなく、知覚過敏のために人と接することが怖いから、避けてしまうのである。

　ウィングの3つの症状は知的障害については触れていないが、自閉症と診断される子どもには最重度の知的障害を持つものからまったくの正常知能のものまでいる。

## 思春期から青年期の特徴

〈1〉「社会性・対人関係」の問題
　　　⇒人とうまく交流できない。

①その場の状況や相手の気持ちを推察しながら自分の言動を修正していく

ことが苦手で、「自分勝手だ」「マナーを知らない」などと批判される。そのために、周囲から孤立する。しかし、本人は、なぜそう批判されるのか、自分のどこが悪いのかわからない。

②対人的に異常な近づき方や距離の取りすぎをしたり、通常の会話のやり取りができない。対人関係の持ち方によるウィングの3分類で、「孤立型」は人とのかかわりを避けてしまうタイプ、知覚過敏が強くあり、比較的重度の知的障害を伴っている場合もある。「受動型」は、受身であれば人と関わることができるタイプ、「積極的奇異型」は、人と積極的にしかし彼らなりの独自の奇異なやり方で接するタイプ、などがある。

〈2〉「コミュニケーション」の問題
　⇒ことばや表情などを使って意思疎通をはかることができない。

①言葉の理解や使い方が独特で、会話がかみ合っていないことが多い。また、相手の言いたいことを理解していないことも多いため、周りの人は交流を避けるようになる。本人も自分の気持ちを理解してもらえず、突然怒られたりするので、コミュニケーションを避けるようになる。

②アイコンタクトがとれない。顔の表情が読めない。
　自閉症者のテンプル・グランディは自伝で「人の目を見ると話がわからなくなる。自分は45歳を過ぎて目がものを言うことを学んだ」と自伝に記している。

〈3〉「想像力」「パターン化した行動、こだわり」の問題

⇒想像力が乏しく、独特のこだわりがある。

① 「想像力の弱さ」と「こだわりの強さ」が並行して存在する。自分のやり方や社会のルールから外れることや、例外を認めたがらない。それは、変更や訂正ができることに気が回らないこともあるが、想像力の不足が考えられる。そのため、まわりからは「融通が利かない」「仕事ができない」と思われがちである。

② 儀式のように毎朝同じ挨拶、同じ道順をたどったり、同じ食物を食べたりすることへの要求。いつも通りの生活習慣や行動パターンをかたくなに守ろうとするのも、それが崩れると不安が強まるからと考えられる。

〈4〉その他の特性

① **知覚過敏** 自閉症者のニキ・リンコと藤家寛子（2004）の場合、その著書によると、2人とも成人してからアスペルガー症候群と診断され、それまでは自分の感覚が普通だと思っていた。藤家は雨やシャワーに当たるのが痛くて、雨に当たると毛穴に何本も針が刺さるように痛かったので、お風呂ではかぶり湯にしていたそうである。ニキは雨やシャワーは痛くないけれど、扇風機の風に当たるのは痛かったそうだ。このように、定型発達の子どもたちでは考えられないような、痛覚を覚えていることもあり、一概に五感に問題を抱えていると言っても、自閉症の子どもたち一人一人、さまざまな知覚過敏がある。

② **自閉症のタイムスリップ現象** 自閉症者が過去の出来事を思い出してあたかも先ほどのことのように扱う現象。頻繁に過去のフラッシュバックによる再体験が起きている。この時間距離は数年を越えることもある。

## （3） 注意欠如・多動症／注意欠如・多動性障害
（Attention-Deficit/Hyperactivity Disorder）

### 注意欠如・多動症／注意欠如・多動性障害（以下、AD/HD）とは

　注意力維持の困難、注意転導、過活動、衝動コントロールの困難を主症状とする。家庭や学校などの場所で、場面に関係なく不注意（注意を持続させることの困難）、多動性（過剰な活動）、衝動性（衝動をコントロールする抑制の欠如）の3つの特徴が年齢不相応に著しく認められること。AD/HDは司馬理英子さんの造語で「のび太・ジャイアン症候群」として広く知られるようになった。7歳未満（DSM-5では12歳までとしているが、7歳未満とする考えの学者は多い）に出現し、これらの特徴が6ヶ月以上の長期間にわたる。性別に関連することでは、女性より男性に多い傾向があり、小児期で男性：女性は2：1、成人期で1.6：1である。[2]

### AD/HDに見られがちな代表的な症状

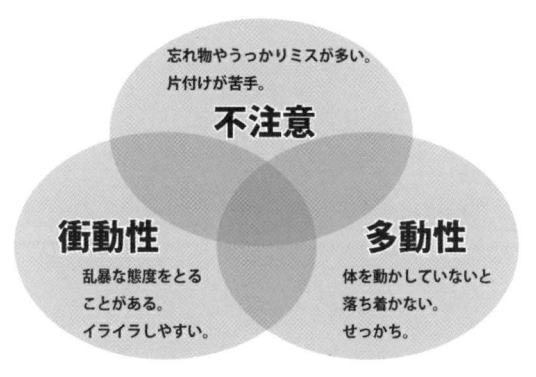

図7-2　重なり合う3つの特徴

2）女性は男性よりも主に、不注意優勢型の特徴を示す傾向がある。彼女たちは単におとなしい子どもとして、見過ごされる傾向にある（DSM-5）。専門機関における適切な薬物療法の併用が有効な場合が多い。発達障害の発生率（有病率）は調査研究により、非常にばらつきがある。ここでは、最近の調査研究から得た数値を参考までに記すが、ばらつきがあり、これが絶対数値であることはない。

〈DSM-5による診断的特徴（DSM-5より引用）〉

**不注意**：課題から気がそれること、忍耐の欠如、集中し続けることの困難、およびまとまりのないこととして、注意欠如・多動症で行動的に明らかになるが、それらは反抗や理解力の欠如のためではない。

**多動性**：不適切な場面での（走り回る子どもといった）過剰な運動活動性、過剰にそわそわすること、過剰にトントン叩くこと、またはしゃべりすぎること。成人の場合、過剰に落ち着きのないこと、その活動で他人を疲れさせることによって明らかになるかもしれない。

**衝動性**：事前に見通しを立てることなく即座に行われる、および自分に害となる可能性の高い性急な行動のことである。

## （4）限局性学習症／限局性学習障害（Specific Learning Disorder）
### 文部科学省による学習障害の定義

日本では、基本的には全般的な知的発達に遅れはないが、聞く、話す、読む、書く、計算する又は推論する能力のうち特定のものの習得と使用に著しい困難を示すさまざまな状態を指すものである。学習障害は、その原因として、中枢神経系に何らかの機能障害があると推定されるが、視覚障害、聴覚障害、知的障害、情緒障害などの障害や、環境的な要因が直接の原因となる

ものではない。(平成11年文部科学省)

### 学習障害（以下、LD）の特徴

「学びにくさ」や「つまづきやすさ」の能力のかたよりがある。例えば、•話すことは上手だけれど、教科書はスラスラ読めない•計算はできるが、時計は読めない•授業の内容は理解しているが黒板の文字が写せない、など。LDは自閉スペクトラム症やADHDと併存している場合が多い。LDだけなら、自分の問題点を認識している。苦手な領域も、自分流のやり方で、自分のペースで習得できるように、一生懸命取り組んで乗り越えようと、努力する。性別に関連することでは、男性：女性は2：1〜3：1[2]である。

## （5）発達性協調運動症／発達性協調運動障害
（Developmental Coordination Disorder）

物を落としたり、物にぶつかったりするなどの「不器用」さ、また、物を掴む、はさみや刃物を使う、書字、自転車に乗る、スポーツに参加するなどの運動機能の遂行における「遅さと不確かさ」がある。これは、乳幼児期から始まる。このような運動技能の欠如は知的発達障害や運動に影響を与える神経疾患によるものではない。有病率は、5歳から11歳の子どもでは、5〜6%。性別に関連することでは、男性：女性は2：1〜7：1[2]で男性の方が多い。

## （6）二次障害として起こりやすいもの（⇒詳細は本田, 2013, P.74-80参照）

（1）いじめ被害（⇒第10章参照）　（2）登校渋り、不登校（⇒第9章参照）
（3）ひきこもり　（4）身体症状　（5）チック　（6）うつ　（7）適応障害
（8）強迫性障害　（9）心的外傷後ストレス障害（PTSD）
（10）被害関係念慮

　発達障害の一次障害として子どもが抱えている困難さが周囲の人から理解してもらえず、本来の困難さとは別の二次的な情緒や行動の問題が生ずる場

合がある。学校教育の場では、こうした問題を抱える子どもたちに寄り添い、彼らが理解されるように周囲との橋渡しに努め、二次障害をできるだけ少なくして成長を促進し、成熟を待つことができるように支援していくことが重要である。

# 3 特別支援教育における発達障害

## (1) 特別支援教育とは

### 特別支援教育をめぐる制度改正の流れ

　特別支援教育をめぐる制度改正が始まったのは、2001年10月に文部科学省が「特別支援教育の在り方に関する調査研究協力者会議」を設置した頃からである。その会議では、「1. 近年の児童生徒の障害の重度・重複化に対応するため、障害種別の枠を越えた盲学校・聾（ろう）学校・養護学校の在り方　2. 学習障害（LD）、注意欠陥／多動性障害（ADHD）、高機能自閉症など小学校・中学校に在籍する児童生徒への対応」が検討された。

　2002年2月～3月「通常の学級に在籍する特別な教育的支援を必要とする児童生徒に関する全国実態調査」を実施した。調査の目的は、「学習障害（LD）、注意欠陥／多動性障害（ADHD）、高機能自閉症等、通常の学級に在籍する特別な教育的支援を必要とする児童生徒の実態を明らかにし、今後の施策の在り方や教育の在り方の検討の基礎資料とする」ことであったが、その結果は「知的発達に遅れはないものの、学習面や行動面で著しい困難を持っている」と担任教師が回答した児童生徒の割合は、6.3%であった。

　2007年学校教育法（第75条1項）において、従来の障害の程度などに応じて特別な場で指導を行う「特殊教育」から、障害のある児童・生徒一人一人の教育的ニーズに応じて適切な教育的支援を行う「特別支援教育」へと転換された。小・中学校に設置された「特殊学級」が改められ「特別支援学級」となり、軽度発達障害的様相があって学習や生活上において困難をきたしている通常学級にいる児童・生徒も指導の対象となり、必要な時間に通級でき

るようになっている。これまで、通常学級に在籍しながら個別の支援や配慮が必要とされてきた児童・生徒に対する支援が明確化された。従来の学校の在り方が、養護学校から特別支援学校、小・中学校における特殊学級から学校として全体的・総合的な対応へと大きく変わってきた。

## 教育支援体制

2004年1月の「小・中学校におけるLD（学習障害）、ADHD（注意欠陥/多動性障害）、高機能自閉症の児童・生徒への教育支援体制の整備のためのガイドライン」によると、特別支援教育の体制は、従来の特殊教育の対象の障害だけでなく、LD、ADHD、高機能自閉症のある児童・生徒の自立や社会参加に向けた主体的な取組を支援するという視点に立ち、児童・生徒一人一人の教育的ニーズを把握し、その持てる力を高め、生活や学習上の困難を改善又は克服するため、適切な指導及び必要な支援を行うもの、としている。

**学校現場における支援体制**は図7-3に示したが、**特別支援教育コーディネーター**は、校内や福祉、医療等の関係機関との間の連絡調整役として、ある

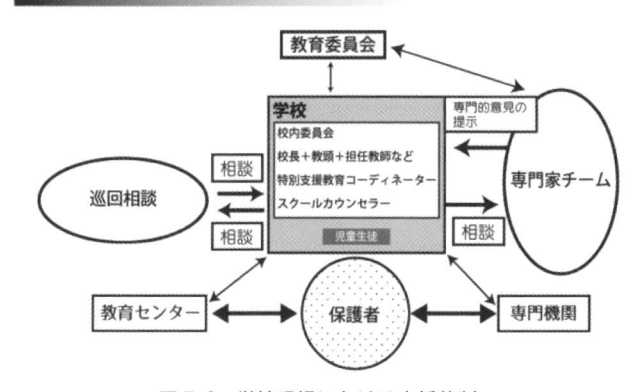

図7-3 学校現場における支援体制

出典　（文部科学省、小・中学校におけるLD、ADHD、高機能自閉症の児童生徒への教育支援体制のためのガイドライン2004）筆者により一部修正

いは、保護者に対する学校の窓口としてコーディネーター的な役割を担う者を学校の校務に位置付けることにより、校内の関係者や関係機関との連携協力の強化を図ることが任務である。さらに、専門家による支援体制の強化として、学校を巡回し、専門的知識をもとに教員に対する指導助言を行う**巡回相談員**の確立や、**スクールカウンセラー**を活用しての校内委員会の設置など、学校現場における支援体制は整いつつある。

## （2）学校現場における取り組み

思春期の子どもたちがいる通常学級の中で、特別支援教育をする困難さ及び課題と**インクルージョン教育**への流れについて概説する。

### ▍通常学級と特別支援教育

通常学級では、一般的には学年進行に伴う内容についての一斉指導が基本である。学級を構成する児童生徒の学習の習熟や生活のペースをもとに進められる。このような通常学級の教育において、個別の支援が必要な児童生徒の対応がどのような形で行われていくか、現場では試行錯誤がある。これからの通常学級では、それぞれの子どものニーズに合った指導と、今まで担任が行ってきた部分との接点や延長線上にある支援を工夫することが課題になるだろう。

### ▍特別支援教育と従来からの教育の接点

特別支援教育では、「子ども理解」という視点に立ち、全教員に子どもの理解を求めている。教師もこれまで、児童一人一人異なる個性を大切にするという方針をとってきた。従来から配慮のできる教師はしっかりと子どもの特性を捉え配慮した関わりをしていたと思われる。例えば、「その子の個性とは何か」と問われると、「こういう長所があって、こんなときにこんなことをしてくれた」と具体的に説明していた。通常学級で今まで行われてきた教育とこれから行われる特別支援教育との接点と実施にあたっての通常学級の担任

が意識すべき視点、常に今ある教職員やリソースでできる最大限での支援は何かという視点を持って支援を考えていくことが大切である。(高畑、2006)

## 学校教育の構造的問題と今後

決められたカリキュラムを一斉指導で教えることと、個別ニーズに応じて個別指導計画を立て、カリキュラムを改変することという特別支援教育の考え方の両価構造を克服して、生徒の個別のニーズに沿って、カリキュラムを巧みにアレンジしながら授業を進めていかなくてはならない。これは、教師の力量によるものが大きい。また、特別支援教育を専攻していない教師が、校務分掌の分担で特別支援教育の担当になることもあり、今後、我が国の教育は学習指導要領とその運用の在り方を根本的に考えなくてはならなくなってきている。

## インクルージョン教育と特別支援教育

現在の学校現場では、インクルージョン教育が主流である。インクルージョン教育とは、少数派である障害を持った子どもたちのニーズに合うように学校環境を変えようとするもので、同世代の障害を持たない仲間たちと隣同士で学習する、というものであるが、その場合、障害を持ったそれぞれの子どものニーズに合わせて通常学級と特別支援学級などを行き来でき、生活年齢に見合った学校環境を保障することが課題であると思われる。そのために、現状で可能な方策としては、通常学級において担任教師による子どもの特性を理解した上での**配慮指導**、積極的な**少人数指導**の導入や**ＴＴ（ティームティーチングの略）**及び**支援員制度**の活用、**自校通級・巡回指導・特別支援学級との交流性**の保持などがあり、担任教師が１人で抱え込まないようにすることが重要である。次に、学校環境の整備としては、**個別ブースの設置、取り出し・別室指導、趣味・芸術での関わり、スクールカウンセラーの活用、支援的家庭教師、放課後指導**など、各々の子どものニーズに合わせてさまざまな取り組みが試みられている。

# 4 発達障害のある子どもたちへの理解と対応

## (1) 発達障害の捉え方

　発達障害について、杉山（2007）は**発達アンバランス症候群**という言い方をしている。発達に偏りがあることを指しているのだが、例えば、WISC（ウェクスラー児童用知能検査）の結果ができこぼこしている、すなわち、できるところは他の人よりも抜きんでているが、その同じ人ができないところは、知的障害と言えるくらいに低い状態であることを、アンバランスと呼ぶ見方である。それは、脳の認知機能の偏りのために、いくつかの困難さが生じている状態であるとも言えるだろう。

　「発達障害は生まれながらに脳の認知機能に偏りのある障害であるが、普通に自立した社会生活を送れている人もいる。そして、発達障害の特徴があっても普通に社会生活を送れている場合は、障害とは言わないこともある。」このことについて、精神科医、本田（2013）の考えを紹介する。「診断がつくことと、病気とは必ずしも一致しない」という本田は、「自閉症スペクトラムは障害になる場合とならない場合がある」とし、「**非障害自閉症スペクトラム**」という、自閉症スペクトラムだが、障害ではない状態があることを提唱している。そして、「自閉症スペクトラムの人とそうでない人の間には、何か生物学的な違いがあるのだろう、というのが専門家の間でのコンセンサスであるので、『自閉症スペクトラム』は医学的類型であり、『障害』というのは社会学的概念であるので、『医学的には自閉症スペクトラムだが、社会学的には障害ではないという人たちが存在する』」と述べている。本田の考えは、「自閉症スペクトラムの人たちの中にも、自閉症の特徴が強い人と弱い人がいて、自閉症の特徴があまりに強いと、生活の支障はきわめて大きくなり、福祉的支援が必要となる。そのような人たちは狭義の『自閉症スペクトラム障害』とし、その人たちと、自閉症の特徴は強くないがうつや不安障害など本来の自閉症スペクトラムの特徴以外の精神的な問題が併存するために生活の支障が

生じてしまっている人たちを合わせたものを、『自閉症スペクトラム障害』と呼ぶ。そして、その周辺には圧倒的に広いすそ野を持った、『非障害自閉症スペクトラム』の群が存在する。」としている。

## (2) 発達障害のある子どもへの対応
### 教育における課題――「学力強化」と「対人適応」
#### ①「学力強化」の補充指導
　障害のある子どもに対する学校教育の配慮の仕方で有効なものは、学力を強化するための補充指導ができるところである。「発達障害の子どもは、定型発達の子と『学び方』が違う子である」と上野一彦は、日本心理臨床学会（2014）でのシンポジウムで述べている。教師は、そのような発達障害の子の学び方を知り工夫すれば、学力強化につながるものと思われる。例えば、自閉症スペクトラムの子どもは、興味・関心が偏っているので、一斉授業において、他の子どもたちが興味のあることでも興味が持てないこともある。また、一般の子どもたちは、１人でやると興味がないことでも、「皆と一緒にする方が楽しい」と思って一斉授業に意欲的に取り組むが、自閉症スペクトラムの子は興味がないことには、取り組みにくい。また、教師の口頭による一斉指導は、情報入力において聴覚より視覚が優位な自閉症スペクトラムの子どもにとっては、理解困難な場合もある。そのような時は、教師はその子に合わせて**視覚支援**の方法を取り入れるなど、授業の方法を変えることが必要である。

#### ②「対人適応」のための人間関係の形成
　社会性とコミュニケーションの障害があるために、休み時間・課外活動の過ごし方など他の子たちとの過ごし方が難しい。「自然」に友達を作り、友情を育むことは難しいので、通常学級では、交友関係の作り方や維持の仕方などを学ぶ**ソーシャル・スキル・トレーニング**（以下 **SST** と略す）（⇒第５章第３節(2)、本節(4)参照）が役に立つ。

### 心的支援と課題理解と環境調整

通常の状況での支援（教室の中でどうするのか）が原則で、心的支援と課題理解と環境調整を組み合わせる。心的支援とは、カウンセリング（⇒第2章、第3章参照）のことで特別支援教育の1つである。課題理解・環境調整とは「何でこの子が困っているのか」について「傾聴」（⇒第4章参照）することにより明らかになる。

### 子ども集団との関わりに対する視点

通常学級で発達障害のある子と定型発達の子どもたちが一緒に過ごすだけでうまくいくことはない。教師は、障害を持った子の特性を知った上で、周りの子どもたちに具体的に関わり方のモデルを示す。周りの子どもたちの理解を得るために、教師が障害を持った子の言いたいことを翻訳するようなつなぎ役になる。周りの子どもたちにもそれぞれ違った個性があることをふまえて、障害のある子を受け入れやすい集団にしていくために子どもたち集団が発達し、成長することを目指す。また、障害児のそばにいる補助員や加配の教師は、障害のある子どもへ対応することが障害児をまわりの子ども集団から切り離すことにならないよう配慮する必要がある。学級や子どもたちに適した方法で、障害のある子が周りの子どもたちとの結びつきを作っていくことが求められる。そのためには周りの子どもたち集団も育つことが必要である。教師は、子どもたち各々が認め合うようになり、学級集団が育っていくことをサポートするのである。

## 学校システムにおける教師としての課題
### ①情報を共有するということ[3]

従来から教師の間では、単発的に、また担任が困った時には、学年会や職員会で児童についての話し合いが行われてきた。最近は、自治体などが出産時から個別の成長・発達の記録[3]を保護者に渡すところもあり、保護者から個別の情報を得られることもある。一方、教師間では、先入観を持たず学校

での子どもの様子を話し合い、引き継いでいくことが情報の共有になるだろう。

**②実態把握→情報収集[3]→総合的解釈→個別の指導計画の作成**

通常学級の中で配慮を要する児童に対して、児童の実態をきちんと捉えたうえで、学期単位での支援目標や1年間を通した支援目標を定める。

**③意識すべき視点**

発達障害の子どもに対する支援は、教師間で情報を共有してチームで当たることが重要である。教師によって対応が違うと、混乱が生じるからである。また、新人教師の時代は、一人一人違った個性として子どもを捉えることは難しく、理解できないこともあるが、じっくりとその子と付き合うことで、理解が進み、教師としての力量を拡げることにもなる。さらに、「特別支援教育を必要とする子ども」の保護者に対するサポートも重要である。(⇒第12章参照)

## 学校システムの課題

学校全体の支援体制を作り充実を図ることや、管理職による教職員集団との合意形成と連携も重要である。特別支援教育を実施する前提となる通常学級の整備が立ち遅れている中、現在の教育条件のままで障害や発達の専門的な支援を通常学級の教師に課していくことは、教師に多くの負担を強いることになる。このため、スクールカウンセラーの活用や特別支援教育コーディネーターの育成が急務である。

---

3) 自治体によって、成長や発達の記録、福祉や医療が関わったという記録(サポートファイルと呼ぶこともある)を利用しているところもある。

## （3）発達障害のある子どもへの支援

### 発達障害の子どもたちと信頼関係を築くこと

　教師は、発達障害の子どもたちから信頼されることが最も重要である。彼らと**信頼関係**を築くことができるのは、常識とは違う思考や感情や行動のパターンをとっていても、発達障害の子どもたち自身が大事にしていることを聴いて理解しようとする人である。そのような人が、命令でなく提案をするように言うと、本人と合意することもできるだろう。また、言動と行動が一貫して一致する人、感情的にならない人、情報やスケジュールなどは実物や写真、絵など目に見えるもので視覚支援をしながら伝える人、メッセージはあいまいな言い方をしないで、具体的に指示する人、など発達障害の子どもたちのことを理解し、彼らの心に寄り添うことができる人なら、信頼関係を築くことができるのである。

### 理解者は多いほどよい

　ありのままを受け入れて、理解してもらえる人々がまわりにいると、子どもたちは自信が持て、社会に適応して自分らしく生きていける。親・兄弟姉妹・友人・先生・医療関係者などの理解者は多いほど良い。

### 発達障害の子どもたちの目指すところ

　発達障害と「診断」されても、目標は「治す」ことではなく、「自分の障害とうまく付き合い、人ともうまく付き合うようになれること」として、行動の特徴を修正していく。発達障害の子どもたちは、脳の認知機能の偏りのためにいくつかの困難さが生じている状態であるので、周りの人たちの支援を

受けることで、その困難さはずいぶん軽減されるだろう。とくに、周囲の理解と支援によってその子らしく成長できるのである。

　近藤（2013）は、「この子たちをどんな大人に育てればいいのだろうか。例えば、アスペルガータイプの子の場合、『ちょっと変わっているけど、憎めない性格』に育て、『なんだかんだあるけど、アイツ、意外とわかっているし、結構かわいいとこあるじゃないか』と周囲の人に思わせる何か、すなわち、『杓子定規な常識よりも、心の通った良識を身に着けることが大切』とし、ある程度の分別と何らかの分野における実力を持っていることが、自立への鍵となり、人としての『徳』のあり方を考えることが重要だ」と述べている。

## （4）発達障害のある子どもをサポートするワーク

### SST

　SSTについて、上野（2012）は「社会性の育ちに課題を持ちがちな発達に障害のある子どもたちが、社会性や人間性を育てるために役に立つもの」とし、田中・岩佐（2008）は、「生活や学習に不適応を見せ、問題行動をとる子どもが、社会的に好ましい行動ができるようになり、生活しやすくなるように支援するもので、人間が社会で生きていくのに必要な技術を習得する練習のことである」としている。本書では、ソーシャルスキル教育について第5章で取り上げているが、障害の有無に関わらず子どもたちがソーシャルスキルを育てるための学校での取り組みが、ソーシャルスキル教育である。ワークの詳細は、第5章第3節（2）を参照していただきたい。

### ソーシャルストーリー──「読ませて伝える」タイプに適した視覚支援

　SSTの1つとも言われているが、発達障害の子どもたちの中でも、聴覚言語による一斉指導は入りにくいが、自分の興味関心のある本は読もうとするタイプ、つまり、何回も言って聞かせるよりも、読ませて伝えるタイプの子どもたちに適した指導方法として、「ソーシャルストーリーズTM」がある。「ソーシャルストーリーズTM」は自閉症スペクトラムの子どもたちが、社会

的ルールや他者の視点を肯定的に学ぶために、本人を主人公にした第1人称で書かれた文章を読むことで望ましい行動のモデルを理解するという、対人社会性を向上させるために有効な視覚支援の教育法である。長年自閉症専門の教師をしていた、アメリカの**グレイ**（Gray, C.）が1993年に発表した。根底に流れているキャロルの考え方は「自閉症スペクトラム障害の子どもたちは社会性がないわけではなく、自力では定型発達の人たちと同じように理解できないだけ。状況の理解や対人関係上の重要な情報の理解が進めば、自分で何が適切なことか判断して、自分の意志で適切な行動を選ぶことができる」というものである。（グレイ、2005）

### コミック会話

コミック会話とは、2、3人の会話に線画を組み込んだもので、ソーシャルストーリーの前段として用いることもある方法である。グレイ（2005）が自閉症などの発達障害のある子どものためのコミュニケーションを視覚支援する方法として開発した。さらに、ソーシャルストーリーやコミック会話を使ってうまくできた経験のある子どもには、**マインドマップ**（⇒第3章、第14章第2節(2)参照）が、行動計画を立てたり「創造的で斬新な思考を促したり」するための有用なテクニックになる。なお、ソーシャルストーリーやコミック会話は、訓練を受けた専門家が実施することが好ましい。なぜなら、発達障害の子どもたちはいったん頭に入った観念を変えにくい点に注意を要するからである。

## 5 終わりに

特別支援教育が各学校で実質的に進められていくためには、障害の特性に焦点を置いた個別支援にとどまらず、集団の中の一人一人の子どもの人格発達、それに伴って集団そのものが育っていくことについて考慮していくことも求められている。特別支援教育における教育相談の役割は、人格形成の大

事な時期に多くの時間を過ごす学校教育の場で、こうした問題を抱える子どもたちに寄り添い、彼らが理解されるように周囲との橋渡しに努め、二次障害をできるだけ少なくして成長を促進し、成熟を待つことができるように支援していくことである。

### ワーク 7-1 発達障害のある子どもへの指示（回答例は章末）

①「鉛筆を元にもどしてね」
　（鉛筆を元の場所に戻してほしい時の言い方）

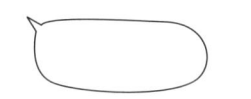

②「ほどほどにね」
　（ほどほどにりんごを食べてほしい時の言い方）

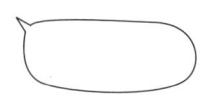

### ワーク 7-2 発達障害の子どもたちの疑似体験ワーク

①不器用さを実感し、彼らの困難さを少しでも理解するために、軍手をはめて折り紙を折ってみよう。

②視野の狭さを感じるために、メガフォンのような筒を逆向きにして、顔にかぶせて、前を向いて歩くことにより、周囲の見えなさを感じてみよう。

### ワーク 7-3 自閉症者の世界に触れる

　自伝や絵本（例：小道モコ「あたし研究—自閉症スペクトラム小道モコの場合」）を読んでみて、感想を書いたり話し合ったりしてみよう。

---------------------------------------- 文献一覧 ----------------------------------------

アメリカ精神医学会（American Psychiatric Association）（2013）日本精神神経学会『DSM-5 精神疾患の診断・統計マニュアル』医学書院（2014）

上野一彦監修『特別支援教育をサポートするよくわかる―ソーシャルスキルトレーニング（SST）実例集』ナツメ社（2012）

グレイ, C.（門眞一郎訳）『コミック会話―自閉症など発達障害のある子どものためのコミュニケーション支援法』明石書店（2005）

グレイ, C.（服巻智子監訳）『ソーシャルストーリーブック』クリエイツかもがわ（2005）

小道モコ『あたし研究―自閉症スペクトラム小道モコの場合』クリエイツかもがわ（2009）

近藤幸男「思春期の生徒に学校教育ができること」本田秀夫・日戸由刈編著『アスペルガー症候群のある子どものための新キャリア教育』金子書房（2013）

杉山登志郎『発達障害の子どもたち』講談社現代新書（2007）

高畑英樹「通常学級における特別支援教育」精神療法 vol.32-1, 35-42（2006）

田中和代, 岩佐亜紀『高機能自閉症・アスペルガー障害・ADHD・LD の子の SST の進め方―特別支援教育のためのソーシャルスキルトレーニング（SST）』黎明書房（2008）

ウィリアムズ, D.（河野万里子訳）『自閉症だったわたしへ』新潮社（1993）

ニキ・リンコ, 藤家寛子『自閉っ子、こういう風にできてます！』花風社（2004）

西村喜文「軽度発達障害」佐藤仁美・西村喜文編著『改訂版　思春期・青年期の心理臨床』放送大学教育振興会（2013）

日戸由刈「地域の中の余暇活動支援でできること」本田秀夫・日戸由刈編著『アスペルガー症候群のある子どものための新キャリア教育』金子書房（2013）

本田秀夫『自閉症スペクトラム』SB 新書（2013）

フランセス, A.（大野裕, 中川敦夫, 柳沢圭子訳）『精神疾患診断のエッセンス―DSM の上手な使い方』金剛出版（2014）


### ワーク 7-1 の回答例：具体的にわかりやすく伝える

① 「鉛筆を元にもどしてね」

　　机の右側の一番上の引き出しに戻してね。

② 「ほどほどにね」

　　食べ過ぎるといけないから 1 個だけにしましょうね。

# 第8章

# 思春期の心理的問題

**key words** 思春期、発達課題、思春期に現れやすい病理

## 1 はじめに——大人になることを前にして

　高校時代、「20歳になるまでに死にたい」と言っていた友達がいた。今でも覚えている印象的な言葉だが、それは老いることへの恐怖、責任を持つことへの不安など、さまざまなものが背後にあっての発言だったように思うし、筆者の中の何かに触れたからこそ、今でも覚えているのだろう。中学生や高校生に会っていると、漠然とした将来の不安がある日突然大きくなったり、また小さくなったりと目まぐるしく変化し、一緒に大海の中で浮き輪にかじりつきつつ揺れているような感じを持つことがある。思春期とは心理的にはどんな時期なのだろうか。本章では、自分の思春期の心を思い出しながら考えてみよう。また、思春期に現れやすい心理的問題についても考えてみよう。まずは章末のワークに挑戦してみてほしい。

## 2 思春期の発達課題

### (1) 発達課題とは

　人間の一生をライフサイクルという観点から捉えると、いくつかの発達段階に分けられる。生まれて間もない新生児期そして乳児期に始まり、自身の

表8-1　発達段階と発達課題の一例 (エリクソン(1982)をもとに筆者が作成)

| 乳児期<br>（0～1歳） | 育児を通して、乳児の欲求が満たされ、安全や信頼への感覚を養う。<br>（基本的信頼　対　基本的不信） |
| --- | --- |
| 幼児期<br>（1～3歳頃） | しつけが始まり、排泄や食事など、身辺自立を求められる。うまくできた時とできない時の恥の感情が錯綜する。（自律性　対　恥） |
| 児童期<br>（3～6歳頃） | 周囲への関心が高まり、あれこれと探索行動をする中で、自分と他人の関係に葛藤を覚えるようになる。（自主性　対　罪悪感） |
| 学童期<br>（6～12歳頃） | 学校を通して教師や友人と関わる。課題に取り組んだり、友人と競争したりする中で成長する。（勤勉性　対　劣等感） |
| 青年期<br>（12～19歳頃） | 保護者への依存を脱し、自己確立をしようとする。<br>（アイデンティティ　対　アイデンティティの拡散） |
| 成人前期<br>（20～30歳頃） | 恋愛、結婚のほか、就職など様々なライフイベントを経験する。<br>（親密性　対　孤立） |
| 成人後期<br>（30～65歳頃） | 次の世代を育てることへの関心が高まる。<br>（生殖性　対　停滞性） |
| 老年期<br>（65歳以降） | 人生の総決算の時期。親しい人との死別や退職など、多くの喪失を体験し、生きがいを自分なりに持つ必要がある。（統合　対　絶望） |

生の総括を行う老年期まで、研究者によって異なる部分もあるが、代表的には表8-1のようになる。それぞれの発達段階には、その段階で取り組んでおくべき課題があり、それが**発達課題**と呼ばれるものである。のちに詳述するように、自分は何者であるのかという**アイデンティティ**の確立を青年期の代表的課題とした**エリクソン**（Erikson, E. H.）は、それぞれの時期の課題を表8-1のように提唱している。思春期は青年期の入り口に当たる時期であり、自分とは何かを考え始める時期と言える。

## （2）思春期特有の心理的特徴

　思春期は青年期の入り口であり、佐藤（2013）によると、「第二次性徴により児童期の終わりをつげ、生物的な大人への一歩を踏み出すステップ」にあたる。**第二次性徴**によって、男性は変声や精通、女性は乳房の発達や初潮

といった大きな身体の変化を経験する。これまでとは違う身体になっていくこと、それは期待と喜びと同時に、不安と恐れを抱くものである。この時期、風呂場や洗面所を長時間占領する子どもに「いったい何をしているのか」と当惑と迷惑の感を訴える保護者も多いが、変化を体験している子どもたちは、そうして自分の身体の変化を毎日観察し、受け入れるための心の作業をしているとも言える。

　また、この時期、同時に、保護者に対してやたらと反抗的になる**第二反抗期**が現れる。西村（2013）はこの時期の課題として①親離れ②自意識の高まり③集団への帰属を挙げている。

　スクールカウンセラーをしているとき、ある保護者から「子どもに『自分で起きるから朝起こさなくていい』と言われたから放っておいたら、『なんで起こしてくれなかったんだ！』って怒られて。それで今度は起こしに行ったら『放っとけ』って言われたり。もう何考えているのかわかりません。」という話を聞いた。また、「『なんでお母さんはピアスしてるのに私はダメなの』って。大人になったらしなさいじゃ、全然納得してくれないし、私もどう言ったらいいのかわからなくて」と話す保護者もいた。子どもたちはこれまでよりも保護者を客観的に眺めるようになり、保護者や教師に対して批判的になり、自立しようと反抗もするものの、その一方でまだまだ甘えたい気持ちも抱えていて、その間を揺れ動き、感情的にも不安定であることが多い。言っていることに一貫性がみられないこともあり、本人を大人として尊重する部分と、子どもとして受容したり注意したりする部分とのバランスに、周りの大人も揺れる時期である。

また、子どもたちの話を聞いていると、友だちから言われた一言を驚くほど気にしており、周囲が自分のことをどう思っているのかに非常に敏感に反応する傾向が認められる。「自分というものを見つめることの始まり」(西村、前掲書)は、このように人からどう思われるか、を意識することから始まるとも言え、自意識が非常に高まる時期でもある。身長や髪質をはじめとする外見や家族関係、学力や身体能力などを周囲の友達と比較して、劣等感を強く意識する時期であり、自分を否定的に捉えがちでもある。今は有名なモデルとして活躍している人たちも、"背の高いのが悩みだった""ハーフだから、周りと違うことでいじめられたし、自分でも人との違いをネガティブにしか考えられなかった"など、思春期の葛藤はよく語っているので、どこかで聞いたことがあるかもしれない。人から見れば羨ましい部分、その人らしいなと思う部分も、周囲から評価されたり認められたりする中で、ようやく自分の一部として肯定的に受け止められるようになっていくのであり、思春期はまさにその途上にあるのだと言える。

　さらに、保護者から一定の距離をとることが**心理的離乳**(⇒第11章第2節参照)と呼ばれる心理的自立の第一歩であるとは言え、これまでには感じなかった孤独感を感じることも多くなり、家族とは異なる集団への帰属が、安心感として求められるようにもなる。新しい関係性の中で自分を成長させていくために、思春期には友人関係が支えとなる。しかし一方で、友だちと過ごしていて夜遅くなっても帰ってこないなど、保護者を心配させる事態につながる場合もある。友だちとの関係については、次節で述べる。

# 3 思春期の心の理解と支援

## (1) 友だちとの関係

　前述のように、保護者からの自立と依存に揺れる不安定な心理状態の中、同じような悩みを持ち、「わかってもらえた」、「あの子も同じようなことで悩んでいるんだ」と思える友だちの存在は、心理的安定のためには非常に重要

である。部活や共通の趣味といったものを通して、保護者の知らない秘密を共有したり、互いの悩みを打ち明けあったりして親密な関係を築きながら、この時期子どもたちは、友だちとの比較や共有の中で、自分とは何かを考えていくのである。また、本や映画、漫画といった、自分の好きな世界を支えとする子どもたちもいる。こういう世界を通して新たに学校の友だちとの関係を築く場合もあるが、自分だけの大事な世界として、あるいは現実とは少し違うレベルの世界として、むしろ現実の生活とは関わりのない人との関係を築いていく場合もある。どちらにおいても、保護者の知らない世界を自分の中に作りながら、自分探しをしている時期だと言えよう。

しかしその一方で、互いを比較し、劣等感を強くしたり、何気ない一言に傷ついたり、誰も自分のことをわかってくれないといった疎外感や孤独感を一層強く感じるきっかけが友だちである場合もある。からかいやいじめの体験から、不登校や引きこもりといった状態になる子どももいる。

また、部活動などで人間関係につまずいて、友だち関係での居場所が学校生活の中でなくなってしまったことから、他の居場所を求めて学外へと交友関係を広げていく場合もあるが、その際、万引きや夜間子どもたちだけで集まるなど、いわゆる問題行動（⇒第11章参照）を取るようになる子どももいる。こういった行動の背後には、子どもたちの孤独感や悩みを同年代の仲間と共有したいという切実な思いがあることを、教師としては受け止めながら対応していきたい。

## （2）家族との関係（⇒第12章参照）

中学生になると部活や塾で帰宅時間が遅くなり、平日に一緒に夕食を食べる機会が減ってしまうことも多い。また、休日も子どもは友だちとの予定を優先するようになり、保護者と出かけることを恥ずかしがったり、部屋で1人で過ごすことを好むようになったりする。前述の通り、これは親離れ・子離れをしていくうえでは重要な変化でもある。大人から見ると危なっかしい面もあるが、買い物やお祭りに子どもたちだけで出かけたりすることが、保

護者の助けを借りないで社会経験を積んでいく機会にもなっていく。

　しかし、子どもだけでは解決しようのない大きな問題に直面して本当に困ったとき、頼りにするのはやはり家族であることも多い。筆者がスクールカウンセラーをしていたとき、何の気なしに覗いたサイトからお金を請求されたなどのインターネット上のトラブルで悩んだ子どもや、メールに返事をしなかったことが友だちとの深刻なトラブルにつながってしまった子どもが相談に来ることもあった。その場合、"これはここで話し合うだけでは解決しないかなあ。信頼して相談できる大人は他にいるかな"と伝える必要があることも多かった。その場合、信頼できる大人として挙がってくるのは、やはり保護者であり、続いて担任や部活の先生ということが多かった。大人に話すことに対して、最初は「親には言いたくない」、「先生に話すのがこわい」と言う子どもも多いが、"早めに何らかの現実的な対処をする必要があるね。どうやって話すのが良いかを一緒に考えて、ダメならまた次にどうしたらいいかを一緒に考えよう。うまくいってもいかなくても、一緒に考えていこう"と伝えると、子どもの多くは納得し、自分の信頼できる大人に思い切って話をしてくれた。また、保護者に恐る恐る話をしてみると、"どうしてもっと早くに言わないのか"など、怒られはするものの、心配して一緒に対処法を考えてくれて安心した、という報告をしにきてくれることもあった。

　このように、保護者からの自立を模索していく子どもたちにとって、何らかの困難に直面し、助けが必要な場合に、一緒に対処方法を考えてくれる大人の存在は、思春期の子どもの成長を支える基盤として非常に重要である。普段はふざけて、面と向かって話すことを嫌がる子どもも多いが、"見守ってくれている"大人がいるという安心感のもと、自分の世界を広げ、友人や家族以外の人間との関係を深めていく場合と、"どこにも信じられる大人がいない"という場合では、子どもの体験できることも変わってくるだろう。河合（2014）も、援助者の役割は、第一に見守ることであり、この時の見守りは「できるだけの自由を許し、常に期待を失わずに傍にい続けること」だとしている。実は口を出したり手を出したりした方が、大人の側からすると、楽な

時もある。しかし、口も手も出さないまま、じっと信じて見守る姿勢の重要性をどこかで肝に銘じておくことが必要であり、そのためには、担任をはじめとする教師と保護者が、大人同士で情報を共有しながら、子どもの歩んでいく道を見守るような連携が不可欠であり、日ごろから良好な関係を築いていこうとする努力が重要である。子どもの行動にそれぞれハラハラすることもあるかもしれないが、それを一緒に見守る協力者がいると、見守る時の連帯感が支えにもなるだろう。

家庭訪問や三者面談などでは、子どもたちの良いところをしっかり伝え、その上で気になることがある場合は一緒に考えていこうという姿勢を保護者に伝えておくと、その後に何か問題が生じた場合も、学校と家庭との連携が取りやすい。また参観日など、保護者と挨拶を交わすような機会などもなおざりにせず、日ごろからの関係づくりを大切にしてほしい。

## （3）自分との関係

思春期から始まる青年期は、アイデンティティを確立すべく、「自分とは何か」を考え、職業選択をはじめとするその後の人生の方向性を模索する時期である。また岩宮（2013）は、思春期は、児童期までの勧善懲悪のシンプルな世界観が揺らぐ時期であることを指摘し、善の中に悪が生まれることもあるし、その逆もあり、「悪もまた自分自身の身のうちにもあるものなのだという強烈な実感をもつことが、思春期のテーマ」だとしている。さらに、自分の中にも悪があるということが葛藤にもつながり、自分は悪くないと周囲の人に投影してしまうこともあるが、「逆ギレのプロセスを経ながら、自分自身の中にも『悪』があることを、激しい

自己嫌悪と罪悪感と共に少しずつ引き受けていくことが、思春期には必要になってくる」と指摘する。集団の人間関係におけるいじめという構図は、もちろん思春期以外にもみられるものであるが、この時期のいじめについてどのような視点から教師が関わるかは、その後の子どもたちの人生にも大きな影響を与える可能性がある。いじめについては第10章を参照してほしいが、自分の中にある悪を見つめる視点は、教師として心のどこかに置いておいてもらいたいと思う。

　このようなさまざまな葛藤を通して、思春期は自分について考え始める時期である。一見すると明るく能天気に見える子どもが、実は息をすることすら苦しいとネットでは書きこんでいるなど、外からでは見えない心の動きがある。いつでも、子どもの言動をあたたかい目で、しかし客観性を備えつつ観察し、必要なときには声をかけられるような関係づくりを心がけたい。

## 4　思春期に現れやすい病理

### （1）摂食障害

　前述のとおり、思春期には第二次性徴をきっかけに、女性は胸部や臀部に脂肪が増え、体全体に丸みを帯びてくるような変化が見られるようになる。心理的には自他の違いに敏感になり、人から自分がどう見られているかが気になる時期であるので、このような体型の変化は否定的に受け止められることも多い。そのため、思春期に現れやすい病理の1つに、過度なダイエットなどを契機にしての摂食障害がある。フィギュアスケートやバレエ、モデル業など、細身の体型を周囲から求められることをきっかけに、摂食障害になった有名人がそのつらさを語ってもいるので、何となく知っているという人も多いのではないだろうか。また、ストレスから食べ過ぎてしまった経験は多くの人にあるだろうが、太ることを恐れて食べたものを自分でわざと嘔吐したり、下剤や利尿剤を用いたり、絶食や過剰な運動によって体重を減らそうとする代償行動が見られるようなパターンを何度も繰り返す場合も、摂食

障害とされる。

　診断的には、食べないようにするものは神経性無食欲症（拒食症）、食べた後に食べたことを何とかなかったことにしようとするものは神経性大食症（過食症）に大別され、DSM-5では、過度の食事制限もせず、嘔吐や過剰な運動など代償行動を行うこともないむちゃ食い障害というカテゴリーが付加されたが、これは安易に診断に用いるべきではないとする専門家もいる（フランセス、2013）。いずれにしても、摂食障害は、摂食行動の異常とボディ・イメージの歪みが見られるのが特徴である。周囲からは標準体型だと思われていても、本人はまだ太っていると思いこんで必要な栄養を摂ろうとしなかったり、食べたものを無理やり嘔吐や下剤の使用によって排出しようとしたり、フラフラしながらも過剰な運動をやめなかったりするのである。

　神経性無食欲性は、思春期やせ症とも呼ばれており、元々過剰適応型で、神経質で細かいことにこだわる強迫的な人、いわゆる「よい子」が罹患しやすいとも言われている。また、家族機能の不十分さがある場合が多いことも指摘されている。しかし、治療としてはまず生命の危機を回避させるためにいかに体重を増加させるかが治療の優先事項となる。もちろん、その際体重を増やすことへの抵抗感、食事への不安などを丁寧に扱うことが治療的にも重要である。さらに、思春期の場合は家族の協力も欠かせないので、保護者の協力の重要性を家族にも認識してもらい、保護者の問題点を指摘したり、家族の問題を扱うことよりも、一緒に病気を治していこうという共同戦線の中で信頼関係を作ったりすることが大事だとされている（松林・椋田、2000）。

　野間（2006）は、拒食症と過食症は合併されるケースも多いことを指摘し、両病態の共通点から「拒食／過食症」と病態を表現しており、彼らは「自分たちはここに居てもいいのか」という存在の問いに苦しみ、その問題を自己の社会的評価、あるいは客観的な自己身体の問題へとすり替えることによって、食をめぐる病を形成するのだと指摘する。確かに、筆者の摂食障害のクライエントには、「自分なんていなくなった方が良い。消えたい」と訴える方が多く、表面的なレベルではない、根源的に自身の生きる場所の不確かさに

苦しんでいる印象を受ける。寄り添うことは時に苦しく、こちらの存在基盤を揺らがされるような思いになることもある。

　学校でこのような摂食障害の子どもと関わる場合、どれくらい食べられているかも気になる部分ではあるが、教師自身が食事にとらわれ過ぎず、その子どもの世界を全体として受け止めるような意識を持ちたい。また、家族とも連絡を取りながら、学校と家庭、さらには専門機関との連携の中で、成長を見守っていきたいものである。

## （2）心身症

　心身症とは、日本心身医学会の定義にあるように、「発症や経過に心理社会的因子が密接に関与し、器質的ないし機能的障害が認められる病態をいう。ただし神経症やうつ病など、他の精神障害に伴い身体症状は除外する」ものである。河野（2000）は思春期に多い心身症として、上述の摂食障害のほか、過敏性腸症候群、気管支喘息、緊張性頭痛、自律神経失調症、起立性調節障害、甲状腺機能亢進症、月経障害を挙げている。思春期は1節で示した通り、心身が不安定かつ過敏な時期であり、心身症を発症しやすい時期でもある。教師が直接このような子どもの治療を行うわけではないが、本人にもどうにもならない症状のつらさやしんどさを、共感的に受け止め、症状を抱えながらも学校の中でその子らしさを表現しつつ生活できるよう、見守るような姿勢は必要である。生野（2000）でも、教師との関係は心身症の悪化要因になりやすいことが指摘されており、その理由の1つは、教師が「我慢が足りない」「気力がない」など批判的な態度を取りやすく、身体症状に対しても「気持ちの持ち方しだい」と受け取ることがあることだ、とされている。実際、筆者も「原因不明の発熱が続いて部活の顧問に相談したら、"飯を食えば元気が出るぞ"と言われた」と苦笑交じりに話す子どもに会ったことがある。子どもに頑張ってもらいたいという気持ちは、教師として当然のものである。しかしそれが一方的な押しつけになっていないか、子どもの負担になっていないかなど、自身の対応を批判的に眺めてみる視点も時に必要である。

心身症を抱える子どもは、心身の緊張状態や不安状態が認められることが多く、試験や大きな行事などの時に、症状が出てくることも多い。本人のしんどさを受け止めつつ、学校側のできる配慮を提示していくようにしたい。また、心身症は言語表現にかえて、身体を通して感情や葛藤を訴えているとも考えられる。日本語には「耳が痛い」、「身の細る思い」など、身体とこころに関する表現も多いが、子どもの症状は何を訴えようとしているのかを「聴こう」とする姿勢が、周囲の大人には必要である。

## (3) 自傷行為

自傷とは、文字通り自らの身体を傷つけることであり、リストカットなどの自己切傷、壁に頭を打ちつける、皮膚をつねるなどが例として挙げられ、ウォルシュ（2005）の定義では「自殺以外の目的から、非致死性の予測をもって故意に非致死的な損傷を自らの身体に加える行為」となっている。松本（2009）で紹介されている匿名のアンケート調査からは、中高生の1割で「自分で自分の身体を切る」という様式の自傷行為があり、学校ではその一部が把握されているにすぎないこと、中学生では男女差はあまりないこと、過去に1回以上の自傷経験のある生徒のうち、その半数以上が10回以上の自傷経験があるというデータが示されている。40人クラスに4人という割合は、低いとは言えず、養護教諭の研修などでも多く取り上げられている。

松本（2011）によると、自傷は通常、激しい怒りや不安、緊張、気分の落ち込みといったつらい感情を緩和するために行われる。また、典型的な自傷は一人きりの状況で行われ、周囲の誰にも告白されない。したがって、自傷の本質は、誰に助けを求めることも誰かに相談することもなく、自分ひとりで身体に痛みを加えることで心の痛みを封印する点にある。自ら身体的な痛みを加えることによって、死んでしまいたいくらい耐えがたい、心の痛みを緩和することができるので、自傷を行う場合が多いのである。しかし、この方法の問題点を松本（前掲書）は2つ指摘している。1つには、それは一時しのぎであり、長期的には事態は複雑化・深刻化してしまうことが多いこと

である。ストレスへの対処行動である**コーピング**（⇒第14章第1節参照）としては、長期間有用なものではないと言える。しかし、他の対処方法がない場合、やみくもに禁止してもコントロールは難しい。また問題点のもう1つは「自傷が持つ『鎮痛効果』は、繰り返されるうちに耐性を獲得してエスカレートし、最終的には『切ってもつらいが、切らなきゃなおつらい』という事態に至ってしまうという点である」という。

　援助者としての心構えを、松本（2009）は、自傷する若者との出会いの際①頭ごなしに「自傷をやめなさい」と言わない、②相談に来たことへの肯定的な評価を伝えるために「よく来たね」と声をかける、③自傷の肯定的な面を確認し、共感する、④エスカレートする懸念を伝える、⑤無意味な約束をしないという5点を挙げている。また、「親に内緒にしてほしい」と子どもから言われた場合、なぜそう思うのかを考え、自傷していることを知った時の保護者の反応を子どもは恐れている可能性を考えることが必要であるとしている。ここでもやはり、相談者の身になって想像力を働かせ、一緒に対応を考えようとする姿勢が重要である。さらに、松本（前掲書）は保護者に伝える場合は、予め子どもにどのように自傷行為を保護者に説明しようとしているのかを伝え、保護者との同席面接の同意を取るのが良いだろうと方法を提案している。大事な点は、子どもとの信頼関係を最優先事項にしながら、保護者には伝えなければいけないことを子どもに納得してもらい、保護者から子どもへの反応が間接的にゆがんだ形で返ってこないような配慮をすることである。加えて、このような事態には教師が1人で対応するのではなく、養護教諭やスクールカウンセラーとの連携、学年での情報共有などが欠かせない。それは問題への一貫した学校としての対応を保つと同時に、教師が1人で問題を抱え、精神的な重圧や過労によって教師自身が調子を崩さないためにも重要である。

## （4）社会不安障害（社会恐怖）

　社会不安障害は、DSM-5では、他の人からの詮索の対象となりそうな社会

生活場面で起こる著名な恐怖や不安で、自分の取る行動や不安な態度が変に思われるのを恐れる状態が6ヶ月以上続くことが診断基準となっている。日本では「対人恐怖」として知られているものと同じであり、自分がおかしなふるまいをするのではないかと思い、人と一緒にご飯を食べられない、公共の場で話すことを過度に恐れ、震える、言葉が出ないなどの症状がみられる。

前述の通り、思春期は自意識が高まり、自分が人からどう見られているかをとくに気にする時期でもあるので、新学期など新しい環境に直面するとき、このような訴えは一時的に強まることもあるが、環境に慣れていくと少しずつ不安感が薄れていくことも多い。6ヶ月以上続く場合は、本人のしんどさを考えた上で、専門家との連携が必要な場合も考えられる。一時的なものかどうかを、日頃の観察によって見極める必要があるだろう。中高生にとって、学校は生活時間の多くを過ごす場所であり、また集団での行動を至る所で求められる場所である。クラスと部活での表情の違いや、昼食場面での行動などを手がかりに、学校としてできる支援を、学年、学校という大きな枠組みの中で考えていきたい。

## (5) 強迫性障害

強迫性障害は、強迫観念と強迫行為から症状が構成される。飯倉(1999)によると、強迫観念は「繰り返し、しつこく、頭にこびりついている考えや衝動やイメージで、不安、恐怖、不快感を引き起こす」もので、取り払おうと思っても、なかなか取り払えないものである。また、強迫行為は「強迫観念による不安や恐怖や不快感を一時的に軽くしようとする行為」である。何度も手を洗ったり、鍵や電気のスイッチを何度も確かめたりするという繰り返しの行為や、完全にこの通りしないと安心できないという儀式行為がある。DSM-5では、この強迫観念または強迫行為が時間を浪費させる(1日1時間以上かかる)または、臨床的に著名な苦痛を生じさせたり、社会的、職業的あるいはその他の重要な局面での機能を阻害したりすることも診断基準となっている。治療としては行動療法をはじめとする各種カウンセリング、薬物

療法が行われる。

　強迫性障害では「わかっているけどやめられない」強迫行為が反復され、長時間に及ぶため生活が支障されたり、不安や不快感を避けるため外出がしにくくなったりするということが生じてくる。本人もこんなことは馬鹿げているし、止めたいという気持ちを持っていても、その悪循環から抜けられないのが、この病気のしんどさである。また、家族も巻きこまれ、家族全体が疲弊してしまうことも多い。子どもにこのような症状が見られた場合には、養護教諭などとも相談しつつ、心療内科や精神科の受診を勧めたい。その際、本人の苦痛感に寄り添い、一緒にどうしていけばいいのかを考えていくため、専門家の助言も受けてみるのはどうかと、共感的立場からの助言を心がけたい。

## (6) 性同一性に関する問題

　性同一性に関する問題は、DSM-5では、性別違和として扱われている。本人は異なる性別の自己認識を持ち、自分が生まれついた解剖学的な性別で生きていくことに苦痛を感じている状態である。性別の選択に関する問題は、精神疾患が関与するものではないとする立場もある（フランセス、2013）。

　診断に関する議論はさておき、思春期の子どもたちのなかには、アイデンティティを確立するうえで、自身の性別に対する違和感を周囲には相談できず悩む場合もあるため、そのような心理的問題についてはしっかりとした知識を深めておきたい。学校の制服は、男女で異なるものを定めている場合が多く、また、体育など解剖学的な同性同士で行う活動も多い。本人の口調や志向、保護者からの情報などをもとに、細やかに情報を収集し、いつでも相談できる人がいるのだということを、子どもたちにも伝えていきたい。もちろん、これはどんな子どもの悩みに対しても同じであることは言うまでもない。摂食障害や性同一性に関する悩みは、身体的な領域のものでもあるため、養護教諭にまず相談されることも多い。校内での連携が、やはり重要である。

# 5 終わりに

　岩宮（2009）は、思春期の子どもは何を聞いても「別に」「びみょー」「フツー」という答えが返ってくることがあり、それは信頼関係ができていない頃にとくに良く聞く言葉だと指摘する。話を聴く中で、その子どもにとっての「フツー」はどんなものなのか、イメージをできるようになったら、その子どもとの関係は安定したものになったと言えるかもしれない。自分の思春期を思い返しながら、しかし同一化することなく、その子どもの思春期を理解していくような関わりをしていってほしい。

### ワーク8 「中二病」あれこれ——思春期を思い出し、子どもの理解に役立てよう

1．思春期の"イタイ"言動が「中二病」と呼ばれることもあるが（岩宮、2013）、自分や周りの友だちが思春期に行っていたこと、考えていたことで「これは中二病だな」と思うものを思い出してみよう。

2．講義で行う場合は、グループで発表し合い、「これぞザ・中二病」と思われるものを全体で挙げて、話し合おう。

---

**文献一覧**

アメリカ精神医学会（American Psychiatric Association）、日本精神神経学会『DSM-5精神疾患の診断・統計マニュアル』医学書院（2013＝2014）
飯倉康郎『強迫性障害の治療ガイド』二瓶社（1999）
生野照子「学校・教育関連の病態と思春期心身医学の視点」、河野友信編『思春期心身症の臨床』医薬ジャーナル社（2000）
岩宮恵子『フツーの子の思春期』岩波書店（2009）

岩宮恵子『好きなのにはワケがある』筑摩書房（2013）
ウォルシュ, B. W. ほか（松本俊彦ほか訳）『自傷行為—実証的研究と治療方針』金剛出版（1988＝2005）
エリクソン, E. H., エリクソン, J. M.（村瀬孝雄, 近藤邦夫訳）『ライフサイクル—その完結＜増補版＞』みすず書房（1997＝2001）、73頁.
エリクソン, E. H.（小此木圭吾ほか訳編）『自我同一性—アイデンティティとライフサイクル』誠信書房（1959＝1982）
大前玲子「ボディ・イメージと病理」、佐藤仁美, 西村喜文編著『改訂版　思春期・青年期の心理臨床』放送大学教育振興会（2013）
河合隼雄（河合俊雄編）『おとなになることのむずかしさ』岩波書店（2014）
河野友信「思春期心身症とは」、河野友信編『思春期心身症の臨床』医薬ジャーナル社（2000）
佐藤仁美「思春期・青年期を生きる」、佐藤仁美, 西村喜文編著『改訂版　思春期・青年期の心理臨床』放送大学教育振興会（2013）
鍋田恭孝『変わりゆく思春期の心理と病理』日本評論社（2007）
西村喜文「思春期を生きる子どもたち」、佐藤仁美, 西村喜文編著『改訂版　思春期・青年期の心理臨床』放送大学教育振興会（2013）
日本心身医学会教育研修委員会「心身医学の新しい治療指針」、『心身医学』31、537-576、（1991）
野間俊一『身体の哲学』講談社（2006）
フランセス, A.（大野裕, 中川敦夫, 柳沢圭子訳）『精神疾患診断のエッセンス—DSMの上手な使い方』金剛出版（2013＝2014）
松林直, 椋田稔朗「摂食障害」、河野友信編『思春期心身症の臨床』医薬ジャーナル社（2000）
松本俊彦『自傷行為の理解と援助』日本評論社（2009）
松本俊彦『アディクションとしての自傷』星和書店（2011）

# 第9章

# 不登校

**key words**: 不登校、引きこもり、依存と自立

## 1 不登校とは

### (1) 不登校にもさまざまな形がある

　不登校とは「子どもが学校に行けない、あるいは行っていない」という状態を指す言葉であり、文部科学省の統計調査では、年度間連続あるいは断続して30日以上欠席した児童生徒のうち、不登校を理由とする者が調査対象となっている。なお、この場合の不登校は、「何らかの心理的、情緒的、身体的、あるいは社会的要因・背景により児童生徒が登校しない、あるいはしたくともできない状態のこと」とされている。この説明からもわかる通り、不登校の原因はさまざまである。2011年度の調査では、小中学校における不登校の児童生徒数は約11万7千人で、割合は1.12%となっている。また、高校における不登校生徒数は5万6千人で、割合は1.68%となっている。統計調査の詳細は後に紹介している文部科学省のウェブサイトで公開されているので、そちらを参照してほしい。

　筆者が中学校のスクールカウンセラーをしていたとき、不登校の子ども及び保護者に関わることが多かった。スクールカウンセラーは学校に勤務しているため、会うためには学校に来ないといけないわけだが、学校に来るのが嫌だからと子どもが職員室に電話をかけてきて、管理職の許可を取り、近く

の場所まで会いに行ったこともあった。そういうとき、学校では見せない子どもの表情に驚かされることもあった。その一方で、家庭訪問しても会えない子どももいた。また、保護者が毎週のように相談に来校する場合もあれば、一度も会えないままの保護者もいた。

　不登校と一言に言っても、家庭の事情から、下のきょうだいの面倒を見るために学校を休みがちの子もいれば、保護者が最低限の衣食住を提供はしているが、それ以上の関わりをしようとせず、いわゆるネグレクトのような状態で、学校へ来るエネルギーがわかないような子どももいる。また、不登校になる前の学校での状況を聞いてみると、予定の変更にパニックになったり、それをクラスメイトにからかわれ、ケンカになったり、全体に空気の読めない感じがあり、クラスに馴染めていない感じがうかがえるなど、発達障害による対人上のトラブルなどがきっかけになっているように推測されることもしばしばみられる。さらに思春期のホルモンバランスの関係などから、朝起きにくい、体調がすぐれないなどを契機に、不登校となる子どももいる。

　このように、筆者が経験しているだけでもさまざまなことを要因にしての不登校という現状があった。不登校に対応するうえで、だからこそ個別理解の視点が重要だと言えるだろう。

## （2）なぜ学校へ行けなくなったのか

　前項では筆者の中学校での体験を紹介したが、本項では文部科学省の行った調査をもとに、不登校の原因について現状を確認してみよう。文部科学省では過去に不登校の経験のある方のうち、2006年度に中学3年生であった方について、中学在籍当時の状況についてのアンケートやインタビューを行い、その調査報告が2014年7月にまとめられた（詳しくは文献一覧のウェブサイト参照のこと）。この調査をもとに考えてみよう。

　まず、不登校となったきっかけであるが、14の選択肢から選ばれた不登校のきっかけ（複数選択）は、「友人との関係」が52.9％、「生活リズムの乱れ」が34.2％、「勉強がわからない」が31.2％、「先生との関係」が26.2％、「ク

ラブや部活動の友人・先輩との関係」が 22.8%、となっている。家庭生活に関しては最も高いのが「親との関係」で 14.2%となっており、これらの結果より、家庭環境よりも学校生活をめぐる問題が不登校のきっかけとなっていることが多いことがわかる。また、「生活リズムの乱れ」をきっかけと回答した割合も多いことも注目すべき点であろう。筆者の経験でも、ゲームなどで昼夜逆転をしてしまうなど、生活リズムを乱したことから、次第に学校を休みがちになる子どもも多かった。教師が朝電話をかけて起こすなど、学校に来られるようにできる限りの対応・工夫をして何とか学校に登校している子どももいた。もちろん、この場合は子どもと教師の間での信頼関係（**ラポール**）があるからこそ、朝の電話がプレッシャーではなく、学校へ行く動機づけになるので、日頃からの関係づくりがまず必要である。

　次に、不登校が継続した理由について、15の選択肢のうち回答比率が40%を超えている項目は、「無気力でなんとなく学校へ行かなかったため」（43.6%）、「学校へ行こうという気持ちはあるが、身体の調子が悪いと感じたり、ぼんやりとした不安があったりしたため」（42.9%）、「いやがらせやいじめをする生徒の存在や、友人との人間関係のため」（40.6%）であった。第8章でも述べたが、思春期の子どもたちと話していると、自分の気持ちをはっきりと言葉にすることの難しさを感じることが多い。ここにあげられた理由は、大人からしたら"行こうと思えば行けるのでは"と思ってしまうものもある。しかし、子ども自身も説明できない状況に陥って困っていたことが、不登校の原因としても大きいことがこの調査結果からはうかがえる。個別性を大事にしながら、その子にとって今学校がどんなイメージの場所なのかを、少しずつ言葉などの形にしていけるような関わりが求められる。

　さらに同調査では、不登校の継続理由から、「無気力型」、「遊び・非行型」、「人間関係型」、「複合型」、「その他型」という5つの類型を試みている。この

類型と本調査の中で学校から離れていく傾向を数値化した学校回避スコアの関係も分析されているが、そこでは「遊び・非行型」は学校離れの傾向が強く、「人間関係型」は学校に行きたいけれども行けない傾向が強いことが示されている。

この調査をふまえて、文部科学省では、「不登校施策に関する調査研究協力者会議（仮称）」を立ち上げ、不登校の施策検討をしていく予定であるので、それらの包括的な研究を参考にしつつも、目の前にいる子どもに、今どんな関わりが必要なのかを個別に考える視点を大事にしてほしい。

## （3）さまざまな状態への対応を考える

文部科学省が示している不登校への学校の取り組みの1つとして、「心の居場所」「絆づくり」の場所としての学校というのがある（詳細は文献一覧のウェブサイト参照）。第8章でも言及したが、「遊び・非行型」の子どもは、居場所を学校外で求めていくことも多く、その際きっかけになるのは、学校にうまくなじめなかった、部活やクラスで友人とトラブルになった、などの学校生活上のつまずきである場合もある。学校から関心や気持ちが離れてしまった子どもについて、その子なりの楽しみや将来の夢につながることが見つかるのであれば、あまり学校に来ているかどうかに縛られず、その子どもの成長を全体として見守ることを心がけたいが、もし子どもの気持ちが学校に向かうようなイベントなどがあれば、学校の情報も選択肢の1つとして提示できるとよいかと思われる。

また、不登校のきっかけとして「勉強がわからない」ことを3割近くの子どもがあげているが、学習支援についても、文部科学省は学校の取り組みの一環とする必要性を提示している。不登校となっている子どもの中には、集団での一斉の指導には乗りにくい子ども、つまずいたことを自分から発信できない子どもなどもいるので、学習においても個別性を大事にした関わりが大事であろう。最近では多くの学校が大学生のボランティアなどの協力を募り、放課後学習や習熟度別の個別指導など、きめ細かい対応をしていこうと

しているが、このような活動に学生時代に参加しておくと、自分が過ごした中学・高校生活とは違う生活を過ごしている子どももたくさんいることを実感する機会となるだろうし、自分の思春期を振り返り、自己理解にも役立てていけるようにも思われる。

また、前述の研究調査で最も多いとされた「無気力型」については、今後の更なる分析や調査の中で対応の指針が示されてくるかと思われるが、生きることの楽しさを、実感として経験する機会を学校が提供できるかどうかは、1つの大事な視点であろう。修学旅行などの大きなイベント以外にも、文化祭や運動会などで、クラスの子どもたちが連帯感を強めたり、自分を評価してもらえたりと、子どもが体験の中で生きることの楽しさを実感する機会を作ることができたなら、それが子どもの自信になったり、意欲につながる面もあるように思われる。

また、さまざまな要因から不登校という状況になっている子どもたちについても、やはり共通した特徴が見える部分もある。鍋田（2007）は、不登校やひきこもりの状態である子どもとの関わりから、彼らの自己感覚の希薄さ、主張する力の弱さ、自分から動く力の弱さ、判断のできなさなどが、共通した心理的特徴であるとする。これは前述の調査の「無気力型」に分類されている子どもの基本的特徴でもあるかと思われる。鍋田はこういう子どもに対しては、向かい合うよりも横並びの関係で、体験を共にしながらそれについてコミュニケーションをするのが良いだろうと指摘している。筆者が中学校で会っていた子どもたちからも、自分がなぜ今このような状況になっているのか、本人も戸惑い、何とかしたいけどどうしていいかわからないでいる、という印象を受けることが多かった。気持ちはあるが、どう言葉にしていいかわからないという感じを、彼らのうつむいた姿勢から共通して感じていたように思う。そのような場合、一緒にパズルをしたり勉強をしたりする中で、その時感じた気持ちを言葉にしながら、信頼関係（**ラポール**）を取っていく形が、やはり一番関係が安定していくことが多かった。その際、登校を強要せず、山中（2001）の指摘するように、彼らの話に耳を傾け、彼らの興味と

いう「窓」を尊重し、成熟の過程を共にしていこうという姿勢が必要であるように思われる。漫画やゲーム、アイドルなど、不登校の子どもの中で、自分の好きなものをしっかりと持っている子どもは、関係ができてくると、あたり一遍の質問への答え以上の、自分なりの好きなものへの愛情を込めて、熱を帯びた口調で自分の趣味を語りだすことが多い。「窓」を尊重し、そこから眺めると、世界はどのように見えるのか、教室はどのように見えるのかを想像しながら、一緒に旅をするような気持ちで寄り添っていくことが望ましい。

## 2 こころの問題

### (1) ひきこもりのはたらき

　第1節でも触れたように、不登校、ひきこもりの子どもたちは自分の心の窓を少し開くのでさえ随分苦労する。その理由の1つとして考えられるのは、対人不信、あるいは対人不安、いずれにせよ自分も含めての人間に対する不信感である。不登校の生徒は自分の窓の開き方が少しおぼつかないように、他人の窓の状況をキャッチするのがあまり得意ではないのかもしれない。第8章で述べたとおり、思春期と言えば、とかく自分自身に意識が向きがちである。同世代の集団の中で、自分と他人はどう違うのか、その違いによって自分はどう見られるのか、そのような点には過敏になりがちでも、時に相手の感情には無頓着であったりする。もしくは、必要以上に気を遣い、相手の顔色をうかがうのにエネルギーを使いすぎてガス欠を起こすこともあろう。だからこそ、不登校の子どもには、同世代（大人ではない、という意味で）との交わりが必要であり、関わり合いの中で互いのエネルギーを交換し合う、つまり感情を分かち合うことが大切になってくるように思う。現代の子どもは意見の相違を、自分を全否定された風に捉える傾向があるようだが、白か黒か、でしかものを考えられないのは、いささか未熟な部分があるのかもしれない。グレーを知ることは、小さな集団の中にいてもできる。その濃淡の

異なるグレーをどれだけ受け入れ、自分の中の色彩と調和させられるか、その手伝いができるかが不登校児に接する大人たちの役割だろう。そのためには、彼らが一度はひきこもれるしっかりした守りを用意できれば最善である。それは学校ではなく、同じ悩み、目標を掲げた子どもたちの避難所だ。例えば、フリースペースのような集いでも良いし、学校とは全く離れて好きなことに打ち込める趣味のサークルなどでも良いだろう。自分の内面ととことん向き合ったり、自分は何者なのかと、必死に模索したりするのは決して悪いことではない。そのためには、孤独を選ぶほうがよいこともあるだろう。つまり、一概に「不登校は治さなければならないもの」と言えないのである。彼らを包み込む繭は柔らかいが堅固であり、他人が入り込む隙はない。大事なのは、子どもがその中でどんな仕事をするかである。これは子どもが大人になっていく上で必要な課題のようなものと理解してもらいたい。

### (2) いばら姫——童話に見る繭ごもりの話

ここで童話の話というのは唐突な印象を与えるかもしれない。しかし、心理学派の1つである分析心理学 (⇒第3章参照) は夢やおとぎ話、童話やさまざまな素材をその人を知る材料として用いることがある。絵や詩、色々な表現を用い、心理療法の中で活用していくのは珍しくない (⇒第6章参照)。そこでここでは、ひきこもり・不登校と関連がありそうな童話「いばら姫」を見てみよう。

「いばら姫」は、「眠れる森の美女」とも呼ばれており、日本でも繰り返し伝え聞かされている美しい物語である。以下、現在伝わっている一般的な版のあらすじを簡単に説明する。ある国に子どもがなく、毎日嘆いている王様と王妃様がいた。ある日、王妃様が水浴びをしているときに、1匹のカエルが現れて、こう予言したのだ。「2人はお姫様を1人授かる」と。カエルの予言によって生まれたのは、美しいお姫様だった。姫の誕生祝いの宴に招待されたのは12人の仙女で、1人だけ招かれなかった仙女がいた。この忘れられた仙女が姫に困難をもたらすのである。その悪運がもたらされる前に、招か

れていた仙女たちは祝福を込めて、たくさんの贈り物をしていた。女性として、全ての贈り物を受け取ったような姫君に、忘れられた仙女が「死」を贈る。確かに人間は死の運命から免れ得ないが、15歳の若い娘には残酷すぎると、幸いなことに、最後の仙女の贈り物が当座、姫を救った。「完全に呪いを解くほどの力はないけれども、せめてこのくらいは」と。呪いを百年の眠りに軽減してくれたのである。呪いを危惧した王様は、「つむ（糸を紡ぐ際の道具）」を国中からなくし、姫の目から隠そうとした。つむに触れたら、姫は百年の眠りにつかねばならないからである。しかし、人間は見知らぬものほど、触れてみたくなり、知りたくなるものである。この姫も好奇心という誘惑に負けて、ひっそりと隠れて糸を紡いでいた老婆の部屋を訪れ、ついにそのつむで己の指を傷つけてしまう。その瞬間から姫は長い眠りにつくことになる。つむの一突きによる百年の眠りには、ここでは書き切れないほどの深遠な意味があるが、とりあえず、この章に関連する部分としてここで一度締めくくっておこう。（河合、2004）

☞ ここで章末のワークを行ってみよう。

　さて、この物語を読んだ読者各位は何を感じ取り、どう思っただろう。この姫の人生に何が起こっているのだろうか。
　これだけは言えるのは、姫には何の不自由もなく、城の従者も召使いたちも、そして両親も、彼女のためにこころを砕いて、大切に育てられているということである。現代風に言えば、とくに不満もなく、何でもない毎日を送っている、という状況だろうか。けれども、そんな環境の子どもであっても、何かの拍子に、運命のつむに指を突かれてしまうことがある。突然、死んだように無気力になり、生きているのか見ている側が不安になるほど、部屋の隅で、じっと膝を抱えるようになったりする。この子はいったい何が問題なのだろう。友人や教師も心配し、学校から様子を見に来てくれるだろうし、

誰かにいじめられた痕跡もない。このような場合、おそらく一番困惑し、手を焼くのは保護者に違いない。大切に育ててきた我が子が急に「様子がおかしく」なったのだから。担任の教師も慌てて、スクールカウンセラーの元に飛んでいくだろう。答えは先の文章に隠れている。

　思春期と言えば、ちょうど「甘えと自立」のはざまで揺れ動く時期である。小学生くらいまでは、躊躇いなく保護者に甘えられることができただろう。ふかふかのベッドを用意してもらい、制服の手入れもしてもらえる。中には、保護者に衣類を買ってきてもらう子どももいるかもしれない。それは、保護者の愛情が必要な時期にはよく見られることである。しかし、少しませた子どもが仲間にいると、自分のやっていることは変なのか、自分の家族はおかしいのか、とふと不安になったりする。いつまでも保護者に頼りきりで、自立できない自分と、その居心地の良さを手放すのが惜しい自分との葛藤が生じる。当たり前のことだが、学年が上がると進路の問題も出てくる。保護者が望む道と子どもの希望する進路が異なるのも珍しくない。さて、どの道を選ぶか。子どもは繰り返し分岐点で立ち止まらなければならない。そこで費やすこころのエネルギーたるや、尋常ではないだろう。

　初めて保護者の手を借りずに、自分で道を選ぶ。**安全基地**（⇒第11章参照）という言葉があるが、言葉の通り、子どもが危機だと感じた状況や、不安を覚えたとき、つい背後に助けを求められる存在がいるか確かめてしまう、そして、時には安全基地でこころのエネルギーを補充し、不安や恐怖と戦っていく。安全基地とはそのような相手のことをいう。人間は乳幼児の頃から、そうして広い世界を冒険してきたのである。だからこそ、まだふかふかのベッドの中にいたい自分（依存）と、もうそれではいけない（自立）という自分の間で葛藤し、こころのエネルギーが内側に集中する。外から見れば、殻に籠もって世界を拒絶しているように見えるかもしれないが、それは子どもなりの壁・覚悟なのだろう。不登校の子どもや、ひきこもりの子どもの反抗期が普通より激しいとすれば、それはふわふわの繭の中に溜め込んだエネルギーがそれだけ大きいことを意味する。子どもにとっては命がけの戦いかもし

れない。だからこそ、教師、スクールカウンセラー、保護者などは時々繭玉の中の様子を確かめながら、時期を待たねばならない。「完全に呪いを解くことはできませんが、このくらいは……」と、子どもが暴走しないように、せめて細い糸でつながることで、彼らの安全を見守り、祈るしかできないときもある。自分とは何か、自分のアイデンティティとは？　と真剣に悩み、孤軍奮闘する姿をただ励ましてやるしかできない。よい保護者、文句のつけようのない家庭環境、それであっても、子どもは不意に繭を紡ぐ糸の先を見つけてしまうのかもしれない。そうしたら、周囲は静かに目覚めの時を待とう。いばら姫の物語でもそうであったように、時期がくれば、自然に城を覆っていた茨は姿を消していく。姫が眠っている間、密かに進行していた彼女の心の成熟がついになされ、彼女はパートナーとなるべき相手を見つけるのである。この物語には、茨という困難が自然に引いていったというバージョンもあるが、王子が自ら剣でかき分けながら進んでいったというバージョンもある。いずれにせよ、姫も王子も、まだ大人に届かない思春期を乗り越え、互いを伴侶と見極められるだけの判断力と自立性が身についた。きちんと互いの目を見て、自分の言葉で話し、自分の意思で決断できるようになる。それが大人になるということだろう。そう思うと、繭玉の中もまんざらでもないのではないだろうか。自分で選んだ場所で、自分と戦い抜き、これで良い、という自分を欠片でも探し出し、今なら出て行ける、と繭を突き破った勇気は立派ではないだろうか。繭を破る際に、子どもは大人の助けを必要としない。必要としても、ほんのささいなことだ。大切なのは、一見動かないように見える繭玉の子どもを、大人がじっと待ち続けられるかである。

　だから、心ある最後の仙女は姫君の身のまわりの者、王と王妃まで眠らせる魔法をかけたのだろう。それだけ、一切介入せず、じっと横で見守る期間というものは大人にとっても試練だからである。教師を目指す読者各位は、このことをよく肝に銘じてもらいたい。

## 3 外の世界との連携

### （1）保護者への対応 （⇒第12章参照）

　子どもが不登校になった場合、保護者はとにかく学校に行かせなければならないという焦りを持つことが多い。朝は調子が悪いが、昼ごろには元気になる子どもを見ていると、朝の体調不良は本当だったのかと、ついつい疑問の目も向けがちである。戸惑いや心配を抱えながら、保護者は毎回欠席の連絡を学校に入れなければならず、そのことに後ろめたさや保護者としての責任を果たせていないのではという気持ちになることも多いようだ。

　欠席が増えたり、長期になったりしてくると、学校側ではスクールカウンセラーや学校外の適応指導教室など、色々な支援の活用を提案することも多いだろう。保護者の方で、"何か手立てはないか"と思われている場合、このような提案は積極的に受け入れられ、他機関と連携しながら子どもを見守るような形になっていくが、保護者自身が、子どもの不登校を"恥ずかしい"と思っていたり、不登校のきっかけが友人とのトラブルだったりした場合、"学校側の責任ではないか。なぜ私が相談に行かないといけないのか"など、保護者自身が動こうとしない場合もある。保護者と最も密に関係を結ぶのは、やはり担任の教師であり、まず信頼関係（**ラポール**）をつくること、一緒に考えていこうという関係になることが必要である。

　筆者は不登校の子どもの保護者、とくに母親と面会することが多かったが、その際大切なのは、母親をねぎらう気持ちだと感じていた。毎日子どもの様子にやきもきと気をもみながら生活している母親は、想像しただけでも本当に大変である。

　"子どもが元気なら学校に行っていなくてもいいか"などと、ある程度の気持ちの切り替えを最初からできる保護者は少ない。悩み、焦り、怒り、泣き、そうやって次第に心の整理をされていく。"なぜうちの子どもが"と当惑し、自分の子育てが間違っていたのではないかと自責の念に駆られる母親も多い。

「不登校になぜなったのか、子どもさんご本人にもはっきりしないことも多い。しかし、子どもさんにとって、何か大切な意味があるのかもしれないし、これからどう考えていけばいいのか、一緒に考えていきましょう」と伝えながら、母親が子どもによく注意を払っていること、忙しい中よく関わろうとしていることなど、いま母親がしていることの良いところを見つけてフィードバックしながら、なかなか進展しない状況に一緒に悩む姿勢の中で、信頼関係が構築されていくことが多いように思う。さらに、具体的な手立てがある方が、不登校の子どもを見守りながらの生活の支えになる場合も多いので、勉強時間や起床時間など、生活全般の相談に乗りながら、一緒に工夫できることを考えていくことも大事である。とくに、生活リズムの乱れは体調面にも影響してくる。家にいるなら家にいる上でのお互いのルールの話し合いなどは、やはり必要な時も多いので、子どもにどう伝えるのがいいかなど、一緒に考えたい。さらに、母親だけではなく父親も含め、家族全体で子どもを見守る環境を作っていくことも重要である。

## （2）学校外の施設との連携 (⇒第13章参照)

不登校への対応として、まず不登校になる前の学校での様子や家族の状況を把握する中で、必要であれば児童相談所や地域の児童委員、ソーシャルスクールワーカーなどと連携を取ることも大切である。

前述の文部科学省の不登校生の追跡調査では（文献一覧のウェブサイト参照）、不登校の際、スクールカウンセラーなどの学校にいる相談員を利用した割合が高いほか、教育支援センターや民間施設の利用も増えていること、不登校経験者の高校進学率が大幅に増加しているとともに（2001年65.3%→2014年85.1%）、高校中退率も大幅に下がっていたこと（1993年37.9%→2014年14.0%）から、不登校経験に関わらず、勉強が続けられているようになっている状況が示されている。学校だけに限定された形ではなく、広い形で子どもの成長を見守ることによって、子どもたちが学習への意欲を失うことなく、不登校の時期を過ごすことができる可能性も増し、将来の進路

選択においても不登校である体験をマイナスと受け止めないで、それからの人生に生かしていけるかもしれない。

　また、同じ調査研究におけるインタビュー調査からは、不登校によって勉強、友人、進路などでのマイナスがあったという意見の一方で、「休んだことで今の自分がある」「成長した・視野が広がった」「出会いがあった」「人とは違う経験をした」「人に優しくなった」など、自分の不登校という経験に、自分なりの肯定的な意味づけをしている意見もみられた。前述の文部科学省の研究などを参考にしつつも、子どもの人生という長期的な視点も持ちながら、対応を考えていくことが重要である。

## （3）再び登校できる日をめざして

　筆者がスクールカウンセラーとして中学校に勤務しているとき、同時に病院で、学校を休みがちな別の中学・高校生とカウンセリングを行うこともあった。その時実感したのは、会う場所で、カウンセラーとしての意識がずいぶん違うということだった。病院で会う子どもたちには"いま学校に行くことだけが必要なのだろうか"と、子どもの状態や気持ちをまず理解し、それに沿って今悩んでいること、困っていることを一緒に考えようという姿勢が強く、あまり学校の出欠状況を重視しないのに対し、学校で会う子どもたちには、"1日でも多く学校に来てほしい"、"学校の楽しさを何とか見つけてほしい"という気持ちが強く、学校の出欠状況が毎週気になってしまい、それに一喜一憂していることも多かった。個別性の重視、共感的理解を意識しながら仕事をしており、学校外から週に1日だけ勤務に赴く者ですら、これだけ"学校には来なければならない"という無意識の前提とも言える気持ちが強くなるのだとすれば、毎日学校を職場として子どもたちに関わる教師が学校という場所の影響をどれだけ受けるかは、言うまでもないだろう。もちろん、新社会人に最優先に求められることがコミュニケーション能力である現在の社会状況では、第5章でも述べた通り、ある程度集団の中で体験を楽しむ力が必要であるし、それを育てるための学校の存在意義は非常に大きい。

仕事をする際には、相性や価値観などが異なる人と一緒に働くことが普通であり、学校生活は、同じ目的を持って集まる学習塾や習い事に比べて、その時に役立つような体験をできる機会が多いと考えられる。また、クラスメイトでなければ会話もしないだろう人と交わしたやり取りが、自分にとって大きな気づきや励みになることもある。学校の職員とすれば、何とか学校に来てほしいと思うことは当然のことでもある。しかし、登校状況だけに縛られていると、逆に登校できる状況が遠のいてしまうといった、矛盾したこともままあるのが、不登校の現状である。

　筆者の勤務していた中学校では、相談室に不登校傾向の子どもがやって来ると、担任の先生が覗きに来てくれることも多かった。そのとき、子どもの緊張感を気遣いながら、「来てくれて嬉しい」、「頑張ったな」と、自然な笑顔で話しかけてくれる教師には、子どもたちも信頼感を持っている感じを受けた。子どもたちは、大人が自分をどう思っているのか、今言っていることは本音か建前かといったことには、とくに敏感であるように思う。不登校の子どもの中には、自分が学校に行けないしんどさを、学校や友だち、先生のせいにして、コミュニケーションスキルの拙さなど、自分の問題に向き合っていないような印象を周囲に与える子どももいる。子どもに何とか学校に来てほしいと、頻回の家庭訪問や手紙など、働きかけを工夫しながら頑張っている教師はどこかで、そういう子どもの逃げに厳しくなってしまうこともある。頑張った分、何とか成果につながってほしいと思うことは当然の感情である。しかし、子どもの向きあえなさに批判的でいると、感情の伴わない表面的な関わりになってしまい、子どもたちとの信頼関係（ラポール）は築けなくなってしまう。子どもが自分に向き合えないでいることを客観的に把握しながら、それでも暖かく子どもを見守る姿勢を、他の教師と悩みを共有しながら維持していくこと、それがまずは教師の目標ではないかと思う。

## ワーク9 物語「いばら姫」の続き

第2節の「いばら姫」の物語の続きを考えて、それぞれ発表してみよう。また、思春期に社会から距離を置いて、1人でいることにはどんな意味があるのか、考えてみよう。

―――――――――― 文献一覧 ――――――――――

山登敬之編「思春期の"悩み以上、病気未満"」、青木省三ら編『こころの科学 175 号』日本評論社（2014）

田中究編「いじめ・不登校・学校」、岡崎祐士ら編『こころの科学 151 号』日本評論社（2010）

河合隼雄『昔話の深層　ユング心理学とグリム童話』講談社（2004）

鍋田恭孝「不登校・ひきこもりの現状と対応— side-by-side　stance・群れ体験的アプローチ」、鍋田恭孝編『思春期臨床の考え方・すすめ方』金剛出版（2007）

山中康裕「思春期内閉」、岸本寛史編『山中康裕著作集1 たましいの窓』岩崎学術出版社（2001）

不登校への対応をまとめた文部科学省のウェブサイト
http://www.mext.go.jp/a_menu/shotou/futoukou/main.htm（2014 年 9 月 10 日）

不登校の実態調査についての文部科学省のウェブサイト
http://www.mext.go.jp/a_menu/shotou/seitoshidou/1349956.htm（2014 年 9 月 10 日）

## column

# 1人で考えるか、人と話し合うか

野村 晴夫

　高校までの勉強では、たいていの問題に正解がある。でも、どの大学を目指すか、大学で何を専攻するか、どのような仕事に就くかといった将来設計に関わる問題には、唯一の正解というものはない。実は将来設計に限らず、生きていくなかで出会う日常的な問題の多くには、やはり正解がないか、あるいはいくつもの正解がある。こうした問題に対して私たちができることは、正解らしきものを探して、いろいろと思い巡らし、とりあえずの正解に基づいて、その都度決断を下すことだろう。その道のりでは、行き詰ることがあるかもしれない。そして、袋小路で1人悩んでいるとき、誰かに話している内に、思いがけず名案が浮かび、道が開けることがある。カウンセリングは、こうした話し合いによって生まれる知恵に期待した援助法である。

　さて、皆さんは知恵と聞くと、何を思い浮かべるだろうか。心理学では知恵（wisdom）は知能（intelligence）とは区別され、物事を多面的にとらえる視野の広さや、正解がひとつに定まらないあいまいさの許容など、勉強よりも日頃の生活に密着した「知」を指している。では、生活上の難題に直面したとき、それを打開する良い知恵はどのようにしたら生まれるか。次の選択肢から選んでみよう。

① 1人でじっと考える。
② 人と話し合う。
③ 話し合ってから1人でじっと考える。

　心理学の研究の教えてくれるところによれば、答えは③[1]。たしかに話し合うことは良い知恵を生むことに有効らしい。皆さんも、学校で話し合いを取り入れた授業を体験し、その必要性や有効性は知っているに違いない。ただし、話し合ってすぐ答えを出すよりも、それに続いて1人でじっと考えてから答えを出した方が、より良い知恵が生まれるそうだ。つまりは、対話と内省の合わせ技が有効ということか。たしかに、実際のカウンセリングでも、その回の話し合いが終わった後の帰り道で、相談者がいろいろと思い巡らした末に浮かんだ名案を、次の回に聞くことは珍しくない。カウンセリングという話し合いは、次の回までの間（ま）にも意味がある。

　もっとも、正解のない問題への答え方に知恵が表れると言いながら、上の問題では正解を出してしまっていることに注意。対話と内省が有効というのは正解のひとつかな、くらいにふんわりと思っておくのが、知恵ある人の思考法だろう。

1) Staudinger, U. M., & Baltes, P. B. Interactive minds: A Facilitative setting for wisdom-related performance? *Journal of Personality and Social Psychology*, **71**, 746–762 (1996)

# 第10章

# いじめへの対応

**key words**　いじめ、いじめの構造、ラポール

## 1　いじめという現象

### （1）はじめに

　いじめという現象が社会的な問題になってから、30年以上が経過したと言われている。しかし、「いじめ」という現象は、古くは、日本の『落窪物語』、あるいはよく知られている西洋のおとぎ話『シンデレラ』、『白雪姫』のように、継母が主人公の娘をいじめ抜く「物語」としても存在している。実の母親を亡くしたばかりの年若い主人公に、継母が次々と過酷な試練を与えていく、というストーリーは、誰もが1つは耳にしたことがあるのではないだろうか。けれども、どんな人間であれ、完全なる善、完全なる悪など存在しないことを人は経験的に理解している。継母も実の娘には優しく、継子には意地悪なのである。ユングの分析心理学には「影（シャドウ）」（⇒第3章参照）という概念があるが、ぜひ学んでほしい。

　人間のこころの中にはさまざまな要素があり、とくに普段、自分自身、なかなか気づかないような意識的な側面を補うような側面、「影」が存在している（河合、2004）。その自分ではないように思われるものが、現実にどのようにして現れるか、そのことに目を向けるだけでも大きな学びを得られるだろう。そして、この視点が、いじめを紐解く1つの鍵になるはずである。

173

しかし、現代の現実の社会に話を戻せば、「いじめ」はもはや、そんな安易な問題ではないと思い知らされる。学校という狭い少年少女の世界、インターネット、その他のソーシャルネットワーキングサービス（以下SNS）の普及により、顔の見えない相手まで「親友」という世の中になった。相手のことを何も知らないうちから、危険に飛び込んでいく子どもたちをいち早く察知し、引きとめるのは他でもない大人の仕事である。何も、教師のみが抱え込む必要はない、家庭、その他地域の住民と協力し、現実の「網」を張るように、連携をとる努力をするのが良いだろう。そのためには、教師の立場として、何が必要だろうか。まずは、第一の課題として、これを提示しておく。(⇒章末のワーク1参照)

## （2）ディスカッションの有効性

このようなディスカッションは、中学生、高校生でも十分有効である。思春期を迎える生徒たちにとっては、自分自身と他人との違いを最も意識する時期でもあり、自分自身を模索し、自分の信念を確立していく道の途中にあたる（⇒第8章参照）。自らを客観視し、異なる意見をも受け入れていく、受け入れられなければ折衝していく。このような態度を日常的に取り入れていくだけでも、ある程度、いじめの抑止力になるのではなかろうか。

いじめのきっかけは大人から見れば、ほんのささいなことが原因である場合も少なくない。ただ、同じ教室という閉ざされた空間で毎日顔を合わせながら、クラスメイトのことを知らなすぎるという、もしくは、知りすぎているという、距離感の問題、人間関係のこじれから、最初は安易な気持ちで始めてしまうのではないだろうか。そして、早期に発見できない場合は、手の打ちようのないところまでエスカレートしてしまう。

相手が何を考えているかわからない場合、とくに思春期という自己に過敏になっている時期には、自意識過剰に、被害妄想的になりやすい傾向がある。思春期特有の、そのようなこころの有り様を教師は把握した上で、なるべく、自由に意見が言い合える、適度な和であり輪を保てる教室という空間を維持するのが、いじめを起こさせない、早期にいじめを発見し芽をつぶしていけ

る1つの方策であると考えられる。

## 2 現代のいじめの実際

（1）で述べたように、おとぎ話の継子いじめとは異なり、社会が複雑化するにつれ、いじめの構造も多種多様になっている。まず、文部科学省によるいじめの定義を記載しておく。（2012年度の調査より）

> 本調査において、個々の行為が「いじめ」に当たるか否かの判断は、表面的・形式的に行うことなく、いじめられた児童生徒の立場に立って[1]行うものとする。
> 「いじめ」とは、「当該児童生徒が、一定の人間関係のある者[2]から、心理的、物理的な[3]攻撃[4]を受けたことにより、精神的な苦痛[5]を感じているもの。」とする。なお、起こった場所は学校の内外を問わない。
> この「いじめ」の中には、犯罪行為として取り扱われるべきと認められ、早期に警察に相談することが重要なものや、児童生徒の生命、身体又は財産に重大な被害が生じるような、直ちに警察に通報することが必要なものが含まれる。これらについては早期に警察に相談・通報の上、警察と連携した対応を取ることが必要である。

文部科学省のHPには、いじめ問題にどのように取り組んでいるか、専門

---

[1] いじめられたとする児童生徒の気持ちを重視することである。
[2] 学校の内外を問わず、例えば、同じ学校・学級や部活動の者、当該児童生徒が関わっている仲間や集団（グループ）など、当該児童生徒と何らかの人間関係のある者を指す。
[3] 身体的な攻撃のほか、金品をたかられたり、隠されたりすることなどを意味する。
[4]「仲間はずれ」や「集団による無視」など直接的にかかわるものではないが、心理的な圧迫などで相手に苦痛を与えるものも含む。
[5] けんか等を除く。ただし、外見的にはけんかのように見えることでも、よく状況を確認すること。

のページがある。その中でもとくに、『警察への通報。相談に係る基本的な考え方』としてガイドラインをかかげている。警察という他機関と連携する際の、1つの指標になるだろう。

(1) 学校や教育委員会においていじめる児童生徒に対して必要な教育上の指導を行っているにもかかわらず、その指導により十分な効果を上げることが困難である場合において、その生徒の行為が犯罪行為として取り扱われるべきと認められるときは、被害児童生徒を守り通すという観点から、学校においてはためらうことなく早期に警察に相談し、警察と連携した対応を取ることが重要。
(2) いじめられている児童生徒の生命、身体又は財産に重大な被害が生じるような場合には、ただちに警察に通報することが必要。

しかし、いざ学校側、教師の立場になってみると、どの時点で警察に通報すればよいか判断を迷うかもしれない。そのために、1つの目安として以下に文部科学省の当該HPより、いくつか例を抜粋しておく。詳しくは当該HPを参照されたい。また、こちらのHPは社会情勢等により、定期的に改訂される可能性もあるので、いじめの問題に悩む関係者も含めて、できるだけ目を通すほうが好ましい。

**学校において生じる可能性がある犯罪行為等**
◎酷くぶつかられたり、蹴られたりする
　　⇒暴行(児童の腹を繰り返し殴るなど)
◎軽くぶつかられたり、遊ぶ振りをして叩かれたり、蹴られたりする。
　　⇒傷害、暴行(プロレスと称して同級生を押さえつけたり投げたりする)
◎嫌なことや恥ずかしいこと、危険なことをされたり、させられたりする。
　　⇒強要、強制わいせつ(断れば危害を加えると脅し、性器を触る)
◎金品をたかられる、金品を隠されたり、盗まれたり、壊されたり、捨

てられたりする。
　　⇒恐喝、窃盗、器物損壊（教科書などの所持品を盗む）
◎冷やかしやからかい、悪口や脅し文句、嫌なことを言われる。
　　⇒脅迫、名誉毀損、侮辱（校内や地域の壁や掲示板に実名を挙げて、「万引きをしていた」、気持ち悪い、うざい、などと悪口を書く）
◎パソコンや携帯電話で、誹謗中傷や嫌なことをされる。
　　⇒名誉毀損、侮辱、児童ポルノ提供等

（文部科学省　早期に警察へ相談・通報すべきいじめ事案について（通知）25文科初第246号　2013年5月16日　をもとに筆者が一部改変。）[6]

　通りすがりの人に行ったら犯罪になることは、学校内でも犯罪なのである。学校は、いじめという名前で何でも片づく無法地帯ではない、ということを子どもたちにしっかり認識させる必要があるだろう。**いじめは犯罪なのである。**

　しかし、こうして眺めると、こんなことまで規制をかけないと、今の子どもたちはわからないのだろうかと幾分悲しくなる。自分たちの中学、高校時代を思い出してみよう。男子生徒などはとくに活発で、もみくちゃになって遊んだ経験があるだろうし、女子の場合も、「その髪、彼氏の好みに合わせて切ったの？」など、冷やかし、嫌味ともとれない微妙な発言をしたりする。「どこからがいじめで、どこまでは日常生活の中で普通にありえる行動」なのか、見極める目が必要だろう。そのために、教師は普段からクラスの雰囲気、とくに、人間関係を把握しておく必要がある。なぜなら、仲の良い友人同士のじゃれあいはいじめではないが、明らかに体格差のある2人で無理矢理させられている格闘技は、やられている子どもは苦痛を感じているかもしれないからである。子どもの1人に精神的苦痛、身体的なケガがあった場合、ク

---

[6] ここに挙げたものは筆者がわかりやすく改変したもの（刑法条項は省略）であり、刑罰の程度や犯罪となりうるケースについては、各自で確認してほしい。（文部科学省ウェブサイト　http://www.mext.go.jp/a_menu/shotou/seitoshidou/1335366.htm 2014年11月10日アクセス）

ラスを運営する教師として、それを「ただのおふざけ」として決して見過ごしてはならない。それはSOSを出している子どもへの裏切り行為である。ここで、ある事例を紹介したい。

　Aさんは、中学時代、いじめにあったことがあるが、担任教師は「自意識過剰」として、話を聞いてくれなかった。後に、Aさんがいじめた側と親しくなり、話を聞いたところ、やはり意図していじめていたのだといじめっ子本人から知らされた。Aさんは非常に傷つき、大人への不信感から一時期不登校状態になったが、その不登校時に支えてくれたのも友人たちである。子どもたちの純粋な感受性、繊細な思いやりに頼るばかりでなく、教師は常に我が身を振り返り、救いの手を求めている子どもを見捨てていないか、常に内省の時間を持ってほしいものである。

# **3** いじめはなぜ起こるのか

## （1）いじめと呼ばれる「行動」「現象」「心理」について

　第1節の文部科学省のガイドラインを見た、今のあなたの正直な感想はどのようなものだろう。本書巻末のメモなどに書き記してほしい。「こんなことまで処罰の対象になるのか」と驚いているか、「大人たちはこうして学校を守ろうとしているんだ」と感じているか、今、この教室の中でだからこそ書ける率直な気持ちを書いてもらいたい。そして、そのメモを元に、グループのメンバーと話し合ってみよう。

> ワークを実践してみよう。
> 　ワークは章末に3つ掲載してある。いじめ問題に関心があり、じっくり取り組みたい場合は3つ全て行ってもよいし、授業やセミナーなど限られた時間で使用される場合は、どれか1つを選んで行っても構わない。なお、1つを選ぶ場合は、ワーク2を推奨する。

## （2）いじめを内包する教室の構造

　いじめが起きているからといって、クラスの全員が関与しているほどのレベルはまれであるし、むしろ教師からは何も異変が見えなかった、という場合もあるだろう。残念ながら、教師も万能でなく、とくに近年の巧妙に隠されたネットいじめなどにまで目配りするのは難しい。だからこそ、教師は学生と**信頼関係（ラポール）**を築いておきたい。クラスの中で起きているささいな出来事でも、子どもとの日常生活の会話の中からすくい上げる感受性を持っておきたい。ある意味、子どもと同じ目線に立つことで、子どもと共通して楽しめる話題を持っていればなお良い。漫画や流行のアイドルグループの話題でも良い。子どもたちと同じ目線に立ち、こころとこころを繋がせる細いパイプのようなものを築き上げられれば大成功である。知識、教養を授けるのが教師の仕事であるが、「師」という文字の意味を振り返り、教師である自分も同じ教室内で学ばせてもらっているのだ、という謙虚さも、時には必要ではないだろうか。謙るのではなく、媚びるのでもない。教師も同じクラスを構成する一員なのである。だからこそ、皮肉にも時には、教師もいじめの標的にさらされる。この問題については第11章で詳しく扱う。

　さて、いじめという現象の構成員を考えた場合、いじめられている子どもといじめている子どもが必ず存在する。いじめの輪が大きくなると、さらにいじめを構成する子どもが増え、積極的であれ、消極的であれ、結局、いじめに加担しているという図ができてしまう。

　　いじめ集団は、「被害者」「加害者」「観衆」「傍観者」という4つの立場に分けられる。「観衆」は周りではやし立てて見ている存在で、いじめっ子にとっては「いじめ」を是認してくれる力となる。これに対して、「傍観者」はいじめを知りながらも知らない振りをしているグループで、彼らがいじめっ子の行為に対して、軽蔑、冷笑などの態度をとったならばいじめを阻止する反作用力となりうるが、たいてい被害者になることを恐れて見て見ぬ振りをしていることが多いため、実際には抑止力には

なり得ない。また、時にはこのなかから「仲裁者」が現れる場合があるが、彼らも逆にいじめのターゲットになってしまう恐れがあり、微妙な立場である。「被害者」と「加害者」のあいだにいじめられた経験といじめた経験と両方を持つ「被害・加害者」が存在し、これらは立場の入れ替わりが起きていることを示している。この3グループをあわせると45％に達し、以上から、いじめが起きればクラスの多くをまきこんで、傷つき、傷つき合う様相が伺える。（窪田、2010）

注：必ずこの順番で立場が変わるという意味ではなく、人のこころの多様性においては、いつどの立場に自分が置かれるかわからないという意味。誰でもいじめっ子になる可能性があり、その子は元いじめられっ子だった、という現実もあるというイメージ図である。

## （3）いじめる側の心理

　先にも書いたが、いじめは最初からいじめとして発生するものではない。仲の良い者同士の行き違いなどは頻繁に起こるものであるし、そのきっかけも他愛ないものである場合も多い。そういうケースは、子どもたち自身で解決するだろうから、長期間どうにもならなくなっている場合のみ、第三者として双方の言い分を聞くという姿勢でいるのが良いだろう。人間は誤解する生き物であり、誤解なら解けるはずである。

　ところが、多人数で1人に対して身体的暴力、精神的苦痛を与えていると気づいたら、事態は深刻である。本来ならば、そこに至るまでに早期に気づいておきたいケースだが、進行している以上は仕方がない。早期解決のために、まず現状がどのようなものなのか確認し、様子を観察しなければならない。教師自身の目で事実確認ができればベストである。しかし、近頃のいじ

め発見の難しさは、ＳＮＳの普及も関与している。つまり、TwitterやLINEなどのアプリケーションを通じて、教師の目の届かないところでいじめが進行しているのである。LINEの扱いなどはとくに難しい。いじめている子どもたちが「グループ」を作り、いじめられている子を囲い込む形で巻き込んでいる。LINEの機能を悪用したケースは報道でも見ることができる。「学校では携帯電話使用禁止」といった罰則規定を持ちこむことも一概にできることではない。逆に、未成年である子どもたちの安全確保の観点から、保護者側から携帯電話を使用する必要性を主張されることもあるかもしれない。まさに、どんな素晴らしい道具でも物は使いようであると言えるが、いじめに関する対策としては、未成年には特定のアプリケーションを使用禁止とするか、子ども同士のやり取りを保護者に直接確認してもらうようにするくらいしか、今のところ手の打ちようがない。教師が生徒のプライバシーに踏みこむのは最も嫌われる行為であるから、スマートフォンを無理に取り上げるなどの強硬策は推奨できない。小さな機械の中で行われているいじめにどう取り組むか、はこれからの課題だろう。

　ところで、なぜいじめっ子はそれほどまでにいじめに執着し、最悪の場合死に追いこむほどにまで暴力をふるうことができるのか。

　第一に考えられるのは、いじめっ子自身が弱いため、自分より弱いものを下に見て、自分の優位性を確認したいケースである。また、学業以外の場所でイライラを募らせ、それを適切な方法でストレス発散できない場合も考えられる（防衛機制⇒第3章参照）。さらに、思春期特有のホルモンバランスの崩れや、それによる自己の変化への戸惑い（⇒第8章参照）なども考えられる。どれも根底にあるのは自分自身への不満、敵意など、いわゆる「善い」感情ではない。つまり、自分自身への憎しみ、苛立ちを投影し、誰かに発散している場合も考えられる。自分自身ではなく、家庭環境や、いじめっ子自身の力ではどうにもならない場合の憤懣もあるだろう。それを弱いものに向ける。冒頭に場違いにも思えるおとぎ話を載せてみたが、シンデレラの姉たちは、自分より美しく気立てのよいシンデレラが憎かった。2人の姉は嫉妬という

悪意を彼女に向けたのである。

　そこで「影」という概念を用いると、さらにイメージが膨らむだろうか。自分自身が表に出している、外界に適応している面、例えば、ガラスの靴を持って来た王子様の使いには、母親と姉たちはすこぶる愛想が良い。これが彼女たちの社会に対するペルソナ（⇒第３章参照）だろう。他にも人は場面によってさまざまなペルソナを付けかえる。その中で、意識の下に追いやって見ないようにしているのが影であり、「悪感情」もその１つかもしれない。「学年一の優等生が、本当は勉強が大嫌いで、それでも親に逆らえず、塾づけになって鬱憤がたまっている」などは比較的よく見られるケースである。この生徒は、のんびりと学校生活を楽しんで見えるような子がこころの底では憎たらしい（影の部分）。けれど、自分は優等生でいるしかない。そんな、自分ができない生き方をしている相手が羨ましくて、憎らしくて、適当な理由をつけて、ささいなことに難癖をつけ、そこからいじめに発展していくのである。

　できれば、このいじめっ子が、単なる意地悪なクラスメイトでいる間に教師は発見し、何らかの策を取れる準備をしておきたい。

　冒頭に書いたように、完全な善人、完全な悪人など存在しない。大人になっても同様である。どの面を社会に向けて生きているかの問題なのである。

　だから、いじめられっ子は、その子自身が悪いのでは決してないし、いじめっ子のこころの苦しさにも配慮する必要があるだろう。そして、深刻ないじめになればなるほど、多人数で解決するのが望ましい。そのために、スクールカウンセラーや警察などと連携をとる必要がある場合も存在する。

## （４）教師の立場として

　一対一のケンカであれば、雨降って地固まる、というように、逆に２人の関係はより深まっていくかもしれない。しかし、集団で１人を取り囲むのは暴力であり、教師としては絶対許さないという毅然とした態度が必要である。このルール作りをクラス開きの際に行っておくと、クラスの自律性も生まれやすい。「先生は親しみやすい。けれど、ダメなことをしたら厳しい。」と、

子どもたちの中に刻みこまれるのである。この種の線引きは、人と人とが関わる場面では必要不可欠であり、何度繰り返しても構わないとさえ思われる。

　担任が預かる教室は、本来子どもにとって、安全で、楽しく、教科を学ぶだけでなく、友人たちとの人間関係の中で社会性を育てる場所である。担任は責任が重く、なすべき仕事に忙殺されるかもしれないが、クラスという土に蒔いた種は、いつか実を結ぶこともあると信じたい。その日のための努力として、生徒との日々のふれあいと、ルール作りは徹底しなければならない。

　ちなみに、筆者は大学の講義の際も、必ず、クラス開きをし、以下のような配慮をしている。①このクラスでは学生自身の自主性を非常に重んじること。故に、積極的な発言は歓迎し、疑問に思うことはどんどん尋ねてほしいことを学生に伝える。②講義室という筆者が預かっている空間では、発言に正しい、間違い、を査定しないし、それがいわゆる、テストに出るような「知識」であれば、誤答の場合は、生徒に恥をかかせないよう、発言した努力を認めつつ、やんわり正答を促すなど、話をしやすい空気を作っている。半期という短い期間の講義であるが、学生たちは立派に成長する。自分の言葉で自分の想いを語るということを徹底させているからである。教員が良い講義をしているのではなく、学生たちが講義を育てているのである。大学のみならず、高校くらいになると、そのくらいの自主性を期待したいものである。

　そのためにはまず、教師が十分にぶれない軸を持っていることが必要条件である。

## (5) いじめのないクラスを目指して

　幼稚園から老人ホームまで、どんな年齢であれ、人間が2人存在すれば、軋轢は生じるものである。いじめはその延長線上にあり、多勢に無勢で弱い個体を支配下に置こうとする、いわば動物的な本能から突き動かされているのかもしれない。サルの社会であってすら、縦社会は存在する。ボスザルから立場の弱い個体まで、まるで人間社会の縮図である。ただし、人間には存在し、サルには持たないものがある。「言葉によるコミュニケーション」であ

る。人間は己の口を開き、「それは不当だと思う」と訴えることができるはずである。しかし、それができないのはなぜだろう。SNSなど、仮想現実の世界では雄弁に他人を誹謗中傷するのに、現実の世界では口数が少ない。「別に」、「よくわかんない」、「首を横に振るだけ」などといった反応は比較的よく見受けられるが、これで相手のことを理解できるのだろうか。スマートフォンが彼女たちの口代わりになるとするならば、まだパペットを持ち歩いたほうがマシだろう。人間同士、相手のことを知っていてさえ、メールやLINEなどでのやりとりは誤解を生みやすい。相手の顔色が見えず、声のトーンや仕草がわからない中でのコミュニケーションは、どちらかというと悪い方向に影響する。そうして、せっかくの友人をなくし、孤独だ、寂しい、とひっそり嘆く子どもたちを私たちも見てこなかっただろうか。ネット上の噂に尾ひれがつき、名誉を傷つけられた子どももいる。「言葉」「コミュニケーション」の大切さを今一度認識してもらいたい。

> **第3のワーク**
> 章末にある、ワーク、その中でもとくにワーク3は読者の想像力、アイディアを出す力、それをどうやって実践させるかが問われるものである。ここまでの学習を参考にして、集大成のつもりで意見を出し合ってほしい。

いじめという人間社会の病を完治させる特効薬はいまだに見つかっていない。「このマニュアルどおりに対応すれば確実に解決する」という問題ではないのがいじめである。だからこそ、そのとき、その場面、その当事者同士のケースによって対応方法を変えなければならないのが、将来教師となる学生たちの一番不安に感じられる要素だろう。ケースによって、教師自らが方策を立てねばならないこともある。何から手をつけ、誰と連携すべきか、被害を受けた生徒のケアをどうするか、など、判断すべきことは山ほどあるはずである。

だからこそ、筆者は改めて教育相談を学ぶ学生に自主性、自律性、そのと

き自分の中から生じたものを大切にすることを、大事にしてほしいと願っている。その軸がぶれなければ、いざいじめという困難に出くわしたときでも言い続けることができるだろう。「自殺だけは絶対に考えるな」、「今は辛くても、自分にとって必ず好きなもの、大事なものがあるはず。それを捨てるのか？ 命を守るためなら、いっそ学校に来なくて良い」とさえ諭しても良いのではないだろうか。折に触れて、生徒たちに教師の思いを伝えることは必要不可欠である。これから成長していく児童生徒たちにも、この科目を履修する読者にも、命に関わること以外に、やり直しがきかないことなど存在しないと思っていてほしい。だからこそ、時間がかかって学校を卒業しても、学校以外の他の道を選んでも、どれにも「正解」はなく、子ども自身がのちに振り返ったときに「あれで良かった」と思えるサポートを教師も行えるように、日々の自分を磨いてほしい。

## ワーク 10-1 子どもたちの日常生活を把握するための工夫

子どもたちの日常生活を把握するために、家庭、地域の住民との連携が必要になる。このために、教師ができる工夫、努力は何だろう？

- グループディスカッションで、さまざまな意見を出し合うこと。(5～6名)
- 教室内での講義に関する質問、自分の意見は、どのようなものであっても構わない。
- 意見に、正しい、間違いは存在しないので、自由に、そのとき感じたこと、思い浮かんだこと、懸念されることなど、ささいなことでも発言するのが望ましい。
- **ただし、自分と意見が異なるからと言って、相手を中傷するような発言や、口論になるような言い合いは避けること。**

    どんな意見にも絶対的な、正解、間違いはない。自分の感情と異なる、違和感を覚える、と思ったらその気づきを大切に「自分はこう思うんだけど……どうしてそう考えるの？」などという風にディスカッションを行うこと。

最初は恥ずかしいかもしれないが、色々な経験を持つグループメンバーも同じ気持ちで座っている。あなた1人ではないのである。グループメンバーは**受容的態度**で、相手の身になって（⇒**傾聴**）意見を聞き、そこから、「自分」の考えを組み立てることが大事である。「自分は何を目指し、それを達成するためにどういう工夫をするのか」、また「自分の地域ではこんなことを実施していた」など、意見は出れば出るほど望ましい。

ディスカッションの締めくくりとして、最後にグループの代表者に、グループで出た意見を発表してもらう。他のグループの学生も、「そこから取り入れられるものは取り入れてやる！」くらいの真剣な気持ちで耳を傾けてほしい。また、全グループの発表が終わったら、個人、別グループからの質疑応答を受けつけるのも良いだろう。

### 注意点

- グループメンバーの中には、いじめられた、いじめた、経験を持つ者もいるだろう。そういう学生は、秘めておきたい想いもあるはずなので、無理に話させる必要はない。ただ、本人が自発的に語り始めたら、メンバーは細心の注意を払い、その子の話を聞き、それは本人がクラスで発表して良いか同意を得て、慎重に扱うこと。実際に教師になれば、守秘義務を守る必要がある場面に何度も出くわす。その訓練と考え、次からは仲間に目配りしつつも、普段どおりに接するというのもまた、教師にとっては重要なスキルである。

    ⇒実際、学校の現場でワークを行ってみて、教師では手に負えない問題と気づいたら（⇒第13章参照）、スクールカウンセラー、各種施設などと連携し、早めの対策をとらねばならない。（講義で実践する場合はワーク中の異変について必ず教員に知らせること）。

- グループディスカッションの実践においては、教師は教壇でただ時間を潰しているだけではなく、全体を見通し、見守り、子どもの話しやすい空気を作り出してやらねばならない。**この教室は安全で、守られた、枠の中に**

いるようなものだと自然な安心感を作り出すのが、最も重要である。各テーブルをまわり、時には、子どもの話に一緒に共感するなど、**クラスの雰囲気をつかめる滅多にないチャンス**である。大事にしたい。

### ワーク10-2 いじめを振り返る

**自分たちの周りであったいじめ、見たこと、聞いたことがあるいじめを振り返ってみる**

　先にも述べたように、自分の体験を無理して語る必要はない。周りも強要してはいけない。しかし、このメンバーだからこそ聞いてほしいという仲間がいる場合、グループのメンバーは真摯に耳を傾けてほしい。どんないじめがあったのか、そのときのいじめられた子の気持ちを**想像**し、皆で意見を出し合いながら、感情の共有を行ってほしい。中にはいじめを見たこともないメンバーもいるかもしれない。では、「なぜ、自分の学校にはいじめが見当たらなかったのか」など、自分自身でテーマを作り積極的にディスカッションに参加してもらいたい。

　ディスカッションにおける注意事項はワーク10-1と同じである。教室の中での発言に、正しい、間違いは存在しないので、グループの代表者に当たったものは、グループの意見を存分に発表してもらいたい。そして、他グループの意見発表の際は、真剣に向き合い、質疑応答にも参加すること。

- 中には、メンバーの誰も、身のまわりでいじめを見たことがないというグループがあるかもしれない。そういう場合は、想像力を働かせ、**ロールプレイ**を行ってみよう。(⇒第5章参照)自分たちで、起こりそうな場面設定を考え、役柄を振り分け、筋書きを考えておく。とくにいじめ役の学生、いじめられ役の学生には配慮が必要である。教員がそばで見守り、その芝居の中でさえ、こころに傷を負わないか注意を払う必要がある。また、観察者を1人置き、気づいたこと、目にとまったこと、こころに

響いたことなど、さまざまな気づきをメモし、演者たちにフィードバックすることも大切である。人前で演じる恥ずかしさを押してのロールプレイであり、いじめという難しいテーマを扱ったグループである。ほかの観察者であった、他グループの学生は心から敬意を示し、その勇気と挑戦を称えてあげてほしい。こうすることで、いじめを知らない学生も安全な場所にいながら、いじめという仮想現実を体験できる。出演者たちのコメントも大切にメモしておくこと。その中には、そのときという「今、この場でしか、感じられない」純粋な感情があるはずである。

## ワーク10-3 いじめの芽を摘む方法

　これまでのディスカッション、講義をふまえ、どうすればいじめの芽を潰すことができるか、皆で検討してほしい。こんなことがいじめのきっかけになったのを見たことがある、こういう事柄でグループで揉めた、など、身のまわりの体験を差し障りのない範囲で出し合い、どうしていたら揉めごとを避けられていたかの意見を提示してほしい。いじめは、多くの場合、ささいな小競り合いからエスカレートしていくように思われる。そのささいな小競り合いをまずなくすことからアイディアを発展させ、クラスにいじめをできるだけ起こさせない工夫を考えてみよう。自分が教師として教壇に立ったとき、何をするか。精一杯知恵を絞って、考えてほしい。

- 注意事項としては、ワーク1と同じ。決して、他人を中傷したり、意見にケチをつけたりしてはならない。自分自身が異なる意見を持つとするならば、真っ向から話し合いをすれば良い。このルールは徹底すること。
- 十分にディスカッションを行った後に、グループの代表者から意見を発表してもらう。どのグループも真面目にほかのグループの発表を聞くこと。この先、教師になる人にも、ならない人にも、必ず役に立つ何かが見つかるはずである。

## 第 10 章　いじめへの対応

**文献一覧**

文部科学省ウェブサイト　http://mext.go.jp/ijime/（2014 年 11 月 10 日）

山登敬之編「思春期の"悩み以上、病気未満"」、青木省三ら編『こころの科学 175 号』日本評論社（2014）

田中究編「いじめ・不登校・学校」、岡崎祐士ら編『こころの科学 151 号』日本評論社（2010）

河合隼雄『こどもの本を読む』講談社（1996）

河合隼雄『昔話の深層　ユング心理学とグリム童話』講談社（2004）

河村茂雄『教師のためのソーシャルスキル―子どもとの人間関係を深める技術』誠心書房（2002）

窪田文子「友達のあいだで：いじめと孤立」、佐々木祐二，笠井仁編『図で理解する生徒指導・教育相談』福村出版株式会社（2010）

吉田圭吾『教師のための教育相談の技術』金子書房（2007）

# 教育相談と認知行動療法

佐々木 淳

　思春期・青年期という発達過程におかれた子どもたちは、悩みの多い時期を生きている。彼らにとって悩むこと自体は非常に自然な現象である。悩むことで成長が促される面もあるだろう。ただ、自力では到底抜け出せないことも多い。まずは静かにみまもるとしても、周りの大人が解決の糸口について思いをめぐらしつつ、必要があれば機会を見つけて手助けする姿勢や方法が求められている時代であるように思う。

　認知行動療法とは日本でも近年盛んにおこなわれるようになってきた心理療法の一種である。認知行動療法は同じ問題がその日だけではなく、2日、3日…と繰り返されるのは何らかの悪循環が存在していると考える。子どもたちはどのような状況や文脈に置かれ、どのようにそれをとらえ（認知）、どのように行動し、どのように感じる（感情）のだろうか、そして身体的にはどのような反応が生じるのであろうか。現実的に現れてきている問題において、この状況・認知・行動・感情・身体反応の5つの要素は相互にからみあって不適応を形成していることが多い。さらに、その子どもたちと教員や家族との間の出来事ややりとりを子どもたちがどうとらえ、どう感じ、どう行動したのか、といった具合に、子どもたちを取り巻く環境との連鎖へと拡張してアセスメントすると、意外なところに問題の源を発見することも少なくない。

　問題と関連する認知や行動のしかたを工夫したり、自分で自分の感情について理解することは子どもたちにとって有益である（e.g., 松丸・下山・ストラード, 2010）。それに加えて、近年、認知行動療法は予防的な側面でも注目されている。例えば、「認知行動療法教育研究会」は、認知行動療法を援用した「こころのスキルアップ教育」というプログラムを作成している。これは、1）しなやかな考え方ができるようになる、2）自己理解・他者理解ができるようになる、3）感情のコントロールができるようになる、4）問題解決の能力を高めるといった4つのスキルの育成を目的とした45分×12コマのプログラムである。こうした集団のプログラムには予防に役立つという利点があることはもちろんのこと、同じ出来事でも他の子どもたちは自分とは違う感じ方をするという事実や、その裏側にあるその子なりの考え方に触れる機会を与える。認知行動療法は問題の理解と対応に役立つだけでなく、クラス内の相互理解を促進する仕組みとしても便利な枠組みであるといえるだろう。

# 第11章

# 学級運営に関する困難

**key words** 学級崩壊、問題行動、安全基地

## 1 現代の教育現場の実情

### (1) さまざまな問題

　不登校、いじめ、学級崩壊、ソーシャルネットワーキングサービス（SNS）が関係する問題など、大人たちを悩ませる問題を挙げればきりがない。これが現代の子どもたちが置かれている環境である。社会情勢の問題、模範となるべき大人たちの振る舞い、そのような大人の課題のしわ寄せが、社会的に弱い存在である子どもたちに押しつけられているように思えてならない。不登校（⇒第9章参照）、いじめ（⇒第10章参照）とここまで詳しく見てきたが、本章では、子どもを取り巻く大人たち、とくに日常接することが多い教師にとっても非常に困難な問題である**学級崩壊**について見てみよう。

　学級崩壊という言葉の歴史は浅く、文部科学省においても、1999年2月に、その実態を把握するために「学級経営研究会」（国立教育研究所内外の研究者や学校現場の関係者等で構成）にその研究を委嘱したばかりである。言葉、現象としての歴史は浅いように思えるが、1999年以前にも校内暴力が問題になり、学校が最も荒れていた時期を経験している方々も多いだろう。当時と近頃では、学校の仕組みも全く異なり、スクールカウンセラーなどは置かれておらず、校内にいる教師が一手に生徒たちの問題行動まで引き受けていた。

191

小学生は全教科を指導する担任が、知識を教えるのみならず、社会性、道徳性、ものごとの善悪など生活全てにかかわるという点で、中学・高校とは異なる。小学生に与える、担任そのほか小学校の教師の影響は中学・高校とは比較にもならないだろう。担任教師と相性が合わずストレスを感じる、というだけで、その生徒は最初から教師のあら探しをしている。ほかにも同じ悪意を抱えた児童や、家庭の問題、そのほか学校外の活動でイライラしている小学生たちは、教師が思うように振る舞ってくれなければ報復に出る。単純に教師の力量で学級が機能しなくなるわけではなく、それ以外の事由でもクラスが機能しなくなる可能性は多分にあるのである。そのような一般的な児童のストレスコーピングの未熟さは誰もが通過する道である。だから、どんなベテランで評判が良い先生でも学級崩壊は十分起こりえるし、それは巡り合わせの悪さとしか言い様がない。児童－教師も人間関係である以上、どうしてもこの種の感情の影響を無視できないだろう。1つ目の理由が教師と児童の信頼関係の難であるとすれば、2つ目は最近よく知られるようになった発達障害である（⇒第7章参照）。一番教師が手を焼くのは注意欠如／多動症（DSM-5より。以下AD/HDと呼ぶ）ではなかろうか。発達障害の中でも多動性、衝動性、注意力散漫という症状を主に呈するので、教師は扱いが難しい。物音がすれば、すぐに立ち上がり、教室を出て行ったり、集中して授業を真面目に聞けず、常に友達に話しかけている、などという行動を起こす。教師にとって、今後、発達障害の知識は不可欠であり、どうすれば発達障害の児童をうまくクラスに溶け込ませられるかが、教師の大きな仕事になるだろう。そうでなければ、教師もいじめ（⇒第10章参照）の標的にされかねない。教室という狭い空間で、たった1人の大人として敬われ、威厳を見せることができれば、**対教師暴力**という悲劇は避けられる。小学生なら「この先生、おもしろいから好き」、「一生懸命で可愛い」、そんな理由で好意を持ってもらえれば、それで案外うまくいくものである。

これが中学、高校、もしかしたら、小学生でも高学年の年齢になれば、何を指標にして教師を評価しているか変わってくる。例えば、教師に対する尊

敬、受容性という温かさ、熟練性、正当性（先生、教師としてきちんとあるべきこと）などがこの基準であると言われている。（河村、2002）

　数多く存在している「教師いじめ」について、1つ悲しいケースを紹介しよう。近畿地方のＩ中学は、学校そのものが荒廃しており、窓ガラスは割られて1枚もなく、電球も同様で、常に薄暗い印象の中学であった。Ａ先生はどちらかと言えば気弱なタイプで、いわゆる不良たちに暴力をふるわれても反抗できなかった。中学生とはいえ、2年、3年ともなれば、男性教師でも力ずくでは止められず、生徒のやりたい放題を止められるのは、最終的には、通報して応援に来る警察だけだった。反抗的な生徒たちは、無免許なのに家から持ち出した車で校庭を走り回るなど、教師の権威は完全に失墜していた。それがまた、反抗的でない生徒たちの感情にも影響を及ぼして、教頭、校長の言うことすら意味をなさなくなった。Ａ先生は精神的に参ってしまい、しばらく休職したのち、半年後に学校に戻ったが、反社会的な生徒たちの暴力はおさまらず、先生が土下座して泣いても、徹底的に車を破壊し尽くされた。Ａ先生は程なくして辞職し、自死を選んだ。

　思春期〜青年期に入りつつある生徒たちは、見た目だけは大人とあまり変わらないかもしれない。しかし、心は未成熟なままである。親離れしなければならない「自立」を目指す心と、まだ親の温かな庇護の元にありたい「依存」との間で揺れ動いている。生徒自身の家庭の問題もあるだろう。その苛立ちを唯一の大人である教師にぶつけることで、鬱憤を晴らしている場合もあるだろうが、いずれにせよ、そのやり方は成熟したものではない。教師と生徒として出会っても、同じ人間同士、コミュニケーションで問題を解決できるのが最も望ましい。

　当時、このような現象は、今の学級崩壊のように、全国各地で見られるようになった。子どもたちの居場所が学校に限らなくなり、反社会的少年少女が学校以外の場所に目を向けるようになったので、学校全体まで揺るがすほどだったエネルギー、パワーが逃げ道を得ただけだ。その分、彼らの影に隠れていた、いわゆる普通の生徒の渦巻くエネルギーが発散しやすくなり、よ

り巧妙な手口で汎化していったのかもしれない。また、近年話題になっている発達障害（⇒第7章参照）が明確化された分、その症状により、さらに学級内の混乱が増している事態も否めない。しかし、発達障害自体、発達障害の子ども自体に罪はない。生まれ持っての症状に難癖をつけたり、ましてや教師も含めての学級で罪をなすりつけたりするなど、あってはならない問題である。発達障害の症状、程度はさまざまであるが、コツをつかめば、彼らともスムーズにやっていける場合もある。こういうケースの場合、学級崩壊を促しているのは教師の勉強不足であるので、嘆くよりも、一生懸命学び、子どもを理解してほしいと思う。教師の手に負えない状態だとわかれば、専門家（スクールカウンセラー、児童精神科医など）と連携しアドバイスを受ければよい。全てを1人で抱え込まず、教師自身で周囲の人々と輪を作り、皆で関わるのが基本的な方策である。教師や保護者と連携できる人々・機関に関しては第13章を参考にしてもらいたい。

## (2) 学級崩壊の及ぼす影響

　国立教育研究所によれば、現在一般的に用いられる「学級崩壊」という言葉は調査に関わった人々の印象にしっくりこず、正確には「学級がうまく機能しない状況」と呼んだほうが適切である、とのことである。（文部科学省ウェブサイト、章末に URL 掲載）。

> 『学級がうまく機能しない状況』とは、①『子どもたちが教室で勝手な行動をして教師の指導に従わず、授業が成立しないなど、集団教育という学校の機能が成立しない学級の状態が一定期間継続し、学級担任による通常の手法では問題解決ができない状態に立ち至っている場合』を指しています。
> ②『学級がうまく機能しない状況の要因』としては、学級担任の指導力不足の問題や学校の対応の問題、子どもの生活や人間関係の変化および家庭・地域社会の教育力の低下等が考えられます。

③また、これらは、ある一つの『原因』によって『結果』が生まれるかのような単純な対応関係ではなく、複合的な要因が積み重なって起こります。問題解決のための特効薬はなく、複合している諸要因に一つ一つ丁寧に対処していかなければならないものと考えています。

　学校は子どもの社会性、情緒、道徳、パーソナリティを育んでいく上で、非常に大きな影響力を持っており、中学生、高校生くらいの年代になると家族より友人たちと長く過ごす子どもたちも出てくる。この頃の年代は同世代で仲間を作ることで人付き合い、コミュニケーションの仕方を学んでいく。保護者や大人に反発することで、自分たちの考え方、自分自身の意見を模索していく時期でもある（**第二反抗期**）。友人たちとの絆を深め、異性に関心を持ち始め、保護者には言えない秘密ができたりする。これは、保護者の庇護という温かい巣から飛び立とうとするために重要なことである。最たるのが、第二次性徴期を迎え、男女交際に発展するなどの例だろう。こういう話題は、子どもとしては保護者に最も触れてほしくなかった、ということを学修者たちも思い出さないだろうか。しかし、これは大人に向けて成熟していく上で決しておかしなことではない。

　近年では、女子児童などは小学校高学年ごろから大人顔負けのファッションをして、見かけと中身のギャップに驚かされることもある。**発達加速現象**（林、2010）というものがあり、昔より今のほうが、子どもたちは２つの側面でこれまでの平均値よりも早く成長し、大人びていく現象を言う。まず、身長や体重など量的な側面での成長が加速する「成長加速現象」と、次に性的な成熟が早くなる「成熟前傾現象」が見られる。これらは地方より都市部でより影響している傾向があり、近年の日本社会のライフスタイルや食生活が影響を及ぼしていると考えられている。つまり、現代の子どもたちの思春期は早まり、この思春期特有のさまざまな影響が学級の混乱を増長していることも忘れてはならないだろう。児童、生徒、学生、というくくりが年々曖昧になって、小学生と高校生の見分けがつかないということさえありうるの

である。今後の調査・研究が待たれる分野である。つまり、教室の中は大人顔負けの子どもたちが座っているかもしれないが、その見かけに惑わされず、彼らはまだ発展途上の未成年なのだ、ということを教師となる者は忘れてはならない。そう考えてみると、中学生や高校生になってさえ、社会的な道徳観念などができあがっていない理由も理解できるだろう。

## 2 実際に体験してみる

### （1）学級崩壊のワーク

　学級崩壊の苦しさ、辛さは身をもって経験してみないとわからない部分がある。そこで、ワークを行ってみよう。ワークの詳細は章末のページを参照のこと。

### （2）ワークで感じた気持ちの整理

　さて、ワークを行ってみた今の気分はどうであろうか。昨今教育現場で話題にのぼる、子どもの問題行動の予防に何か役立つかもしれないと思えただろうか。実際に応用し、これからの生徒たちに役立てていくのは、教師の卵である学修者それぞれである。教師にならない学生たちもいずれ子の親になり、我が子のクラスが荒れていると知ったら、助けになるだろう。本当に学びたい子どもの意欲を削ぐ、学級内での問題行動は、子どもたちの学ぶ権利の侵害であり、決して安易に許してはならない。教師1人では立ち向かえなくとも、チームを組んで戦い、学校内外の大人も含めて解決していけば良い。この問題行動も、実際の場合、ケースバイケースでの対応になるので、授業を繰り返し咀嚼し、自分で考え、判断し、行動する習慣を身につけるトレーニングの種にしてほしい。

## （3）安全基地

### 心理的離乳

　青年期の親子関係は、それまでと大きく変わってくる。児童期までは保護者の価値観に基づいた規律に従ってきたのが、青年期に入って自我がめざめてくると、保護者の規律から離れて自分自身の規律を獲得していこうとする。（⇒第二反抗期）。心理学者のホリングワースはこの時期を**心理的離乳**と呼んでいる。

　親子ともに「依存」の関係から、「自立」を目指していく葛藤の時期である。まさに、「保護者や教師から気にかけてもらいたい気持ち」と、「いい加減そんなの格好悪い」という心情の間で揺れ動く、微妙な時期である。乳幼児期に培った人間関係の基礎を改めて点検し直す段階であるのかもしれない。

### 対人関係の基本　保護者－子ども関係

　親子関係は、一般的に、子どもが人生で初めて形成する対人関係で、社会性を獲得する基礎となる。保護者－子ども間の関係は子の発達とともに変化していく。

### 愛着（アタッチメント）

　イギリスの精神医学者**ボウルビィ**によると、新生児はまず1人の特定の人物への**愛着**を形成することが必要だという。それは、新生児〜乳幼児という、身体的にも未発達な状態で、知覚・言語など知的にも発達途中の子どもたちが危機的な状況に際して、あるいは危険を察知することで、ネガティブな感情（恐怖や不安、緊張）が高まったときに、特定の対象と触れ合う関係、その関係を維持することによって、ネガティブな感情を低減し、調整しようとするシステムであり、それを繰り返すことで、自分は安全なのだという感覚を得ようとする行動制御システムなのである。

　ほとんどの場合、最初の愛着の対象となるのは母親で、子ども時代に築き上げられた愛着は一生続いていくと考えられている。そして、母への愛着が

しっかり構築できると、その後は、父親や、きょうだい、祖父母へと愛着の範囲が広がっていく。さらに成長すると、友達や仲間に愛着が向けられ、深いつきあいができるようになる。

つまり、1人の人間としての対人スキルは、特定の人との安定した愛着を土台にして培われていく。人生において初めて結ばれる母親との信頼関係が、その後の世界・人間全体への信頼につながっていくのである。これは、エリクソンが示した発達課題（⇒第8章参照）とも密接に重なり合っているので、「生涯にわたる情緒的な絆」というのは、その影響も見逃せないかもしれない。

こうして子どもは母親と2人きりの世界から徐々に世界を広げていき、広い社会へと進み出て、さまざまな人間と付き合っていくようになる。すなわち、人間関係の基礎は愛着にあると言っても良いだろう。

### 安全基地

発達心理学者エインズワースが提唱した概念である。「子どもが不安や恐れを感じる状況に遭遇したときに、戻ってくることのできる人物をさす。いつでも安心できる心のよりどころのこと。」（林、2010）

「母親への愛着がしっかり形成されると、子どもは外の世界と関わり始める。例えば、母親と一緒に歩いているときに、子どもの見知らぬ人に会うと、子どもは母親の後ろに慌てて隠れてしまう。その人の顔をじっと見ていても、目が合ったり、声をかけられたりするとまた隠れる。つまり、子どもにとって母親は「この人といれば安心できる」という存在であり、安全基地のようなものなのである。安全基地にいつでも戻れるという安心感があって初めて、子どもは外の世界へ少しずつ冒険しに行くようになる。」（林、2010）

以上のように、子どもにとって、いや、大人になっても安全基地は重要な役割を果たしている。「こころのエネルギーが枯渇し、世界に出るのが怖くなった」、「対人関係のちょっとした揉めごとをうまく解決できなくて余計に関係が悪化する結果になった、どうしよう」、など、中学生、高校生ではまだ部分的に必要なものなのではないだろうか。とくに小学校から中学校に進学し

たときの環境の変化は、子どもにとって大きな影響を及ぼすと言われている。これまで長い時間を過ごしてきた、安全基地である保護者と引き離され、同学年の友人たちと過ごす時間が圧倒的に長くなる。その中での唯一の大人は教師のみである。このことからもわかるように、子どもたちはまだ安全基地を求めるし、初めてのことだったり、不安になったり、イライラしたときには、安全基地で愛着の対象に抱き締めてもらいたいのである。もう良い年齢だから恥ずかしいという気持ちが、いつまでも保護者（大人）に依存するなんて、と**愛着行動**にストップをかけるのかもしれないが、学校で長い時間を過ごす担任教師などは、子どもが振り向いたときに遠くからでも笑いかけられるように生徒を愛し、見守るべきではなかろうか。

　先の事例、Ｉ中学校の不良たちはその点、非常に素直であった。

　「ちょ、××ちゃん、何で、俺のこと無視すんの？　俺、タバコ吸うとってんで」と、担任教師や大人たちに向かって、自分に構ってほしいために反社会行動をとる。これほど素直でわかりやすい反社会行動もないだろう。子どもに限らず、人のこころは複雑である。ときに生き生きと花を咲かせ、反面手入れがなされていない区画もある。その区画に目を向けて、何か種を蒔いてみれば、これまで気づかなかった花が咲くかもしれない。教師と子どもも人間同士である。もちろん全てが関係良好になれるとは言わないが、意外なところから問題行動を見直せる機会かもしれない。周囲の大人たちと一緒に、もう一度、愛着関係を築き直す機会と思い、問題行動を見返してみると、何か別の案が出てこないだろうか。それを想像し、いかに豊かなイマジネーションを膨らませるかがこれからの教師に求められる素養の１つではないかと思われる。

　ここまで、不登校、いじめ、問題行動と教師にとっての難題について説明してきたが、教師は完璧なスーパーマンでも、特別な能力を持つ魔法使いでもない。私たちと同じ人間である。いじめや不登校はどんな学校でも起こりうるし、子どもの発達障害も誰のせいでもないのである。もちろん、仕事を疎かにしていて、子どもや保護者からの信頼を失うような勤務態度は論外で

あるが、たいていは真面目で実直な先生方が悩み、迷うのだろう。学校として大切なのは、学級担任、もしくは問題に当たっている教師を支えるためのチームと速やかに協力体制をとれるように準備しておくこと。悩みを抱えている担任が本心を語れる相談相手や、事例検討会を設けるなど、1人で重荷を背負い、苦しまない環境もまた必要不可欠であると思われる。教師1人で悩ませない。これが肝要である。いじめなど、早急に手を打たねばならない問題には言えないが、教育の根本にまつわる問題は、長い目で見て多勢の知恵を出し合って行うのが最もふさわしいのではないだろうか。そして何より、子どもを温かく見守る眼差しを忘れてはならない。

## 3 問題行動とは

### (1) それは、誰にとって問題なのか

　近年、教育の現場でよく耳にする「問題行動」という言葉がある。例えば、これまで学んできた、不登校、思春期特有の心身の問題、いじめ、学級崩壊、発達障害の子どもの症状まで、ひとくくりにし、カテゴライズしてしまう便利な用語である。しかし、この用語には違和感を覚えないだろうか。そもそも、問題のない世界などどこにも存在しない。しかし、日本の学校、子どもを持つ保護者の周囲は問題が山積みで、どうものっぴきならない状況のようである。連日報道を賑わせるいじめによる自殺の問題。多様化していき、保護者の常識では理解できなくなった子どもたちをどう扱えばいいかわからず、パニックを起こしている保護者たちの辛さや苦しみ。そして、力を尽くしきってもどうにもできなかったと無力感にさいなまれ、精神的に参ってしまう教師たち。確かにこれは問題であり、解決が急がれる課題である。

　しかし、ふと振り返ったとき、いじめによる自殺だけは絶対にゼロにしなければならないが、他の問題はどうだろう。果たして、それは子ども自身が問題と感じていることなのだろうか。大人たちが本来なすべきことを怠ったための問題を子どものものとすり替えていないだろうか。

第 11 章　学級運営に関する困難

　問題行動にもさまざまな種類があり、純粋に子どもにとって不利益であるもの、大人の都合が優先されたもの、子どもも大人も、誰も得をせず皆が不幸になるものと筆者は分類し、それぞれについて説明していきたい。まずは誰も得をしない、子どもも大人も辛く苦しい問題から見ていこう。

## 子どもも大人も苦しい問題

　まずは最も状態が複雑になりがちな問題から見ていこう。例えば、いじめである。第10章で扱ったが、早期発見は必須、手を打つのが遅ければ遅いほど、事態は複雑化する。いじめている子どもが、いじめられている子に、無理矢理万引きさせたり、人前で辱めを受けさせたり、親の財布から金を盗んでこさせるような例は、いじめられている子も最も辛いだろうし、保護者の心配もいかばかりかと推測できる。我が子が非行に走ったのかと思い、学校側に尋ねてくる保護者は、もちろん、文句を言いたくてやってくるのではない。**モンスターペアレント**という存在が知られるにつれて、学校に保護者が連絡をしてくること自体が、学校にとって煩わしいことと感じる部分もあるかもしれないが、中には先述したような悲痛な叫びもある。少なくとも担任教師は、ことの重要性、真実を見極めて、迅速に手を打つためにも、一度は家庭の様子を知るべきである。第一にするべきは、己の保身ではなく、生徒の貴い命を守ることだと心得てもらいたい。

　いじめられた子はもちろん傷つくが、いじめっ子も何も感じないわけではない。犯罪行為をするのは、単に「面白かったから」「イライラしたから」という理由だけではないかもしれない。フロイトの防衛機制（⇒第3章参照）がうまく働かず、こころのモヤモヤをいじめられっ子にぶつけた、というだけでは理由にならない。学校、家庭、地域まで巻き込むレベルのいじめなら、誰かが気づき、声を上げることができるはずである。それをしないのは、大人たちがいかに、身近に存在する住人、とくに子どもたちに対して無関心であるかということだ。**虐待**という問題も同じ病理を孕んでいるように思えてならない。

いじめられている子の心身の傷はもちろん、いじめている子が感じる周囲からの無関心はどのような気持ちになるのだろうか。無関心のわりに、周囲の大人たちの噂だけはかしましい。いじめっ子の気持ちになって、想像してみてほしい。
　ただし、いじめっ子にどんな理由や同情すべき点があろうと、いじめは絶対に許さないという教師・学校側の軸をぶれさせてはいけない。ダメなものはダメだと常日頃から、生徒たちに理解してもらうのが大事だろう。でないと、ひどい場合は、下手に告発し、なおざりな手段で人間関係をさらに引っかき回し、両者に「はい、仲直り」と握手だけさせて終わってしまうというお粗末な結果になりかねない。その場合、今度、いじめの標的にされるのは教師の側かもしれないのである。教師もクラスの一員であり、学級を構成するメンバーの1人である。生徒たちに見下されるような存在になれば、教師とて人間であり、心身ともに摩耗し、いじめられた子どものように絶望を感じるだろう。現在、教師の休職理由の第1位は**うつ病**などの精神疾患である。これは子どもたちからのいじめが直接の理由とは言えないが、子どもを見守る側の教師まで仕事ができなくなっているようでは、クラス運営は到底うまくいくはずがない。その例として、先に紹介したケースを思い出してみよう。
　こういうケースはある意味で、全員が被害者で、加害者で、傍観者と言えるだろう。いじめっ子がなぜ被害者と言えるのかは後に詳述しよう。

## 大人の都合が優先されたもの

　2つ目に、大人の都合が優先された結果生じた問題行動を紹介するが、決して、周囲の大人たちの怠慢だ、などと責め立てる意図はないことをあらかじめ明言しておく。
　まず、子どもにも保護者にも辛く苦しいことであるが、結局、保護者や大人の都合の優先で問題を先送りにされたり、きちんとした手順を踏んでしかるべき機関に連れていかないなど、何かしらの事情があるケースである。先に挙げたいじめもここにも入ってしまうかもしれないが、例えば想像してみ

よう。

母「今日、学校から電話があってね。先生があなたとBくんのことでお話がしたいっておっしゃってるんだけど。何、ケンカでもしたの？」
子「ケンカ？ してないよ。ただ、ちょっとおふざけで柔道やってたら、Bのやつ頭から血流しちまって。それだけ。事故だろ？ 別に母さんが謝りに行く必要ないよ」
母「そうよね。成績優秀で、評判の良いあなたがそんなことするわけないものね。Bさんのお母様もカーッとなって怒鳴り込んだだけよ。まさか、あなたがBくんをいじめてるなんて、それこそ風評被害だわ。学校に言っていかなきゃ」

さて、いかにも我が子が可愛くて仕方がない母親のテンプレートのような会話を作ってみたが、いかがだろう。子どもの間にはもういじめがあるのはわかりきった事実になっている。いじめられているBくんの母親は耐えかねて学校に対策を求めたのだろう。しかし、いじめっ子は、いかにもいじめっ子の顔や身なりで歩いてはいない。保護者は、模範的な子ども、優等生である子ども、と我が子に対して信頼を寄せれば、事実はゆがんで見えるものである。この場面の母親がすべきは、第一にケガをさせてしまった相手とその家族に対する謝罪であろう。昔からよく言う言葉だが「うちの子に限って」というのはまさに真理だと思われる。成績が良かろうが、先生受けが良かろうが、決して許さないという一線を越えた者にはきちんと反省を促す必要がある。教師としてぶれない、ということはそういうことである。親やPTA、その他の大人たちがいじめっ子を庇おうと、「いじめはいじめです」と言い切れるだけの度胸を身につけてほしい。そうでなくては、この子どもは「自分は何をやっても許されるんだ」という誤った認識を持つことになる。それはその子の将来の可能性をつぶしてしまう結果に終わらないだろうか。頭の中で具体的にイメージしてもらいたい。自己中心的で、親の言いなりにしか意

思決定できない、勉強だけの子ども。この子に必要なのは優秀な家庭教師ではなく、人の道を説く「師」である。そうでなくして、何のための教師なのだろうか。

　もう1つの例として、発達障害の子どもの存在がある。近年頻繁に耳にするようになった言葉であり、高い割合でクラスに混じっている場合があるが、この類は非常に難しい。専門的な知識がなければ、とくに症状が軽微な子どもの場合は、問題が起きてからでないと対処ができないからである。授業中にもかかわらず、教室外の物音に気をとられたらすぐ立ち歩く。集中して座っていられないために、教室を頻繁に出たり入ったりと落ち着かない。また、コミュニケーション能力が乏しいので、生徒同士の会話もピントが合いにくく、その結果、人の輪から外れがちになったりする。クラスメイトとうまくやっていけないと、結果その子どもは孤立してしまい、その子の立場は微妙なものになる。

　このような場合、気づいた教師はどうするのが最善なのだろうか。たくさんの人々と出会う教師という職種を選ぶ学生たちは、まず、**定型発達児**（いわゆる「発達に問題のない普通の子」）と**非定型発達児**を見分ける基準を学んでほしい。専門家でもなかなか区別がつきにくい子どもたちがいるのも事実だが、注意を払っておくのに越したことはない。この教科書にも詳細に述べられているので、参照にしてほしい。そして、専門知識を持つスクールカウンセラーや利用できる専門家（⇒第13章参照）とチームを組み、保護者にも参加してもらい、今後の学習方針を立てるのがベストだろう。気持ちはわからないでもないが、我が子の症状に気づきつつも、何の**療育**もしてこなかった保護者も存在する。自分がお腹を痛めて生んだ子が、何かしらのハンディキャップを持っていると突きつけられるのは非常に苦痛をともなうことでもある。「早期に療育を始めていれば……」というケースの場合、ここで、我が子に辛い思いをさせているのは実の保護者ということになりかねない。そして、我が子の症状のせいで、クラスが勉強に集中できないともなれば、子どもは学校に行きづらくなるのではないだろうか。この場合の問題行動というのは、

本人にとっての問題なのではなく、保護者の心情の問題、はからずも授業を邪魔された格好になってしまう他の子どもたちにとっての問題になってしまう。先に紹介したような、「当事者を取り巻く人々全てにとって問題」というのとは意味が違ってくる。問題行動というのは、生徒の目線に立てば、その行動のせいで生徒自身が辛く苦しい思いをするものを意味していたのではないかと筆者は考える。もちろん、サポートする周囲の大人たちの苦労は並大抵のものではない。だから、「自分にとっても問題なのだ。」と言い切ってしまうのは幾分浅慮に思われる。もちろん、精一杯努力した上で、何もできなかったと苦しむ先生もいらっしゃるだろうが、その苦しみ・痛みと、生徒の抱えるものとを混同したりしてはならない。教師自身のメンタルヘルスは教師自身、教師同士でケアしていこう。第14章に詳しく記述されているので参考にしてほしい。

## 子ども自身にとって問題と感じられること

　中学校、高校あたりの思春期（青年期前半）は子どもにとっては難しい時期で、さまざまな課題、問題と直面させられる。自分は何者なのか、何になりたいのか、など自己に対する意識が非常に高まっており、そのぶん意識過剰にならざるを得ないところもある。「自分だけは特別だ」などと臆面もなく言い放てるのもこの時期くらいだろう。

　そんな思春期の生徒自身が、苦しみ、本人にとって問題なのだと言える現象を挙げていく。例えば、不登校、引きこもり、自傷（リストカット）、摂食障害、などである。不登校などは、学校に行けない本人が出席日数や授業の遅れという不利益を被るだけで、他の誰かの不利益とはならない。学校に行けず苦しんでいる当事者にとって問題なのである。不登校の子を持つ保護者自身が「うちの子学校に行きたがらないんです」と訴えても、問題は生徒当人なので、保護者から話を聞くのは大事だが、保護者の問題と混同してはいけない。保護者にもケアが必要と思われる場合は、適した施設で保護者自身にもカウンセリングを受けてもらうのがいいだろう。このようなケースの場

合、教師に何ができるか考えてみよう。

　例えば、定期的な家庭訪問。手紙でもいいので、教師自身が「あなたのことを心配し、気にかけている」というメッセージを送り続けることである。学校の外でもいい、会えるなら直接会い、他愛ない話をして、生徒の顔色、様子、雰囲気などを確かめればいい。逆に復学を急がせるような物言いは禁忌である。子どもが少し開いてくれた窓を一気に閉ざされてしまう可能性がある。学校に来られない子には来られない子なりの理由がある。当人のペースに任せ、その瞬間は生徒とともにリラックスすればいい。そこで、生徒と何かしらの感情の共有ができれば上出来だろう。また、学校に行かないからこそできる、やりたいことを見つけてもらっても良いかもしれない。不登校の子が集う支援施設もあるが、そこにこだわる必要もない。本人が学校を辛い場所と思うなら、その子自身が見つけた居場所にいても良いのである。最終的に、不登校のまま学校生活を終えることになっても、人の生き方は１つではない。「思い切り好きなことをやり抜きなさい。」そう笑って生徒を見送れる教師になりたいものである。子どもであれ、立派に状況を判断し、何を選び取るかの決断ができることもある。そのような決断の場合は、一人前の人間と見なして、礼儀を尽くすのが大切だろう。発達途中の子どもにとって、振り返れば自分を見守ってくれる眼差しがある。新しいことにチャレンジし、失敗してもそこに立ち戻れば、また挑戦する勇気が湧いてくる。幼子の頃、母親がそうであったように、人間は究極的には安全基地が必要なのである。教師は常に生徒の味方であり、時には安全基地となり、駄目なときには駄目と本気で叱ることのできるぶれない軸を持ってほしいと思う。

## ワーク11　クラスの問題児を演じてみよう

　教室全体を使い、自分のイメージする、クラスの問題児を演じてみよう。教師役も学生から１人選びだし、いかにして混乱した状況をおさめるか、アイディアを出してみよう。他の問題児役を演じている学生たちは、教師役の言葉、行動、何かが胸に引っかかり、座っても良いなと思えば着席。時間は

およそ10〜15分目安。指導教員は度が過ぎないよう、教室全体を見守り、感じたことを学生にフィードバックする。また、学生からの意見も募る。

　配役：教師

　　　　クラスの問題児1：不良

　　　　クラスの問題児2：発達障害

　　　　クラスの問題児3：傍観者（先生に対して内心反抗的）

　**教師役の学生には特に配慮が必要。自分から希望して役を演じる学生を選ぶくらいのほうがよい。**

- 自分の気持ちに嘘をつく必要はない。どうしても座れない気持ちになったのなら、最後まで立っておくのも間違いではない。それが、問題児と呼ばれる生徒のこころの中を知る手がかりになるかもしれないので、その都度メモをとり、そのときの素直な気持ちを書き記してほしい。

- 逆に、座ろうと思った生徒役の学生たちは、何が心に届いてそうしようと思ったのか、詳細に書き留めてほしい。子どもの気持ちにもう一度立ち返って、ここで「あっ」と思ったなど、そのときの気持ちをありのままに書き記してもらいたい。

- 教師役は一際大変な役だが、そのぶん得るものは多いはずである。教え子たちが自分の言葉を聞かず、自分の神経を逆撫でするような真似をする。そのときの苦しい気持ち、葛藤、苛立ちなど素直に吐露してもらいたい。そして、1人でも教師役の言葉に耳を傾けてくれた生徒役が出たときの感情もまた、ありのままに書いてほしい。

　後にそれぞれの立場の意見を発表し合い、クラス全体としてどんな雰囲気を感じたか、問題行動を行っているとき胸がスカッとしたか、などグループで話し合い、各自ミニレポートとしてまとめてもらいたい。

## 文献一覧

山登敬之編「思春期の"悩み以上、病気未満"」、青木省三ら編『こころの科学 175 号』日本評論社（2014）

田中究編「いじめ・不登校・学校」、岡崎祐士ら編『こころの科学 151 号』日本評論社（2010）

河合隼雄『昔話の深層　ユング心理学とグリム童話』講談社（2004）

河村茂雄『教師のためのソーシャルスキル―子どもとの人間関係を深める技術』誠心書房（2002）

窪田文子「友達のあいだで：いじめと孤立」、佐々木祐二，笠井仁編『図で理解する生徒指導・教育相談』福村出版株式会社（2010）

林洋一監修『史上最強図解　よくわかる発達心理学』ナツメ社（2010）

山下一夫『生徒指導の知と心』日本評論社（1999）

吉田圭吾『教師のための教育相談の技術』金子書房（2007）

文部科学省　問題行動に関するウェブサイト　http://www.mext.go.jp/a_menu/shougai/kaikaku/pdf/p84.pdf（2014 年 11 月 25 日）

# 第12章

# 保護者への対応

**key words**　つながり、信頼関係、俯瞰

## 1　保護者との連携

　児童期から青年期にかけて、子どもは学校や家庭、塾など、それぞれの場に応じて見せる姿が違ってくる。学校生活の場での言動と家庭での言動が異なることもある。この違いがあっても、家庭生活で見せる子どもの姿も、学校で見せる子どもの姿もどちらも子どもの姿であるので、その姿を共有できるコミュニケーションを取ることが大切であり、それが教師と保護者がつながる重要なポイントになる。しかし、教師の認識と保護者の認識が異なれば、教師と保護者の意思疎通が難しくなる。

　例えば、生徒指導（補導的側面）や教育相談的な問題が生じたとき、教師は保護者に対して「子どもの家庭の様子で、最近、変わったことがないか」、「今、悩んでいることやストレスを感じていることはないか」など、子どもの置かれている状態を把握することが必要となる。

　しかし、家庭と学校の場での言動の違いについて、教師や保護者が両側面から認識できていない場合や、子どもの捉え方が違う場合は、学校内で問題を解決できたとしても、表面的な解決にしかならないだろう。なぜなら、学校の問題だけを取り上げた対応は、子どもの置かれている全体的状況やその背景を理解できていないからである。

本質的な対応を考えるならば、全体的状況と背景を理解した支援体制の構築が大切である。教師と保護者とのつながりができて、違った姿を見せる子どもの二側面を理解することで、子どもへの支援が始まるからである。

　教師と保護者、それぞれの状況や理解が一致する場合もあれば、違いが浮き彫りになる場合もある。しかし重要なことは、子どもがより良く成長できる環境をつくることであって、そのためには、多少の食い違いを焦点化するのではなく、概容を共有し、教師が保護者との共有点を大切にして両者の連携をつくるカウンセリングスキルを持つことが大切である。

　例えば、このカウンセリングスキルを必要とする場面として、「教師が保護者に、学校での子どもの良くない状態を伝える時に、保護者は自分の養育や子どもを非難されているように受け取り、不安を抱くような場面」や、「子どもが学校生活での問題（教員の対応、他の子どもとの関係等）を起こし、保護者は学校にその原因があると理解してしまうような場面」等が想像できる。

　実際、近年このような場面が増え、学校も教師と保護者との関係づくりに苦心していることが伺える。例えば、教師は保護者の要望を聴くことが多いが、それを保護者からの「攻撃的な姿勢」と感じ、それをもって、この保護者は感情的になりやすい人だと決めつけてしまうことがある。これでは、子どもへの支援体制ができず、保護者と連携できる可能性を教師自ら狭めることになる。一見「攻撃的な姿勢」に見える行為には、保護者の子どもを守りたい気持ちや願いの意味的側面が隠れていることがある。教師は、このような1つの行為に隠れる二側面に気づき、対応することが大切である。本章ではこのような「保護者の心模様」の理解と、保護者へのサポート（連携のスキル）と保護者の苦情・要望への関わり方について考えてみる。

> 章末のワーク 12-1 「1つの絵から2つの絵を観る」（私たちは人を一側面しか見ていないかもしれない体験ワーク）をしてみよう。

# 2 保護者へのサポート（連携のスキル）

## （1）サポートの必要性

> 　９月のある日の６時限目、高校３年のＹ子が教育相談室に泣きながら入ってきた。相談室のソファにＹ子が座り、話し始める。「友人が声をかけてくれない。友人がいない。だれも私のことを気にかけてくれない。時には、私を見ながら私の噂をしているように思う。」と話す。そして、放課後に担任が自宅まで送り届ける。自宅前で母親が待っていた。担任は母親にＹ子の学校での様子と相談室での話を伝えた。担任が、「Ｙ子さんは教室に入れない状態がありましたので、相談室で話を聞いてもらいました。私から見れば、他の生徒もＹ子さんのことを心配しているのですが。また、詳しい話を、生徒たちから聴いておきます。」と言うと、Ｙ子は「先生、そんなことを他の人に言わないでください。私は明日から学校に行けなくなります。」と言った。母親も担任の言葉に不信を持ち、「先生、もう少し、この子の気持ちを汲み取ってください。辛いのですよ。私も心配で夜も寝られないのですよ。学校側の対応は、信頼できないです。」と担任に気持ちを吐き出した。担任は「明日学校に登校して、先生と良い方法を考えよう。」と言ってＹ子宅を出た。

　大多数の保護者は、自分が子どもに対して十分な責任があるという思いがあり、時には子どもは自分（保護者）の一部であるとまで考えるほど責任意識が強くなるため、子どもに何かあれば、保護者自身の自己防衛意識が強くなる。これは、上記事例でのＹ子の母親の気持ちにも表れていると推測できる。この状況では、保護者の感情は、不安から怒りに変化し、身体も過緊張状態であると想像できる。保護者の交感神経が活性化し、思考は狭くなり、感情が高ぶり、身体が活性化した状態であるため、幅広い思考や認知が生ま

れない。したがって、母親はＹ子を客観的な目で見ることができない状態にある。

　今日の社会的背景において、Ｙ子の母親のような保護者の不安について考えてみると、直接、見たり経験したりしていないにもかかわらず、わかったことにして不安を感じていることがある。これは、その状況が具体的に確認できず、それが事実かどうか確かめようがないことが多いという、現代社会を反映したものであるとも言える。「友人から声をかけてくれない。……私の噂をしているように思う。」とＹ子は言うが、事実として受け入れるか、嘘として受け入れるかの２つの選択しかない。確かめようのない事実からは先入観が生まれ、不安が出てくる。つまり、Ｙ子は「友人から声をかけてくれない。……私の噂をしているように思う。」という「現実の世界」を伝えているのか、実際にそのように感じる「心の世界」を伝えているのかわからない。２つの世界を持っている子どもの世界を理解しなければ、子どもの不安はより大きくなり、保護者の不安となる。

　だからこそ、その保護者が持つ高い責任意識と不安を、家庭と学校で共有し、分かち合うことで、保護者の安定化が子どもの変化につながると推測できる。ここに、教師が保護者をサポートする意味がある。

## （２）サポートにおけるポイント
### ①保護者との信頼関係を築く

　翌日、Ｙ子は相談室に母親とともに来談した。その日はスクールカウンセラーの来校日ではないため、前日に会話をした教育相談担当教員が対応した。そして、Ｙ子の気持ちを聴いた後、母親の気持ちを聴きながら、母親から日常のＹ子の状態を詳細に話してもらった。途中で、Ｙ子が「図書室で借りていた本を返却に行きたい。」と言うので、他の生徒が図書室にいないことを確認して行かせた。その間、相談室で、母親が待つことになった。このタイミングで相談担当教員が、母親の不安と苛立

> ちなどの気持ちを聴くことにした。相談担当教員は保護者に「子どもが安心して学校生活を送れることを目的として、お母さんの力を借りたい。」と伝え、保護者も同じ「思い」であることを確認した。

　保護者のサポートにおいて重要なことは、信頼関係を築くということである。これが難しいのは、さまざまなトラブルや内面的な問題を持つ子どもの保護者は、不安や苛立ち、時には怒りの感情を持つため、そのような保護者に対して、たとえ事実を正確に言葉で伝えても、教師側の自己防衛的な言動・態度としてしか映らず、気持ちが伝わらないからとなる。

　更に、教師と保護者の立場の違いも理由の１つである。教育に関わる場面では、保護者は子どもを学校側に預ける立場であり、預かる側である教師が主体的に関わるという関係性がある。上記事例では、保護者（母親）の不安や不満を「聴くこと」に徹して、そのうえで、子どもの成長を促進するために協力するという目標を「共有」することが基本的姿勢である。

　この「聴くこと」と「共有」というプロセスは、保護者（母親）の意見を聴くことが、ただ保護者の意向を無条件に受け入れることではなく、担任・教育相談担当教員と保護者がより「子どもが充実した学校生活を送れるように協力する」という枠組みで共有し、支援内容を明確化するプロセスと考える。重要なことは、教師は保護者の感情に呑み込まれることなく、「子どもが充実した学校生活を送れるようにしたい」という視点を保護者と共有することができる信頼関係の構築である。そこには、教師が「支援する子どもの可能性」に気づき、伝えるカウンセリングスキルが必要である。

### ②保護者を支えるスキル

　上記事例でもわかるように、保護者と子ども、教師と三者で話し合うことも必要であるが、時には、子どものいない場面で、教師と保護者が「子どもを守る姿勢」をともに共通理解をすることが、より保護者との信頼関係を深めるスキルでもある。

保護者との信頼関係が成立すると、保護者は一層、さまざまな思いを語るようになる。本事例では、保護者（母親）がわが子（Y子）に対して抱いている不安や違和感を語るようになり、子どもも母親への直接的なストレスを詳細に話し始める時期がこれに相当する。そして、それは子どもの支援を他の機関（医療機関等）へとつなげるきっかけになる時期でもある。

　また、信頼関係の成立は、保護者を安定した気持ちにつなげ、子どもの状態を見守るだけでも、子どもの気持ちの安定化を促進することになる。親が変化することは、子どもの今の状態を変化させる可能性を持つのである。

　このように、保護者への支援が子どもへのより効果的な支援につながることになる。このことについて、小野修（1985）、東山紘久・弘子（1992）の中に、親の変化は子どもの変化となる事例やその具体的な支援方法が記述されている。この変化のプロセスをうまく保護者に伝えること（心理教育）が支援スキルのひとつである。

## （3）保護者とのコミュニケーションスキル

　前述のように、保護者の変化を子どもの変化につなげるためには、教師が子どもや保護者の心に寄り添うコミュニケーションスキルが必要である。

　保護者は、子どもとのつながりを通じて苦しみや悲しみを感じる。教師は保護者の心の痛みを「聴く」だけでなく、保護者の立場に立った意識での「共感」も必要である。それゆえに、聴くことを中心とする関わり方だけでなく、「保護者に優しい変化の促進」を意識した関わり方が必要となる。ここでは、「聴くこと」により心理的安定と変化の促進アプローチが期待できる基本的スキルとして、アイビー（Ivey, A. E.）が開発した技法「マイクロカウンセリング」を中心に紹介する。

### ①かかわり技法

　Y子の保護者の場合、教師が「お母さんの話をきちんと聴いていますよ」という姿勢や声のトーンや速さ等、聴くことに関するボディ・ランゲージが

できていることが大切である。具体的には、視線の位置、言語的追跡（オウム返し）、身体言語、声の質（声の高低トーン、話すスピード、リズム等）に気づき、保護者の状態に教師が言語的表現だけではなく、五感を通して保護者の気持ちに沿うスキルが必要である。

## ②はげまし技法

　明確化技法のひとつである「はげまし技法」は、非言語的なはげまし（うなずき・視線を合わせる・上体を少し前に傾ける）、言語的なはげまし（「ええ」「そう」「それで」、「もう少し話を続けてください」など1語・2語繰り返す）、隠れた応答時間（相談者に話を続けてもらうため、担当者は数秒待つことが話を促進させる）、繰り返し効用（単語又は短い語句を繰り返すと、内容を詳細に話すきっかけをつくる）がある。

　はげまし技法の効果は、Y子の母親に対して、『教師側の意見や思いを伝えることはひとまず置いて、母親の思いやY子から聞いた言葉をひたすら聴きます。』ということを態度で示すことになる。それは、Y子の母親自身の自己探求を進ませることでもあり、これ以後の会話を促進させ、会話内容を深く掘り下げることにつながる。

## ③質問技法（開かれた質問・閉じた質問）

　保護者の不安や苦しみに対応するためには、聴くことを中心とする関わり方だけでなく、「優しい変化の促進」を促す関わりが必要となる。最も適切なのは「質問」することによる関わり方である。気をつけなければならないことは、「質問」が、教師側の思い（欲求）だけで情報を集めているように感じられ、聞き出すような恣意的な行動であると保護者に受け取られてしまうことである。大切なことは、最初に保護者自身が悩み、苦しんでいる問題を聴き、その状況を明確にするのを助けるための質問技法として使うことである。

　この質問技法には、「はい」、「いいえ」などの一言で応えられるタイプの「閉じた質問」（限定質問）と、何らかの説明をする形での応答するタイプの

「開かれた質問」(非限定質問)の2つがあるが、客観的に対応するために「開かれた質問」を使うことが有効である。そのいくつかを紹介する。

- 保護者面接が定期的に実施できているときの導入時「今日はどのようなお話を中心にお聞きしたらよろしいでしょうか」(導入型)
- 保護者に詳細を語ってもらうとき「その点に関して詳しく話していただけませんか」(詳細型・事実)
- 保護者の感情に注意を集中するとき「その時、お母さんはどのように感じましたか」、「○○ちゃんが言った『悲しみ』は、どのような悲しみでしょうか」(詳細型・感情)
- 保護者のわずかな感情の変化を感じられたとき「最初、登校しなかった時の辛さを『10』とするならば、今、教室に入れないけれど、保健室登校できている状態での辛さは何点くらいですか」(スケーリングクエスチョン:同じ辛さを点数化してその感情の変化に焦点を当てる。)
- 保護者の話を発展させるとき「別の考え方をしてみるとしたら、どのような考えが浮かんできますか」(展開型)と、反抗的な子どもで悩んでいる保護者に「この2〜3ヶ月の間に、お子さんがあなたに素直な態度をとった日はありませんか」(ミラクルクエスチョン:例外を探す質問)

なお、原因を探す時によく使う「Why型の質問」があるが、使い方によっては、保護者に問題があるかのように詰め寄る質問とも受け取られる場合がある。例えば、「学校に行こうとしている時に、お母さんは、なぜ、叱ってしまったのですか。」というような質問は、保護者の自己防衛を強化させることになる。Why型の質問については、注意が必要である。

### ④いいかえ技法

明確化技法のもうひとつは「いいかえ技法」である。これは、保護者の話したキーワードを使用してその中身をコンパクトにまとめ、「……ということ

ですね」などと返す技法である。その言葉には、保護者の使用したキーワードを入れ、本質を捉えて濃縮した担当者の言葉を入れることが必要である。この「いいかえ技法」は保護者の気持ちを集中して聴く方法であり、担当者が保護者の言葉を「聴いている」、「理解している」ということを示す効果があり、保護者の発言において次の言葉を促す働きを持つ。

### ⑤感情の反映

　保護者の話の背後にある感情を汲み取って「……という気持ちなのですね」と保護者に応答する方法である。ここでは、感情とは情緒を基盤とする包括的なものと考える。この「感情のいいかえ」は「感情の反映」と言える。感情は思考を混乱させる。また、行動の背後に潜む感情を表面化することは難しい。保護者の思考や行動に潜んでいる感情に着目し、保護者の感情を「……と感じるのですね」、「……の時……と感じるのですね」といいかえによって明確化する。この感情の反映は、保護者に焦点を当て、感情を認識し、認知的な側面に気づきを促し、問題解決行動に導くことも可能となる。

### ⑥要約

　要約とは保護者によって語られたことの重要部分を繰り返し、短縮し、具体化することである。歪曲とは不正確な要約を意味する。「今日はこれまでの……という話でしたね」、「抜けている点や間違って理解しているところはなかったですか。あれば教えてください」など教師が要約する時に話す言葉である。継続相談の場合は、「前回は……というお話をしました」という話から始める。

　この要約技法は、教師の聴き方の正確性のチェックができ、保護者自身の主観的な歪曲を確認できるほか、保護者には教師がきちんと聞いてくれているという信頼感を生むという効用がある。

> 章末のワーク 12-2 「一方通行のコミュニケーションと双方向のコミュニケーション」(保護者とのコミュニケーションへの気づき)に挑戦してみよう。

# 3 保護者の苦情・要望に対する理解と関わり方

## (1) 苦情や要望が多くなった背景

　保護者からの苦情や要望が多くなった社会的背景として、佐藤晴雄(2011)は次の8項目をあげている。① 保護者の高学歴化(先生と対等もしくは対等以上)による教員への厳しい評価　② 少子化による、わが子かわいさ意識が表出しやすいこと③ 子どもが問題行動を起こした時等、「他の生徒はどうなのよ」と、自分だけでない、言わなきゃ損という風潮の浸透が、社会的に広がってきたこと(社会的学習)④ 公立学校の教師も公務員であるため、「公務員は、身分が安定している」と批判的見方が定着してしまったこと⑤ 保護者の消費者意識の強まり「保護者・子どもは顧客」と意識が広がり、学校の市場化が始まったこと⑥ ストレス社会が広がり、ストレスの蓄積がなされること⑦ 学校問題での問題だけが、強調されて見えてしまう傾向性があること⑧ 保護者の二極化(小野田正利(2006)が表した「自己主義と自子主義」のこと)である。

　これらの社会的背景の中で、保護者の問題が浮き彫りになることがある。例えば、子どもの問題の着火点は今の学校かもしれないが、その本質的な発火点が家庭の問題や、仕事問題、前に在籍していた学校の問題であったりする。また、本当の不満やストレスが見えず、表出しているのが氷山の一角である場合もある。そして、学校への不満や苦情が、子どもの心理的バランスを壊すきっかけ、いわば「コップの水があふれる最後の一滴」になる場合もある。

このように、学校をストレスや不満のはけ口としている保護者もいるように見える。しかし、大多数の保護者は、学校との関係を冷静に見守り、対応していることを忘れてはいけない。以下では、前者にあたるごく一部の保護者に対する対応を検討する。

## (2)「保護者の問題」と「学校の問題」

学校は教職員が運営の主体性を持っている。その関係性の中で保護者は、自らの思いをきちんと学校に伝えることによって、ともに子どもの成長を喜び合う場となることができる。小野田正利（2011）は、保護者の声（「要求」）を、「要望」、「苦情」、「イチャモン（無理難題要求）」の3つに分類している。まず、学校がするべきことに対するまっとうな要求が「要望」、次に、学校がある程度は対応すべき要求が「苦情」、そして学校がどうにもできない要求が「イチャモン（無理難題要求）」である。近年、教師が困っているのは、イチャモンに相当するような内容である。

最近は、保護者や学校の近隣住民から、学校が本来果たすことのできない領域にまで対応すべきだという過剰な要求が増え始め、これに学校側が対応しきれない状況が多くなってきている。

また、学校側の小さなミスを責め、教師の責任を追及することにより、対応する教師がエネルギーを浪費し、そのために学校側が動けなくなり、立ち往生してしまう。こうした状態は、子どもに向けられるべきエネルギーが向けられなくなり、本来の教育活動を進めにくくさせ、教師や教師集団の自信を喪失させていくことになる。

逆に、教師や学校側に問題がある場合を考えてみる。例えば、保護者や地域住民からの学校に「要望」があった場合、教師はどちらかというと、大人との対応が苦手で、前捌きが下手でうまく対応できないことがある。そして、個々の教師の対応能力にもよるが、苦情や要望を過小評価してしまったり、教師の専門家意識を前面に押し出し、人の話を聴かなかったり、聴けなかったりする傾向も見受けられる。また、保護者から見ると、ミスを認めたがら

ない教師や、謝り下手で、物事をまともにとり過ぎる教師として認識される教師もいる。

　保護者から「苦情」や「要望」は、「保護者の問題」として捉えるだけでなく「学校の問題」としても捉えながら、絶えず２つの側面からの気づきをもつことが大切である。「苦情」や「要望」の場面においては、保護者も教師も大きな感情の渦に巻き込まれ、双方とも自分自身について客観的に見る力が弱くなりがちであることを理解しなければならない。それ故に、教師には、俯瞰できる力が必要となる。

## (3) 対応の難しい保護者と関わるために

　まず、保護者からの苦情・要望を少なくするためには、学校（教師）の予防的対応が必要となる。基本的には、教師と保護者が交流できる機会を設けることが大切である。保護者が学校の状況をよく理解すれば、苦情・要望が減っていくと考えられるからである。そして、保護者へのインターネット等を活用したさまざまな形での情報提供が学校側の大きな力となる。このような予防的対応により、ほとんどの保護者からの要求は、情報提供と教師の十分な対話力（カウンセリングスキルも含む）で対応が可能となる。しかし、いくつかの要求やトラブルでは、解決が難しいケースがある。

　学校側に幾分の落ち度があるにしても、現状の学校システムではどうにもならない要求をする人、時には、教師の私生活をも脅かすような形で要求を繰り返し、学校全体の機能がマヒさせるような行動をとる人も、ごく少数だが確かにいる。

　その場合、関わり方の基本は心理的、物理的に距離をとることである。問題を急いで解決せず、関係性が不安定であるが、とりあえず「適切な距離」をとることが必要となる。それは、的確なアセスメントと冷静な対応をすることができる物理的・心理的空間が必要だからである。教師は、心理的ダメージを受け、感情的に治まらない部分があるかもしれないが、その出来事を「客観的」に観ることで、不安定ながらも「適切な関係性を保持する」ための

方策を考える時間が生まれ、対策をとることができる。

　そして、医療や福祉あるいは法律の専門家のアドバイスを受けながら、どのように「接するか」を「学校全体として共通の方針」としてとることが大切である。この「学校全体として共通の方針」によって、全職員で情報を共有し「教師集団の協働」の意識形成につなげることができ、さまざまな知恵や保護者に対応する資源（例えば、保護者とうまく関われる人材）に気づかせてくれるだろう。

　次に、このような場面での教師の心の動きについて考えてみる必要がある。保護者の抱えている問題が大きければ大きいほど、教師は無力感を感じる。そして、知らず知らずのうちに、「目には目を、歯には歯を」という気持ちが生じ、保護者や子どもとの関係が悪化の方向に向かう可能性があるからである。

　前述したように、教師には「的確なアセスメント」と「冷静な対応」が必要であるとともに、教師の心に生まれる感情をコントロールするため、また、「燃え尽き症候群」や「うつ症状」を予防するためにも、ストレスマネージメントの場を提供することが望まれる（⇒第14章参照）。

## （4）「特別支援教育を必要とする子ども」の保護者への対応

　最後に、「特別支援教育を必要とする子ども」の保護者へのサポート、とくに保護者と信頼関係でつながる大切さについて記述する。

　例えば、「専門家、専門機関につなぐため」ために面接や相談の機会を持ったとする。これは、場合によっては、保護者を「結局、学校側が、病院に行かせたいのだな！」、「うちの子は先生から見捨てられた」という気持ちにさせてしまう。特別支援教育の基本的な姿勢は、子どもを家庭と学校でともに見守り、さらに専門機関からの協力も得られるネットワークで子どもを支援することである。保護者以外に多くの人々が子どもを支援してくれるという感覚を教師と保護者が共有できるような関係づくりが必要となる。

　このような信頼関係がつくられるまでには、丁寧な関わりと時間が必要で

ある。そのポイントは、面談を1回1時間程度で行い、保護者の話を聴き、教師はその話に合わせながら少しずつ、アイディアや方法を複数提案する。そして、1回の面談時間で全て解決せずに、宿題として持ち帰ってもらい、次の機会までともに考えてくるような協同作業とすることで、信頼関係を構築する。

　ある程度の信頼関係ができれば、専門機関につなぐ話し合いとなるが、学校システムとして、保護者と担任だけで話し合うのでなく、管理職や教育相談担当者、特別支援コーディネーターを交え、組織として対応する。しかし、保護者と直接話し合う場においては、多人数では威圧感があるため、配慮することが大切である。そして、できれば複数の保護者に来校してもらい、意見を聞くことも大切である。その後、実際に専門機関を紹介するときには、いくつかの専門機関のなかから保護者に選んでもらう。その際、それぞれの専門機関にどのようなサービスがあるか／ないか、を詳細に伝えることが重要である。

　また、民間の専門機関においては、自己負担額が高額になる場合があることも伝えるとともに、専門機関の中には、予約が数ヶ月先になる場合があることも伝える。このように、「専門機関へつなぐ」場面には詳細なステップが必要である。それは、保護者との信頼関係の構築・維持のために、保護者のストレスに配慮することが非常に重要だからである。

　さて、保護者が専門機関とつながると教師は安心してしまい、その後の支援がおろそかになる場合がある。しかし、本当の意味の教師と保護者の共同作業はここから始まる。

　通院を始めた学校場面では、子どもが専門機関と関わるため、早退、遅刻、欠席することが多くなるが、教師が軽い気持ちで「○○さんは、病気で病院へ行くのよ。」とクラスメイトに説明した場合、保護者との信頼関係が崩れる可能性がある。次の学年への引き継ぎなどにおいても、担任・学年・管理職等には、十分な配慮が必要となる。このように、継続して子どもや保護者の立場になれる「客観的な視点（俯瞰する力）」が、保護者との信頼関係の礎に

なる。

　最後に、保護者を支える支援について要約する。保護者に正論や「べき」論だけを言わず、第2節「保護者へのサポート」で記述した「保護者とのコミュニケーションスキル」を用いて気持ちや情報を伝え合うことが大切である。そして、学校での今後の取り組みをできる限り具体的に示し、保護者の協力を願う姿勢でつながることが必要である。また、学校も家庭も共に厳しさだけで対応すると、子どもの心に傷をつけることになる。教師はできる限り保護者の気づかない子どもの「長所」や「成長」を伝える（Positive support）ことで、子どもと向き合う勇気を保護者に与えることができる。

　具体的に、教師が保護者に伝える言葉は、以下のようなものである。

　「この子のために何をしていったらいいか、一緒に考えましょう。」、「これまでご家族でよく頑張ってこられましたね。できれば、私（教師）も一緒に頑張らせてください。」、「お子さんはたくさんのいいところがあります。ご一緒にもっと見つけていきませんか。それが、お子さんの成長に必ずつながると思いますから。」、「子どもさんとさまざまな体験を一緒にさせてもらうと、多くのことに気づかされます。彼は成長しています。そして、私も成長させてくれます。今、本当に子どもさんと出会えてよかったと思います。……ですから、お母さんからもお話を聞かせていただき、子どもさんをしっかりと支えていきたいです。それが、子どもさんの素晴らしい成長につながると思うからです。」

　これらの言葉かけによって、保護者との信頼関係がより深まり、子どもの輝きがより身近に感じられる環境を整えることができる。

　最後に、このように「特別支援教育を必要とする子ども」の保護者への対応は、その基礎を「人と人が認め合い、許し合い、支え合うこと」であると考える。この考え方は、特別支援教育に限らず、すべての保護者対応の基本的理念であることを忘れてはならない。

> 章末のワーク 12-3 「身体の距離と心の距離」(保護者との距離を気づく) の体験型ワークを行ってみよう。

## ワーク 12-1　1つの絵から2つの絵を観る

（私たちは人を一側面しか見ていないかもしれない体験ワーク）

**目的**

1つの図形から、意味的に馴染み深い2つ以上の対象を見いだすことができる図形を意味反転図形と言う。これらの図形は、気づかなければ初めに知覚したものだけが見え続けることもある。このことは、ある保護者の行動・態度等を一面的に教師が理解する体験と意味づけの体験と重ねて考えてみてほしい。

**方法**

①他者と会話せずに、1人で図12-1・12-2・12-3を観察する。

②図12-1を見て、最初に何が見えるか記述する。次に、他に何が見えるか記述する。

③図12-2に、図12-3についても最初に何が見えて、次に、他に何が見え

図 12-1
エドガー・ルビン
（E. J. Rubin）作

図 12-2　カナダ国旗

図 12-3
Ryouma.Tahara 作

るか記述する。

　もし、2つ目の「意味あるもの」が見えない時は、記述しなくてよい。
（ヒント　図12-2　カナダ国旗の白いエリアに注目する）

④4人程度のグループをつくり、各自が見えたものを発表し、その体験を分かち合う。

⑤グループでこの体験過程が、苦しみや、悩みを持つ保護者や子どもの行動・態度等を教師が理解する時の体験と重ねて考え、気づいたことを話し合う。

⑥各自がこの体験を記録用紙に記述して提出する。

**ワーク12-2**　一方通行のコミュニケーションと双方向のコミュニケーション
（保護者とのコミュニケーションへの気づき）

## 一方通行のコミュニケーション

①2人1組となり、2人をAさんとBさんと決める。

②2人は背中あわせに座る。（図12-4）

③Aさんにa図を配付する。Bさんには同じ大きさの白紙を配る。そして、Bさんはペンを用意する。

④Aさんは言語のみで、a図をBさんに伝え、Bさんは聞き取った情報からa図を想像して描く。ただし、AさんもBさんも背中あわせの状態を維持し、お互いに相手の図を見ないようにする。また、BさんはAさんには、「相づち」や「質問」を一切してはいけない。ここでは、一方的にAさんの説明（情報）をBさんは聴き、自分の用紙に描く。（制限時間1

図12-4

分 15 秒）

⑤次に、Bさんにb図を渡し、Aさんに同じ大きさの白紙を準備し、ペンを用意する。上記②から④までAさんとBさんが役割を交代して実施する。

⑥お互いの体験の分かち合いをする。できれば、簡単に内容を記録する。

**双方向のコミュニケーション**

⑦続いて、再度Aさんにc図を渡し、Bさんに同じ大きさの白紙を渡す。今度は、Aさんが図の情報をBさんに説明するが、Bさんがわからないところや、確認したいところがあれば、「質問してもよい」というルールに変更する。質問する時に、「開かれた質問」と「閉じた質問」を意識し

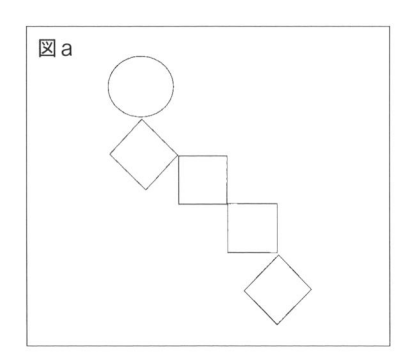

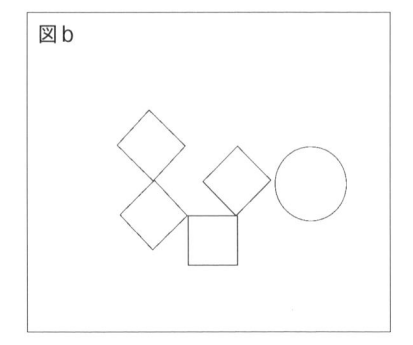

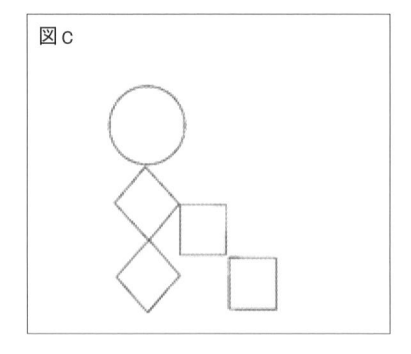

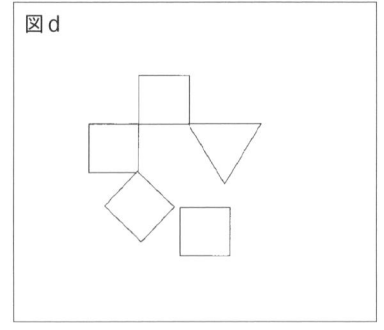

（図 a.b.c.d 筆者作成）

ながら質問すること。（制限時間は2分）

⑧Bさんにd図を渡し、Aさんには同じ大きさの白紙を渡す。そして、AさんとBさんが役割を交代して⑦を実施し、双方向コミュニケーションを体験する。

⑨お互いの体験の分かち合いをする。できれば、簡単に内容を記録する。《実際の演習では、下図のa.b.c.dの類似した図形を、各用紙に描き準備する。》

### ワーク12-3 身体の距離と心の距離（保護者との距離への気づき）

**目的**　私たちは二者の関係において、自然に物理的に距離をもち、心理的にも距離を持つ。この体験学習は、思考と気持ちと身体的な感覚に焦点をあて、二者関係における身体的な距離感と心理的距離感の体験をすることを目的とする。具体的には、教師と保護者や子どもとの距離感をどのようにとるかを体験することにねらいをおいた。

**方法**

①2人1組となり、2人をAさんとBさんに分ける。

②直線で4〜5mの距離をとり、AさんとBさんは向かい合う。

③まず、最初にAさんは動かず、Bさんは2〜3秒に1歩程度のスピードでゆっくりと進む。ここから一切、言語的コミュニケーションはしない。ただし、AさんもBさんもアイコンタクトをすること。

④Aさんは、Bさんがゆっくり近づくプロセスで、「もうこれ以上、近づいてほしくない」という地点で「ストップ」（両手を前に出す）をかける。

⑤Aさんがストップをかけた時、どのような感覚、身体反応、気持ちが湧いたか、どんな思考が出たかを記憶しておく。そしてAさんはBさんの距離を測っておくこと。

⑥今度は②〜⑤をBさんが動かず、Aさんが動いた同じ経験をする。

⑦両者が終了したら、お互いの体験を分かち合う。（体験レポートを書く。）

## 文献一覧

阿部利彦 「学校と家族の連携―もう一度、相手の立場に立つという心構えを」 こころの科学『特別支援教育とは』NO. 163、日本評論社（2012）

アイビー，A. E.（福原真知子訳）『マイクロカウンセリング―"学ぶ−使う−教える"技法の統合：その理論と実際』川島書店（1985）

上野和久「公立高校カウンセラー」、三木善彦，黒木賢一編著 『カウンセラーの仕事』 朱鷺書房（1996）

小野修『親と教師が助ける 登校拒否児の成長』黎明書房（1985）

小野田正利『悲鳴をあげる学校』旬報社（2006）

小野田正利「モンスターペアレント論を越えて：保護者の思いと背景を読み取る」日本小児看護学会会誌 20（3）（2011）、pp. 97-102

桑原知子『教室で生かすカウンセリング・マインド』日本評論社（1999）

佐藤晴雄「学校における保護者対応について」文部科学省平成22年度学校マネジメント支援推進協議会講演資料（2011）（http://www.mext.go.jp/a_menu/shotou/uneishien/detail/1301970.htm）

廣澤愛子「保護者との連携、支援のあり方」、羽田紘一編著『教育相談』一藝社 （2014）

東山紘久，東山弘子『母親ノート法のすすめ 子育て』創元社 （1992）


図版引用　図12-1 「ルビンの壺」 エドガー・ルビン（E. J. Rubin）作（⇒第6章参照）
　　　　　図12-3 ロゴマークのデザイン 田原龍馬 作（2012）

# 第13章

# 他職種、他機関との連携と支援のあり方

**key words** 連携、チームとしての支援、情報共有

## 1 はじめに

　現代の学校で抱える問題は、社会的な情勢の変化を受けて、多様で複雑になっている。本章では、教師あるいは学校が単独で解決することが困難な課題に対して、学校の内外にあるさまざまな支援者・機関とのつながりについて述べる。現代の多様化・複雑化した問題に対して、学校だけでは対処しきれずに責任を追求される、学校に対する過大な要求や期待を背負うといったことが増えており、それらは個々の教師にも大きな負担となる。そのような負担が増えることで、子どものために割くことのできる時間や機会が少なくなってしまっていることもある。本章では、これまでに取り上げたさまざまな問題や連携の必要について述べる。

## 2 学校内外の他職種との連携

### （1）他職種との連携とは？

　「連携」とは、連絡を取り合いながら協力して物事にあたっていく、対処していくことであるが、学校場面では、どのようなときに他職種との連携が必要とされるだろうか。

表13-1 学校と連携する可能性のあるさまざまな機関や職種

| 機関・職種 | 主な役割 |
|---|---|
| 養護教諭 | 学校全体の保健、環境衛生の実態を把握、管理を行っている。心身の健康に問題を持つ子どもの個別の指導にあたる。 |
| スクールカウンセラー | 子どもに対する相談・助言、保護者や教職員に対する相談(カウンセリング、コンサルテーション)などを行う。 |
| スクールソーシャルワーカー | 学校、家庭、地域など子どもを取り巻く環境に対して働きかけていくことで、子どもを取り巻く環境の改善を図る。 |
| 特別支援教育支援員 | 身体障害のある子どもに対し、学校における日常生活動作の介助を行う。発達障害を持つ子どもに対し学習活動上のサポートを行う。 |
| 巡回相談員 | 関係者からの情報交換、面談、授業場面および活動場面の観察などを行う。担任や特別支援教育コーディネーター、保護者などからの相談を受けて助言を行う。 |
| 適応指導教室 | 登校となっている子どもの集団生活への適応、気持ちの安定、基礎学力の補充、基本的な生活習慣の改善といった目的で、不登校の子どもを支援する。 |
| 教育センター | 教職員の研修のほか、教育相談に関する事業も行っている。不登校や教育関係の問題、いじめに関する相談や支援、保護者への子育て相談、教職員への生徒指導についての相談、障害を持つ子どもへの対応などを行っている。来所による相談や電話相談なども実施されている。 |
| 児童相談所・子ども家庭センター | 都道府県、指定都市等が設置し、子どもとともに考え、問題を解決していく専門相談機関。 |
| 医療機関(病院・クリニック等) | 心や身体の健康、もしくは病気などに対して医療を提供する機関。子どもが受診する可能性のある診療科として、内科、小児科、児童精神科・精神科、心療内科、小児神経科、神経内科などがある。 |
| 児童自立支援施設 | 不良行為をした、またはするおそれのある児童や家庭環境等の理由により生活指導等を必要とする児童を入所させ、個々の児童の状況に応じて必要な指導を行い、その自立を支援することを目的とする施設。 |
| 児童養護施設 | 児童福祉施設の一つで、災害や事故、親の離婚や病気、また不適切な養育などの事情により、家族による養育が困難な子どもたちが生活する場。生活を支える職員の他にも、心理療法担当職員や相談員などが配置されている。 |
| 保健所・保健センター | 都道府県、政令指定都市、中核市などに設置されており、こころの健康、保健、医療、福祉に関する相談、未治療、医療中断者の受診相談、思春期問題、ひきこもり相談など幅広い相談を行っている。 |
| 精神保健福祉センター | こころの健康についての相談、精神科医療についての相談、社会復帰についての相談、アルコール・薬物依存症の家族の相談、ひきこもりなど思春期・青年期問題の相談、認知症高齢者相談など精神保健福祉全般にわたる相談を行う。 |
| 発達障害者支援センター | 発達障害児(者)への支援を総合的に行うことを目的とした専門的機関。発達障害児(者)とその家族が豊かな地域生活を送れるように、保健、医療、福祉、教育、労働などの関係機関と連携し、地域における総合的な支援ネットワークを構築しながら、さまざまな相談に応じ、指導と助言を行う。 |
| 心理相談室(大学付属相談室・開業カウンセリング機関など) | 臨床心理士を養成する大学院などの付属相談室や開業しているカウンセリング機関などがある。教育のことに限らず、さまざまな相談や治療を行っていることが多い。 |
| NPO法人・ボランティア団体 | フリースクールなど、不登校の子どもの居場所やプログラムを実施している団体やNPO法人などがある。ボランティアで面談や電話相談などを行っているところもある。 |
| 民生委員 | それぞれの地域において、住民の立場から相談に応じ、必要な援助を行い、社会福祉の増進に努めている。地域でのパトロール、見回りや、子どもたちの登下校の見守りなども行っている。 |

学校のクラスや子どものことで、何らかの問題が生じた場合には、多くの場合は担任の教師や生徒指導担当教諭などを中心として、子どものことをよく知っている教師や関係する教師が問題の対応にあたることになることが多い（紅林、2007）。そのような場合、多くの問題はそういった教師の取り組みや対処によって解決、緩和することができる。しかし、場合によっては、教師の力では解決が難しく、他の学校内外の異なる職種や立場の方々と力を合わせて取り組むことが必要なことも生じる。近年、子どもの心身の問題の背景は複雑化、多様化しており、担任の関わりのみでの解決にこだわることなく、他の教職員や職種と連携して組織的に支援していくことが望ましい。また、担任などが1人で問題を抱え込んでしまうことなく、周囲に必要な支援を求めていくことは、教師自身が疲弊していってしまうことを防ぐ上でも必要である（落合、2011）。

　とくに、学校内での事件、いじめ、不登校、複雑な背景的問題が絡み合ったようなトラブルなどはそのような問題となりうる例である。このような問題は、専門家が問題を引き受けても対応が難しい場合もある。これらの問題が生じた場合、担任教師は他の職種とも必要な連携をしながら解決に当たることとなる。良い連携は、支援の対象である子どもだけでなく、支援者をも支えるものとなる（Firth-Cozens、2001）。そのような連携やネットワークを活用しながら子どもの問題と関わり、現実的な対応や心理的な対応を行っていくことが、連携を活用した支援となる（田嶌、2009）。

## （2）学校内外の他職種、他機関との連携

　外部の専門家として関わる職種もあるが、主に学校内で問題に対して、連携する可能性のある支援者としては、以下のような職種が考えられる（表13-1）。

**養護教諭**　　養護教諭は、学校内の教職員として勤務しているため連携のとりやすい立場にある。子どもは、心理的苦痛を腹痛や頭痛といった身体的な症状で表すこともあり、そういった訴えで保健室をしばしば訪れることも

ある。スクールカウンセラーなどと異なり、身体の状態を確認したり、身体の相談を受けることもある場所なので、リストカットや身体的虐待による傷の発見につながったり、拒食や過食といった思春期に問題となりやすいことに、身体面からもサポートをすることができる（⇒思春期に見られることの多い問題については、第8章を参照）。そのようなサインに気づく機会の多い立場にあるため、養護教諭はそのような子どもの最初の相談窓口となることもある。また、保健室は、教室に入りにくい子どもの「たまり場」、不登校の子どもが学校復帰のきっかけとなる、別室登校の際の「居場所」としての役割を持つ場合がある（**保健室登校**）。養護教諭が直接相談にのるといった役割を果たさずとも、保健室を子どもが出入りする居場所となって、そこに居場所を求める子どもたちを支えているという側面がある。

**スクールカウンセラー**　　スクールカウンセラーは、カウンセリング等を通して、子どもの悩みや抱える問題に対する支援を行っている。外部の専門家として学校に入ることで、子どもや学校の教員も含めて、専門的観点からの相談を受けることのできる役割を果たしている（⇒スクールカウンセラーの役割については第2章にも詳しい解説がある）。

**スクールソーシャルワーカー**　　社会福祉士や精神保健福祉士等の資格や教育と福祉の専門的な知識・技術を持っている。関係機関等とのネットワークの構築、連携・調整も行う。学校内におけるチーム体制の構築、支援などといった形で、学校、家庭、地域など子どもを取り巻く環境に対して働きかけていくことで、子どもを取り巻く環境の改善を図っていく。スクールソーシャルワーカーは、教育委員会などから派遣要請を受けて学校に派遣される場合や、拠点校に常駐している場合などがある。

**特別支援教育支援員**　　身体障害のある子どもに対する日常生活動作の介助や、発達障害を持つ子どもに対する学習活動上のサポートを行う。具体的

には、自分で食べることが難しい子どもの食事の介助、衣服の着脱の介助、教室を飛び出して行く子どもに対して、安全確保や居場所の確認、学習活動、教室間移動等における介助や安全確保、周囲の子どもの障害理解促進などを行う（第7章にも特別支援教育に関する解説がある）。

**巡回相談員**　　子どものニーズを把握し、子どもが必要とする支援の内容と方法を明らかにするために、担任、特別支援教育コーディネーター、保護者などからの相談を受けて助言を行う。学校内では、関係者からの情報交換、面談、授業場面および活動場面の観察などを行って、現状を把握して、情報提供を行ったり、関係者とともに支援の方向性を検討したりする。

学校が連携をしていくことになる可能性のある関係機関には、例えば表13-1のような機関が考えられる。問題の性質に応じて、それぞれの機関と対応を相談したり、連携したりしながら対応していくことになる。ここでは、とくに適応指導教室、児童相談所、医療機関について概説する。

**教育支援センター（適応指導教室）**　　不登校となっている子どもの集団生活への適応、気持ちの安定、基礎学力の補充、基本的生活習慣の改善といった目的で、不登校の子どもを支援するセンター。在籍校とも必要な連絡を取り合いながら、子どもの支援を計画していく。個別指導や集団指導、教科指導や体験活動も取り入れた指導を行っている。具体的には、各教科の勉強の他にも、ボール運動、料理を作ったり、楽器演奏、絵を描いたり、工芸をしたりなどさまざまな活動を行っている。こうした活動を通じて、人と触れ合うことや、センターに通うほかの子ども集団の中で学習・成功体験を持つことで、生活面も含めて幅広く子どもたちの興味関心のある活動ができる場所となっている。必要に応じて相談活動や援助をしながら、子どもの学校復帰へのステップを支援する。

**児童相談所**　　児童相談所は、都道府県、政令指定都市等に必ず1ヶ所以上設置されている、子どもの福祉業務を中心に担う相談機関で、子どもについてのあらゆる相談を受けている。近年急増している児童虐待に関する相談のほかにも、非行問題の相談、発達・障害相談、しつけに関する相談など多様な相談を扱い、必要な指導や措置を行っている。緊急保護が必要な場合には一時的に児童を保護することも行う。児童相談所では、児童福祉司、児童心理司、精神科医、保育士などの専門職が働いている。幅広く子どもの成長や発達、養育環境に関わる業務を行っている。

**医療機関**　　心や身体の健康維持のため、もしくは病気などに対して必要な医療を提供する機関。子どもの場合には、心理的な要因が関わる問題を、「お腹が痛い」「頭が痛い」「しんどい」といった身体的な症状的で表出することがある。逆に、心理的な問題と思っていても、医学的問題が背景に存在している可能性もある。そのような場合にも医療機関を受診するなどして問題の所在を検討する必要がある。日々の健康観察などを通じて、睡眠や食欲などもチェックしておくことは有用な場合がある。心理士が配置されている医療機関では、必要に応じて、心理検査や発達検査などを行い、子どもの心理的特性や発達特性の評価を行う。心理療法・カウンセリングや発達障害の子どもの集団プログラムなどを実施している機関もある。子どもが受診する可能性のある診療科として、内科、小児科、児童精神科・精神科、心療内科、小児神経科・神経内科などがある。小児科は日常的に受診する機会が多く、比較的受診の抵抗が少なく、多くはないが心理士を配置している場合もある。精神科は、こころの病気といわれる精神疾患や発達障害などを主な対象としている。小児神経科・神経内科では、てんかんなどの神経学的な病気の診察を行っている。

## （3）保護者、地域との連携

　ここまでは、特定の機関などをとくに連携の対象として紹介してきたが、

保護者との連携についても考えておきたい。

　保護者は、子どものもっとも身近な支援者であり、連携に当たっては重要な位置を占めている。教師は学校場面での子どもの様子についてはよく知っているが、家庭での様子については、子ども本人や保護者などを通じて情報を得ることとなる。子どもたちの振る舞い方は、しばしば家庭と学校では異なっている。学校では非常に活発に振る舞っているが、家では疲れた様子を見せることが多いなどといった場合には、子どもの実態を把握するために保護者と連絡を取り合うなどしながら理解を進めていく必要がある。

　保護者の方から相談があった場合には、保護者の語る不安や問題に耳を傾け、共に子どもを支えていくという姿勢で協働していくことが大切である。教師の方から、保護者に対して家庭の様子を聞き取ったり、学校での問題を話題にしたりする場合は、保護者を過度に不安にさせないなどの配慮が必要になる（⇒より具体的には、第12章に例が示されている）。

　保護者に対しても、教育相談活動についての資料を配布したり、情報発信をしたりするなどして知識を得てもらうことも良いだろう。保護者がそのような情報を知っていれば、子どもの問題や何らかのサインに気がついたときに、学校に相談しやすく、相談機関などにもつながりやすくなる。PTAや保護者会や懇談会の折に紹介を行う、簡単な研修会を行うなども有効な取り組みと考えられる。

　子どもが生活する地域には、家庭を中心としてさまざまな人が子どもたちを見守っている。地域の見守り手をしている民生委員などの方々をはじめ、さまざまな人が子どもたちの生活を支えている。学校ではなかなか見えにくいような、地域で古くからある祭り、寄り合い、青年団といった地域の中でのつながりや古い地縁を通じたつながりなども、そのような地域での子どもたちを支えるものの1つとなっている（羽下、2011）。

## （4）ネットワークとしての連携

　不登校・ひきこもりや児童虐待といった問題については、それぞれの関係

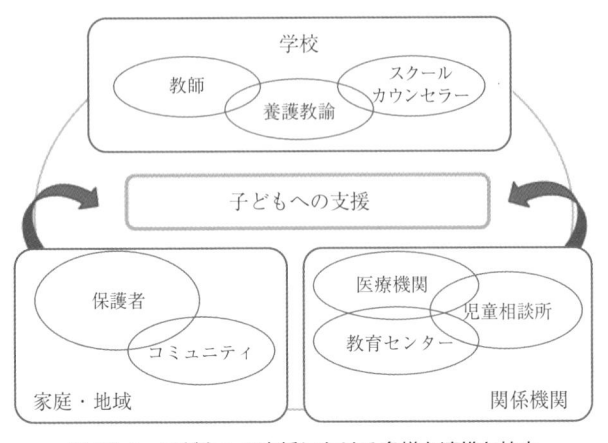

図 13-1　子どもへの支援における多様な連携と協力

機関においても支援内容ごとにネットワークを形成していることもあり、そのような情報があれば、関係機関と連携してネットワークを活用していくこともできる。それぞれの立場で支援を行いながら、必要に応じて学校、関係機関、家庭や地域の全体で連携し、子どもを支援していくという体制作りを進めていくことができる（図 13-1）。このような連携は、問題が生じてから対応するというよりも、日常的にそのような情報をやり取りすることのできるネットワークを作っておくことができると、問題が起こったときに早期に対応することができるし、教師の方も安心して連携を取ることができる。

> 章末のワーク 13　「発達障害の可能性がある子どもへの対応」
> 章末のワークを元に、具体的に考えてみよう。

# 3 チームとしての連携と留意点

## （1）連携にあたっての留意点

　教育相談は、当然子どもを中心としながらも、学校の中だけの閉じたもの

ではなく、家庭や地域なども含めたさまざまな相談等の活動と連携しながら、必要があればネットワークを利用しながら実施していくものである。しかし、そのような取り組みの方向性は、地域や学校によってさまざまな対応となっているのが現状である。学校内の教育相談部会がしっかりと機能して、支援や方針を決めて運営していく学校、学校と学校内の職種での連携体制はしっかりと築かれているものの、外部との連携は十分なされていない学校や、学校内での連携がうまくいっていない場合などさまざまである。

　他機関との連携は重要と認識されてきているものの、現実には連携の中でトラブルが生じることもある。「当然こうなるだろう」、「きっとこう思っていくれているだろう」などといった思い込みがあると、そこに大きなズレが生じて、思わぬ事態に陥ることもある。それぞれの職種によって、子どもの問題や起こっている事態に対しての捉え方が違っているためである。教師は、自分自身のこれまでに学んできた知識を背景として、自分自身の経験や先輩教師のアドバイスなどから問題を理解し、支援の方向性を決定していく。しかし、他の支援者では、背景となる知識や考え方が、その支援者の職種や経験によって異なっているため、同じ情報が共有されたとしても、その問題から導かれる対処方法や問題解決への考え方などがまったく異なっている可能性もある（Fay, Borrill, Amir, Haward, & West、2006）。

　お互いの理解が違っていることや、問題解決のための考えが違うことを明らかにするためには、折に触れて職種間で情報を共有し、今後の対応について相談する機会を持つことが大切になる。その際に、誰が中心的な立場となって子どもの支援を計画していくのか、どの部分で対応を協調して行っていく必要があるのかなども話し合っておくことができると、その後の連携がスムーズになる。

　他職種と連携して支援を行っていく場合には、それぞれの専門家としての役割は尊重しておくことも重要である。教師には教師として、医師には医師としての専門的立場からの理解があるといったように、それぞれの立場からの理解を総合して子どもの状態を理解し、支援に結びつけていくことが必要

である。立場の違い、子どもの捉え方の違いがあるからこそ、連携することが子どもへの支援に生きてくる。そのようなことを考えながら、連携先の機関や相手との信頼関係を築いていく。連携する機関では、実際にどのような人がいるかを学校として把握しておくことができると、より的確に支援を進めていくことができる（教師自身もその機関についての知識はあっても、どんな人がいるのかを知らない場所では紹介もしにくいだろう）。スクールカウンセラーや他機関の支援者など、日頃からつながる可能性のある支援者と関係を作っておくことは、教師にとっても、いざというときの助けになる（伊東、2011）。お互いの立場や連携に当たっての役割分担などがそれぞれの学校や地域で形成されてくると、同様の問題が起きたときの対応を比較的スムーズにしていくことができるだろう。

外部からのサポートを受ける際には、場合によってはその支援者に丸投げという形になるような場合がある。当然ながら、丸投げでは連携もうまくできず、チームとして子どもの支援を行っていくことができない。他の支援者にまかせきりにするのではなく、必要な情報を共有しながら、同じ立場で支援をしていくという認識が大切である。例えば、スクールカウンセラーとの連携においては、専門的立場を信頼して任せる部分も必要だが、発達障害や精神疾患の疑いがあり、医療機関との連携が必要な場合、学校として連携をする必要がある場面などでは、スクールカウンセラーにすべてを任せてしまうのではなく、教師も協働していくことが必要になる。

## （2）他機関との情報共有にあたっての課題

他職種との相談や情報共有を行うときには、保護者との連携を欠くことはできない。そのため、保護者にもそのような支援や連携の必要性を理解してもらい、家庭と協働して問題に対処していく体制を作っていくことが大切である。場合によっては子ども本人の了解も必要となることがある。

保護者に連携の必要性や、他の医療機関等の支援が必要であることを伝える際には十分な配慮が必要である（⇒第12章参照）。とくにそれが、心の問題で

ある、何か子どもに問題があるといったメッセージは、保護者にとっては受け止め辛いものである。「家庭に問題がある」、「子育ての仕方に問題があったから」と言われるのではないか、と身構えてしまうことも決して少なくない。さらに、学校から見捨てられたのではないか、そんな問題があるはずはないといったような不安を感じてしまう場合もある。そのような情報を共有する際には、できる限り保護者の思いを尊重しながら、連携の必要性や学校としての支援も同時に相談しながら進めていくことが重要である。医療機関の支援が必要であると判断された場合でも、保護者の同意を得ることが難しい場合には、学校医の診察やかかりつけ医への受診、保健所の相談窓口など相談、受診の抵抗の少ないところへつなげることも考慮しながら対応を進めていく必要がある（文部科学省、2014）。また、学校の近くの医療機関などは学校側からは連携を取りやすい一方で、保護者の側や子どもにとっては、近隣の住民や友だちなどに知られることに抵抗があるために、受診が難しくなることがある。そのような場合には、少し離れた医療機関を紹介できると受診に対する抵抗が多少和らぐこともある。

家庭での子どものケアや保護者の協力が必要な場合には、保護者の役割が重要になってくるが、保護者の抱えるさまざまな状況（保護者の精神疾患、経済的問題、家庭的問題など）のために、支援的役割を果たすことが難しい場合もある。とくに保護者の抱える状況が深刻な場合には、保護者・家庭全体の支援を目的として、保健所の相談など、他の機関からの支援を受けることで、子どもの支援につながっていく場合もある。

### （3）個人情報の保護

支援の連携を行っていくにあたり、個人情報の保護に関する問題が出てくる場合がある（⇒個人情報の保護に関する問題は第2章もあわせて参照）。連携先機関の側に守秘義務などがあり、教師が知りたいと思うことをすべて開示してもらえるというわけではないことは知っておく必要がある。必要なことは共有しながら、相手の専門性を信頼するという態度が重要となる。

また同時に、教師が教育相談等の業務を通じて知りえた情報は適切な管理が必要である一方で、必要なときには了解を得て関係者や関係機関と情報を共有する必要がある（東、2013）。とくに、自傷他害の可能性がある場合など、重大な情報については適切な形で連携を取る関係機関と共有し、対応方針を調整していくことが必要となってくる。例外的に、**児童虐待**が判明した場合については、保護者の同意は必要でなく、早急に児童相談所などに**通告**を行う必要があるので留意しておくことが必要である。

## 4 まとめ

　子どもたちの抱える問題や課題は、さまざまな要因が絡み合った複雑なものとなってきている。教師は、子どもたちの問題を教育相談的な視点から「心の問題」としての側面を理解しつつも、他職種との連携を通じてその子どもの理解と支援を進めながら、教育・進路の問題としても、子どもに関わっていくことが大切である。連携を活用しながら、全てのことを1人で背負うのではなく、管理職や他職種、他機関等とともに、子どもにとって良い方法を模索していくことが、教師自身にとっても支えとなる。

---

**文献一覧**

東千冬「教員との協働と守秘義務」、『臨床心理学』**13**、629-632（2013）
伊東孝郎「現場でのネットワーク作りの工夫」、『臨床心理学』**増刊第3号**、158-161（2011）
落合美貴子「教師のメンタルヘルス」、『臨床心理学』**増刊第3号**、123-127（2011）
紅林伸幸「教師の抱える問題と教師の成長」、酒井朗編『新訂　学校臨床社会学』放送大学教育振興会、pp.68-82（2007）
田嶌誠一『現実に介入しつつ心に関わる——多面的援助アプローチと臨床の知恵——』金

剛出版（2009）
羽下大信「コミュニティとしての学校・地域の中の学校」、『臨床心理学』増刊第3号、190-194（2011）
松嶋秀明「学校でのコラボレーションの視点をいかす——大人の問題としての子どもの問題」、『臨床心理学』10、530-534（2010）
文部科学省「学校における子供の心のケア——サインを見逃さないために——」（2014）
Fay, D., Borrill, C., Amir, Z., Haward, R. and West, M. A. Getting the most out of multidisciplinary teams: A multi-sample study of team innovation in health care, *Journal of Occupational and Organizational Psychology,* **79**, 553-567（2006）
Firth-Cozens, J. Multidisciplinary teamwork: The good, bad, and everything in between, *Quality in Health Care,* **10**, 65-66（2001）

## ワーク13 発達障害の可能性がある子どもへの対応

### こんな場合はどうするか、考えてみよう！

　自分の担任をしている学級の小学3年生の男子児童。なかなか授業に集中できないが、自分の興味のあることはいつまでも続けている。最近は、友だちの意図を汲んで話をすることができず、周囲とトラブルになることが増えてきている。本人も学校に来ることを嫌がることがあり、母親は困っている様子を見せていた。以前から時折そのようなことはあったが、これまではそれほど問題になっていなかった。
学年の教師、生徒指導の教師らと話をした際に「発達障害」の可能性があるのではないかと話題になり、これからどのように対応していくのかが話題となった。

　下記のQ.について、それぞれあなたの考えをできる限り書き出してみましょう。自分の考えを書いた後で、グループでそれぞれの考えや対応をディスカッションしてみましょう。

Q. あなたはこのケースをどう考えますか？


Q. このことを誰かに相談しますか？


Q. 保護者に伝えるとしたら、何をどのように伝えますか？伝えるときの内容を、できるだけ具体的なセリフで書き出してみよう（例.「お母さん、Aくんは学校では……」）。


Q. あなたなら、教師として、どのような支援を考えますか？

# 第14章

# 教職員のメンタルヘルスと目指す教師像

**key words**　メンタルヘルスケア、ストレス、コーピング

## 1 教職員のメンタルヘルス

### (1) はじめに

　学校は、地域に開かれており、誰もが小さい頃から日常的に過ごしたことがあるという意味で、多くの人にとって馴染みのある場所である。しかも、教え、導く、頼りになる存在の象徴とも言えるような「先生」が常にいる場である。そのため、何か問題が起こったとき、子どもや保護者から、その困りごとが学校という場に持ち込まれることがしばしば起こる。持ち込まれた側（学校、教師）にとって、受け止めやすい形で持ち込まれるだけでなく、受け止めることが困難な形（例えば攻撃的な形や苦情といった形など）で持ち込まれることも少なくない。教師たちは、日々の多忙な業務の中、子どもや保護者らが持ち込む困りごとに対応していかねばならない。そのような状況において、時として教師が精神的に追い詰められてしまう場合がある。また、職場（職員室）というある意味で閉じられた場での人間関係や、プライベートなことにおいて教師自身が困難を抱える場合もある。そのため、教師に限ったことではないが、メンタルヘルスについて、自分自身のことに対しても周囲の人のことに対しても意識を向けておくことが重要である。そこで、本章では教職員のメンタルヘルスについて述べていきたい。また、自身が目

指す教師像がどのようなものか、イメージを膨らませることを通して、本書を手にする学修者が、教師としてのありようについて、そして自身のいのちをどのように生かしてゆくのかについて、それぞれ想いを巡らせるきっかけをつかんでもらいたい。

## (2) 4つのメンタルヘルスケア

　心の健康確保と自殺防止や過労死などの予防のため厚生労働省が平成18年に作成した労働者の心の健康保持増進の指針では、4つのメンタルヘルスケアを継続的かつ計画的に行うことが重要であるとされている。それは、①セルフケア、②ラインケア、③事業場内産業保健スタッフによるケア、④事業場外資源によるケアである。

　①セルフケアは「労働者がみずからの心の健康のために行うもの」(厚生労働省、2013) とされており、自身がストレスや心の健康について理解し、ストレス予防・軽減・対処できるようにするというものである。

　②ラインケアは「職場の管理監督者が労働者に対して行うもの」(厚生労働省、2013) で、管理監督者が職場における具体的なストレス要因を把握し、その改善を図ること、管理監督者が、心の健康に関して職場環境の改善や労働者への相談業務を行うことである。

　③事業場内産業保健スタッフによるケアは「事業場内の産業保健スタッフ(産業医、衛生管理者等、保健師等)、心の健康づくり専門スタッフ(精神科・心療内科の医師、心理職等)、人事労務管理スタッフ等がおこなうもの」(厚生労働省、2013) とされており、事業場の心の健康づくり対策の提言を行い、推進・支援をする。具体的には、相談対応や職場環境改善を含む、セルフケア・ラインケアによるケアに対する支援の提供や、心の健康づくり計画に基づくメンタルヘルスケア実施の企画、メンタルヘルスに関連する個人情報の取り扱い、事業場外資源とのネットワーク形成やその窓口となることなどが挙げられている。

　④事業場外資源によるケアは、職場外の専門機関によるケアであり、精神

科病院やカウンセリングルーム、保健センターなどを活用するというものである。日頃から職場外のそうした機関や専門家とネットワークを形成しておくことが望ましいと思われる。

2014年4月には、これまでの地域産業保健事業、産業保健推進センター事業、メンタルヘルス対策支援事業が一元化され、産業保健活動総合支援事業が開始した。以前は、各センター窓口に問い合わせや申し込みが必要であったものが一本化されたものである。メンタルヘルス研修やセミナー、事例検討会の開催などメンタルヘルス対策の普及促進が試みられている。

## (3) ストレスとストレッサー

「最近ストレスがたまって……」、「〜するのがストレスだ」など、日常的に会話の中で「ストレス」という言葉が使われる。この項では、ストレスとは何かということに触れておきたい。この「ストレス」という言葉は、もともと、物体に力が加わった場合に生じる物体の歪みのことを指して物理学や工学などの領域で用いられていた。それが人に対しても使われるようになり、「あらゆる要求に対し、生体が起こす非特異的反応」と定義されている。つまり、何らかの刺激によって通常とは異なる反応を起こしている状態がストレス状態なのである。人をストレス状態に追い込む刺激のことは、「ストレッサー」という。ボールに例えて説明されることが多いが、ストレスが無い状態というのは、図14-1のような、まるい球の状態である。そして、何らかの刺激（ストレッサー）が外から与えられると、まんまるだったボールは図14-2のように歪んだ状態となる。この図14-2の状態がストレス状態である。

図14-1　ストレスが無い状態　　図14-2　ストレス状態

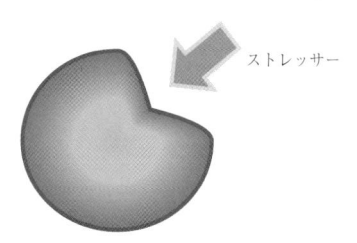

ストレスというと、嫌なことや良くないことなどネガティブなものを思い浮かべやすいが、ストレス状態になるというのは、環境によりよく適応するための反応でもある。例えば、先述のボールに外から圧力がかかったとき、歪むことができないとどうなるかをイメージしてみるとよい。つまり、外からの刺激に適応できずにいる状態が続くと、その刺激に耐えられなくなり、いずれ破裂するような事態（図14-3）が起こるのである。

図 14-3　いずれ破裂するような状態

　ストレスはネガティブなものだけでなく、好ましい変化も含むのである。身の回りに起こる全ての変化が人にとってはストレスであり、ストレスを受けない人生というものはありえないと考えてよいだろう。学校も含め、ストレスのない職場も存在しないということである。社会生活を送る以上、避けることができないストレスと、どのように上手く付き合っていくかが重要となってくる。私たちは日常的にストレス状態にあまり意識せず対処していることが多々ある。ストレス状態というのは、ボールに外から力が加わり、まんまるだった形が歪んでしまっている状態であると述べたが、人のこころは、ずっとそのような歪んだ状態を続け、破裂してしまうのを待つわけではない。ストレス対処メカニズムを利用し、ボールが破裂しないように働くのである。そのメカニズムには、①跳ね返す、②逃がす、③抜くというものがある。

### ①跳ね返す（図 14-4）

　これは、我慢してなんとかそのストレスの原因を押し返そうとする力で、

欲求不満耐性といわれるものである。例えば、関わりが大変難しい子どもの担任になり、日々何かしらの問題が起こってしまう状況になった。その子どもに攻撃的な言葉を投げつけられ、他の教員の協力が得られるどころか非難され、なんとか工夫しながら１年間クラス運営を行う。年度が変わり担任から外れ、そのストレスがなくなるというような場合。つまり、自らの努力や精神力で、その状況を我慢したり工夫したりして耐え、根本的ストレッサーが解決されるというあり方である。

### ②逃す（図14-5）

　私たちには、いくら頑張っても無理という限界がある。仕事量や、とても解決できそうにないと思ってしまうような問題を投げこんでくる子どもや保護者、職場内の人間関係など、上手くいかずこちらの容量を大幅に超えているような場合というのは、身も心も疲弊してしまう。そこでボールの形を変え、ストレッサーを逃がすという方法がとられるのである。これは自我防衛機制（⇒第３章第２節参照）といわれるもので、認知（⇒第３章第４節参照）、つまりものの見方を変えたりする。例えば、「この保護者がこんなに辛く自分にあたるのは、子どもに対してどのようにしたらよいのか、保護者自身が困惑疲弊していて、自身の辛さや不安のやり場がないからなのではなかろうか」とか、「このような状況なのだから怒りがわいても仕方ない」と見てみるのである。客観的に事態を分析したりして目標を設定するようなあり方である。

### ③抜く（図14-6）

　いわゆるストレス発散で、カタルシスといわれるものである。ボールの空気を少し抜き、破裂することを防ぐようなイメージをするとよいかもしれない。具体的な方法には個人差があるが、例えば、おしゃべりをする、スポーツをする、ショッピングに行く、飲みに行く（ただし適度な量で）、音楽を聴くなどである。

図 14-4　跳ね返す
（欲求不満耐性）

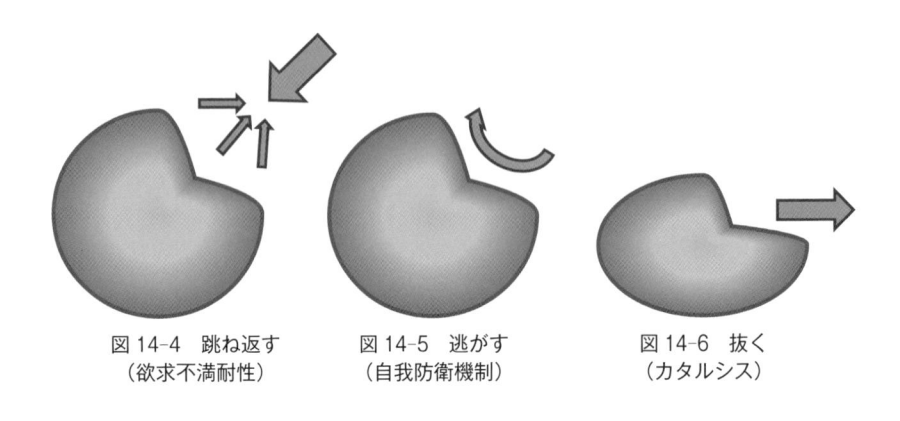

図 14-5　逃がす
（自我防衛機制）

図 14-6　抜く
（カタルシス）

　これら跳ね返す、逃がす、抜く、の3つの対処メカニズムは、それぞれに利点と欠点がある。①のストレス対応の欲求不満耐性（図14-4）メカニズムは、我慢してやりきるといったようなものであるが、これはやりきってしまえばストレスの根本的な解決になるというメリットがあるものの、我慢には限界があるという欠点がある。②の自己防衛機制は、ものの見方の切り替えであるが、これはいつでもどこでも実行できるという利点がある。一方で、違う見方ができるようになるには時間がかかることや、歪んだ認知をしてしまう可能性もあるという欠点が考えられる。③のカタルシスは、空気を抜いて発散するというもので、利点としては、実行が比較的容易であることが挙げられる。しかし、欠点としてはお金や時間がかかるということが考えられる。いずれの方法でも利点と欠点があるため、どれか1つのメカニズムを優位に用いるというのではなく、状況に応じてバランスよく3つを用い、自身のストレスと付き合っていくことが大切なのである。

## （4）ストレス耐性とコーピング

　同じストレッサーによってストレス状態となっても、人によってその強さの感じ方は異なる。日常的にそういった経験があるのではなかろうか。「こんなに大変なことが起こっているのに、あの人は全く平気そうなのはどうして

だろう。自分だったらきっと参ってしまっているに違いない」とか、些細なことでひどく精神的に落ち込む友人を見て「なぜそんなこと位で落ち込んでストレスを抱えているのだろう」と思うなど、同じストレッサーであっても、人によってストレス状態に強い・弱いがある。これを**ストレス耐性**といい、その時の状態や状況、年齢やそれまでの経験によっても左右される。そして、その人がストレスにどれくらい対応できるかということを**コーピング**といい、ストレス発生条件が多くとも、ストレス反応を軽減したり、現状より増大することを防いだりする。コーピングには、その人が元から持っているもの、訓練されて得たもの、経験なども関係する。元々コーピングがしっかりしている人であっても、例えばうまくいかないことが続いていたり、体調をくずしていたりで、そのストレッサーへの対処力が落ちることも起こってくる。その例を次に簡単に挙げておく。

例

多少のストレスともうまく付き合って仕事もテキパキこなすしっかり者で責任感の強い熱心なＡ先生。
- ある日、伝達時に勘違いが起こり結果的に準備不足のミスが起こって、別のクラスの先輩教師から強く注意を受ける。
- １週間ほど職員研修や学校行事の準備などで、多くの教職員がバタバタしていた。
- 受け持っているクラスで、家庭内の問題が主な背景として考えられる子どもが、学外で問題行動を起こし補導されたという連絡があり、その対応に追われていた。
- プライベートでは最近自分の子どもが、学校に行きたがらず、今日は何とか送り出したが、休憩時間に携帯電話に子どもの担任から着信が入っていることに気づく。
- 翌月は学校行事があるが、行事の翌日に教育委員会や他校の教師らがやってくる授業見学の対象クラスがＡ先生のクラスに決まる。

《普段のA先生なら》

上記のうち、2〜3つのことだけが起こるようなときは、普段のA先生であれば対応できる範囲である。

- 準備不足で先輩教師から強く注意を受ける
    - →ミスを認め、迷惑をかけてしまった先輩教師に謝る。そして、なぜそのような事態が起こったのか冷静に振り返り再発防止に意識を向ける。
- 研修や行事準備で忙しい
    - →他の教員も忙しくお互い様。みんなが頑張っている姿をみると励みになる。厳しいけれど、例年この時期はこのような状態なので頑張って乗り切るしかない。得るものは大きく達成感もあるし、大変だが楽しんでやろうと思える。
- 自分の子どもの不登校傾向
    - →とても心配で気になるが、そういう時もあるのかもしれない。家でゆっくり話を聞く時間をとろうと心がける。同僚にも少し話を聞いてもらおうかと思う。
- 生徒の問題行動
    - →生徒の思いを聞きながら適切に指導する。家庭内の問題があり保護者のストレスも強いと考えられるので、保護者面談も実施し、保護者の大変さにも寄り添いつつ協力して解決の方向へ向かうよう対応する。
- 翌月の学校行事と授業見学
    - →なんとか準備をギリギリまででも頑張って終わらせて、乗り切ろう。

《色んなことが重なると……》
- 準備不足で先輩教師から強く注意を受ける
    - →自分の不注意に落ち込み自信を失くす。一方で、自分だけが悪いわけではないのに……と思うと腹立たしく、先輩教師や他の教師に関わりにくさを感じる。
- 研修や行事準備で忙しい
    - →皆が忙しそうだが、きちんとこなしていて、自分は遅れをとっているように感じてしまい焦る。この忙しさが来年も、再来年も、ずっと続くのだと思うと限界だ。
- 自分の子どもの不登校傾向
    - →心配。きっと仕事で忙しくしている自分のせいに違いない。この先どうなるんだろうか。子どもの学校の担任に何て思われているだろう。悪いことばかり考えてしまう。同僚や先輩には関わりにくく、相談できない。
- 生徒の問題行動
    - →家庭に問題があるのだから、それをこちらに持ちこまないで欲しい。自分の家で子どもに対応してもらわないと困る。時間をとるのが難しいが仕方ないので親を呼び出して、きちんと指導するよう注意しよう。
- 翌月の学校行事と授業見学
    - →準備が間に合うとは思えない。もう無理だ……。

A先生のように、色々なことが立て続けに起こったり、その人にとって大きな問題であったりすると、普段のストレス耐性が発揮できなくなることがある。A先生の場合、まず自分自身の家族のことで心配事があり、ストレス

状態である。自分の子どもが心配で、「一体どうしたのだろう、これからどうなるんだろう」と思うだろう。たとえ職業が教師であっても、家庭では子どもの親であり、自分の子どもとの関わりは、親子としての関係であるので、それを大切にしてもらいたいが、時として「自分は教師なのに……」と自分を責めてしまうようなことも起こってくる。そのようなストレス状態にあるなかで、自分だけが悪いというわけではないが、先輩教師に強く注意を受ける。さらに、時期的にも職員研修や学校行事の準備などで学校全体がバタバタしていた。このようにピリピリしている緊張した雰囲気はストレスフルな事態である。空気感が緊迫しているというのは、しんどい時には結構こたえるものである。そのような中で、クラスの生徒が補導されたという連絡があり対応に追われることになる。さらに、何とか送り出したものの、子どもの担任から電話が入り「うちの子はどうしたんだろう」と心配が増大する。しかし、学校内の状況をみるとバタバタしており、よほどの重大事でなければ迎えに行くことなどはできない雰囲気である。さらに追い打ちをかけるのが、翌月のスケジュールである。行事が終わり、少しホッと落ち着ける予定であればまた違ったかもしれないが、たまたまA先生のクラスの授業見学が決まったのである。このように色々なことが重なることは特別に珍しいこと、運が悪かったというようなことではなく可能性としては十分に起こりえることであるが、しんどい時というのはネガティブな方向に考えてしまったり、ネガティブな部分にばかり目が向いてしまいがちになったりする。普段はストレス状態に対応できる人であっても、このように色々なことが重なることで、対応が困難になってしまうことは起こってくるものである。

## (5) 自身のストレス対処パターンを知る

(2)で述べたメンタルヘルスケアのうち、日頃から行っておくとよい個人のストレスマネジメントがある。ストレスマネジメントとは、自分自身で心身の緊張といったストレス反応に気づき、それを解消していくことをいう。個人のストレスマネジメントの第一は、何といってもストレス状態に気づく

ということである。これは重要で、自覚しているか否かで大きく変わってくる。後になってから、「あの時自分は辛かったのだ」、「あの時しんどかったのだな」と思うような経験はあるかもしれないが、渦中にあるとき、自覚することが難しい場合も少なくない。第二は、ストレス状態への自分の対処様式を知ることが挙げられる。自分がストレス状態になったとき、自分はどういう行動パターンをとる傾向があるのかを知っておくのである。すると、ある行動パターンや思考パターンが出てきたような時に「あれ？私、もしかしてストレス状態かもしれない」と自分で気づきやすい。そして、その状態に気づくことができれば、何らかの対応を自分でとることができる。

　十分な休息を確保し、食事もしっかりとること、気分転換をすることが効果的である。これが第三のストレスマネジメントである。仕事を抱え込んでしまい、家まで持ち帰るということもあるかもしれないが、そのような場合も意識的に休息や食事をしっかりとり、気分転換などを行うとよい。職場以外の場に出ていくというのも効果的である。休みの日に、職場関係とは全く異なる人で、親しい人たちと会うことも工夫としてできるだろう。また、体を動かすことも良いと言われる。運動することによって、ネガティブな気分を発散させたり、心身のリラックスや、睡眠リズムが整ったりするのである。厚生労働省のメンタルヘルスに関するウェブサイトでは、なかでも有酸素運動が効果的であることが紹介されている。その他に、笑うことが自律神経のバランスを整えたり、免疫力を正常化させたりする効果があり、推奨されている。また、リラクゼーション法、自律訓練法なども有効である。リラクゼーションは、心身の緊張を緩めることで、最も手軽な方法として呼吸法（腹式呼吸）が挙げられる。自宅や学校（職場）、移動中などにも短時間で行うことができるだろう。ヨガもリラクゼーションの1つであり、人気がある。自律訓練法は、腕や脚に重たさや温かさの感覚を自己暗示で生じさせリラックス状態を得ることによって、疲労の回復や過敏状態の沈静、衝動的行動の抑制、心身の痛みの緩和、向上心の増加が効果として挙げられている。1932年にドイツの神経科医のシュルツによって体系化された方法である（佐々木、

1976)。

　早期に自身のストレスに気づくことで、早期対応が可能となるが、自分では大丈夫と思っていても、それ以上にストレス状態が深刻である場合もある。最初に述べた通り、学校という場はさまざまな問題の受け皿となりやすく、そこにいる教師にも多くのストレッサーがかかってくる。そのため、自分1人で抱えるだけでなく、周囲の人に話を聞いてもらう、あるいは専門機関とコンタクトをとるなどして対応してほしい。ストレス状態に対応できないことを後ろめたく感じたり、自己嫌悪に陥ったりする必要はなく、そのような状態になるほど、大変なことが起こっているのだと捉え、解決するために周囲をしっかり頼り、リソースをうまく使うとよいだろう。

　個人のストレスマネジメントの他にも、職場のストレスマネジメントとして、勤務条件等の修正や、パーソナルスペースの確保、ピア・グループの集まり、内的満足感、情緒的ミーティング、スーパービジョン体制など、組織ぐるみの取り組みも必要である。

　中央労働災害防止協会のウェブサイトで職業性ストレス簡易評価が行える（2014年9月23日現在）ので、参照してほしい。

## 2　自分の教師像を膨らませる

### (1) イメージを広げてみよう

　子どもの頃に、自分が将来何になりたいか、どんな大人になっているのか、どんな職業についているのか想像した経験がある人は多いだろう。どのような教師になりたいか、それぞれが思い描く教師像を膨らませてみてほしい。教師を目指す人や、すでに教師として活躍している人であっても、漠然としたイメージはあるが、具体的なイメージとなると言葉にすることがまだできない人もいるかもしれない。そこで、本節では自分の教師像を膨らませてみるワークを行いたい。自分が目指す教師像はそのつど変化していく部分もあれば、変化しない部分もあると思われる。今現在のイメージを大切に保管し

ておき、10年後、20年後に見直してみたり、その時の自分のイメージと比較してみたりするのも新たな発見につながるものである。また、他者とシェアすることで励みになったり、自分だけでは思いもよらないものを知ることができたりする可能性もある。

## (2) 方法

教師像を膨らませる一助として「マインド・マップ」(ブザン、2005)と「KJ法」を紹介する。

### 「マインド・マップ」(ブザン、2005)

「マインド・マップは、BOI(基本アイデア)をメインブランチに、思考のブランチを次々と伸ばしていくことで、脳の無限の可能性を引き出す知的思考ツール」(ブザン、2005)である。木のブランチ(枝)をどんどん伸ばし広げ大きな木を描いていくような視覚的な方法で、情報を整理し記憶の再生を助けたり、また連想をしていくことでイメージを広げたりすることができるのである。

①紙の中心部にキーワードを置く。一般的に紙の中心にキーワードとなる言葉や絵、写真などを持ってくる。絵や写真などは連想や発想を刺激しやすく、イメージが引き出されやすくなるので、可能であれば絵や写真を活用する方法もとってみるとよい。

例

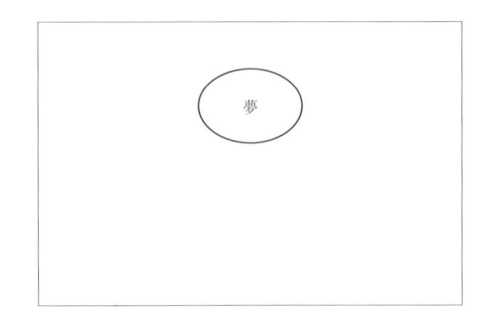

②BOI（基本アイデア）を決める。BOIとは、Basic Ordering Ideaを略したものであるが、そのキーコンセプトを決め、中心から最初に伸びるブランチとなる。できるだけ上位概念をかいた方が、イメージが広がりやすいと言われている。

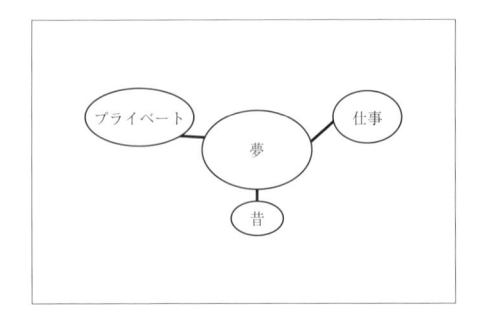

③キーコンセプトからさらにどんどんブランチを伸ばし広げてゆく。

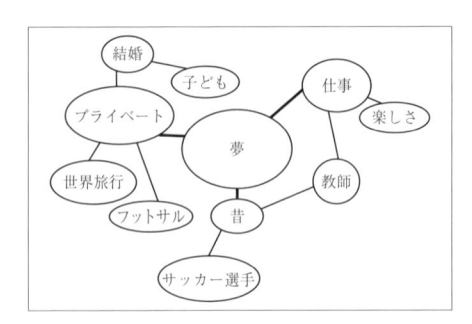

④できあがったら、再度自分が作成したものを見つめてみる。

## 「KJ 法」（川喜田、2010）

「KJ 法」は文化人類学者の川喜田二郎が考案した方法で、多くの情報から必要なものを取り出し、関連するものをつなぎ合わせ整理していく。

① テーマに関する情報や意見などを1枚ずつカード（付箋などでも良い）に書き込む。

② すべてのカードを広げ、内容を確認してゆく。

③ 内容が近いと感じられるカードを集めグルーピングし、小グループをいくつか作る。グループにならないカードは、無理にどこかに入れる必要はない。

④ それぞれの小グループを再度確認して表札（タイトル）をつける。

⑤ 表札を見ながら近いものをまとめ、中グループ作りを繰り返して大グループを作っていく。

⑥ 空間的に配置を行い、グループの流れを作る。グループ間に論理的な関連性ができるようにカードの束を並べかえ、ストーリーのようにつないで説明できるように配置する。

⑦ それぞれグループになっている束を一段下のグループ段階まで一度引き出し、一段下のグループ間での親近性や関連にしたがって、グループの範囲内で空間配置を行う。

⑧ 空間配置の図を1枚の大きな別紙へ写し、グループ間の関連内容を示す記号（表14）を使用し、論理関係がわかるようにする。

表14　関連付ける記号の例
（東北福祉大学 HP を元に筆者が作成）

| 記号 | 意味 |
| --- | --- |
| ― | 関係あり |
| → | 原因・結果 |
| ↔ | 互いに因果的 |
| >< | 互いに反対 |
| ＝ | 同じ |
| ≠ | 同じでない |
| ⬚ | 欠けている事柄 |

⑨ それぞれの大グループの中で、重要と思うものを5点から1点の順で点数をつける。ただし、6番目以降を点数は付けない。得点の高い5つの大グルー

プが、重要なテーマとなる。それらを図解化する。
⑩⑨の図解をもとに、文章化し、簡略化して発表する。

## （3）リアリティをもって考えるために

**ワーク 14-1**　「なりたい教師像」のマインド・マップ

　前節の①を参考にしながら自分自身の「なりたい教師像」に枝葉を付け、イメージを広げよう。

## ワーク 14-2 マインド・マップのシェア

2人組になり、ワーク1で作成したお互いのものをシェアしよう。他者のものを決して批判したり評価したりしないよう注意すること。シェアして、感じたことや考えたことを書き出してみよう。

## 文献一覧

厚生労働省独立行政法人労働者健康福祉機構『こころの健康気づきのヒント集』（2013）

厚生労働省ウェブサイト　メンタルヘルス対策（心の健康確保対策）に関する施策の概要　http://kokoro.mhlw.go.jp/guideline/mental-health.html（2014年9月19日）

佐々木雄二『自律訓練法の実際―心身の健康のために』創元社（1976）

中央労働災害防止協会　職業性ストレス簡易評価ページ　http://www.jisha.or.jp/web_chk/strs/strs01.html（2014年9月23日）

東北福祉大学TFUリエゾンゼミ・ナビウェブサイト『KJ法をやってみよう』　http://www.tfu.ac.jp/liaison/edu/navi_PDF/navi06-04.pdf（2014年9月25日）

中村純『職場のメンタルヘルス対策最前線』昭和堂（2008）

日本自律訓練学会ウェブサイト　http://www.jsoat.jp/（2014年10月17日）

立命館大学経済学部山井ゼミウェブサイト『ブレーンストーミングとKJ法』　http://www.ritsumei.ac.jp/~yamai/kj.htm（2014年9月25日）

ブザン，T.，ブザン，B.（神田昌典訳）『ザ・マインドマップ』ダイヤモンド社（2005）

川喜田二郎『続・発想法』中央公論新社（2010）

## さらなる読書のために

思春期の子どもの内的世界を理解し、寄り添っていくために、
教員を目指す学生が、学生時代に読んでおくと良いと思う本を、
様々な方面から挙げてみました。
読書体験をもとに、こころの世界を豊かにしていってもらえると嬉しいです。

1. あさのあつこ『バッテリー』全6巻　角川文庫（2003）
2. アーシュラ・K. ル＝グウィン／作　清水真砂子／訳『ゲド戦記』全6冊　岩波書店（2004）
3. アリスン・マギー作／なかがわちひろ／訳『ちいさなあなたへ』主婦の友社（2008）
4. アンドレアス・シュタインヘーフェル／作　森川弘子／訳『リーコとオスカーともっと深い影』岩波書店（2009）
5. アンドレアス・シュタインヘーフェル／作　森川弘子／訳『リーコとオスカーとつぶれそうな心臓たち』岩波書店（2010）
6. アンドレアス・シュタインヘーフェル／作　森川弘子／訳『リーコとオスカーと幸せなどろぼう石』岩波書店（2012）
7. いとうひろし／作・絵『だいじょうぶ　だいじょうぶ』講談社（1995）
8. 上橋菜穂子『精霊の守り人』偕成社（1996）
9. 上橋菜穂子『夢の守り人』偕成社（2000）
10. 内田麟太郎『ぼくたちはなく』PHP研究所（2010）
11. 内田麟太郎／作　長新太／絵『さかさまライオン』童心社（1985）
12. エリック・カール／作　もりひさし／訳『はらぺこあおむし』偕成社（1976）
13. エリック・カール／作　さのようこ／訳『こんにちは　あかぎつね！』偕成社（1999）
14. 恩田陸『夜のピクニック』新潮文庫（2006）

15. カニグズバーグ／作　松永ふみ子／訳『クローディアの秘密』新版　岩波少年文庫（2000）
16. カニグズバーグ／作　松永ふみ子／訳『ぼくと〈ジョージ〉』新版　岩波少年文庫（2008）
17. きたやまゆうこ／作『ゆうたはともだち』あかね書房（1988）
18. きむらゆういち／作　あべ弘士／絵『あらしのよるに』講談社（1994）
19. きむらゆういち／作　わたなべようじ／絵『ボクの犬』白泉社（2006）
20. 小村チエ子『子どもの絵　心のからのメッセージ』朱鷺書房（1995）
21. 小村チエ子『子どもの絵の　心の秘密』朱鷺書房（1999）
22. さとうとしなお／作　みやもとただお／絵『たっちゃん　ぼくが　きらいなの —たっちゃんは　じへいしょう（自閉症）』岩崎書店（1996）
23. 佐藤多佳子『一瞬の風になれ』全3巻　講談社文庫（2009）
24. 佐野洋子／作・絵『100万回生きたねこ』講談社（1977）
25. ジェームズ・マシュー・バリ／作　厨川圭子／訳『ピーターパン』新版　岩波少年文庫（2000）
26. シェル・シルヴァスタイン作　倉橋由美子訳『ぼくを探しに』講談社（1979）
27. シェル・シルヴァスタイン作　倉橋由美子訳『ビッグ・オーとの出会い』講談社（1982）
28. シェル・シルヴァスタイン作　村上春樹訳『おおきな木』あすなろ書房（2010）
29. ジャン・ジオノ／作　フレデリク・バック／絵　寺岡襄／訳『木を植えた男』あすなろ書房（1989）
30. ジョーン・ゲイル・ロビンソン／作　松野正子／訳『思い出のマーニー』新版　上・下　岩波少年文庫（2003）
31. スーザン・バーレイ／作　小川仁央／訳『わすれられないおくりもの』評論社（1986）
32. 瀬尾まいこ『温室デイズ』角川文庫（2009）
33. 瀬尾まいこ『図書館の神様』ちくま文庫（2009）
34. 谷川俊太郎／作　元永定正／絵『もこ　もこもこ』文研出版（1977）

35. ダン・カイリー　小此木啓吾訳『ピーターパン・シンドローム　なぜ、彼らは大人になれないのか』祥伝社（1984）

36. ダン・カイリー　小此木啓吾訳『ウェンディ・ジレンマ　"愛の罠"から抜け出すために』祥伝社（1984）

37. チョン・チャジュン／文　ハン・ビョンホ／絵　ふじもととももみ／訳『トッケビのこんぼう　はじめのはなし』平凡社（2003）

38. ディケンズ　池 央耿訳『クリスマス・キャロル』光文社（2006）

39. トーマス・ベリイマン／写真・文　ビヤネール多美子／訳『指で見る』偕成社（1977）

40. トルストイ／話　ニーヤム・シャーキー／絵　中井貴恵／訳『おおきなかぶ』ブロンズ新社（1999）

41. 中川季枝子／作　大村百合子／絵『ぐりとぐら』福音館書店（1967）

42. 梨木香歩『西の魔女が死んだ』新潮文庫（2001）

43. 梨木香歩『裏庭』新潮文庫（2000）

44. 林明子『こんとあき』福音館書店（1989）

45. ピーター・リヴァイン・マギー・クライン　浅井咲子『子どものトラウマ・セラピー』雲母書房（2010）

46. フィリッパ・ピアス／作　高杉一郎／訳『トムは真夜中の庭で』新版　岩波少年文庫（2000）

47. フランシス・エリザ・バーネット／作　山内玲子／訳『秘密の花園』上・下　岩波少年文庫（2005）

48. 誉田哲也『武士道シックスティーン』文春文庫（2010）

49. 誉田哲也『武士道セブンティーン』文春文庫（2011）

50. 誉田哲也『武士道エイティーン』文春文庫（2012）

51. マイク・ターラー／作　ロバート・グロスマン／絵　今江祥智訳『ぼちぼちいこか』偕成社（1980）

52. マーゴット・ツェマック／作　わたなべしげお／絵『ありがたいこってす！』童話館出版（1994）

53. 松谷みよ子／作　味戸ケイコ／絵『わたしのいもうと』偕成社（1987）
54. マリ・エレーヌ・ドルバル／作　スーザン・バーレイ／絵　おかだよしえ／訳『わたしのおとうと、へん…かなあ』評論社（2001）
55. マーガレット・マーヒー／作　幾島幸子／訳『悪者は夜やってくる』岩波書店（2000）
56. ミヒャエル・エンデ／作　上田真而子・佐藤真理子／訳『はてしない物語』岩波書店（1982）
57. ミヒャエル・エンデ／作　大島かおり／訳『モモ』岩波少年文庫（2005）
58. 宮次男監修『絵本　地獄』風濤社（1980）
59. 宮沢賢治『銀河鉄道の夜』岩波少年文庫（2000）
60. 宮沢賢治『注文の多い料理店』岩波少年文庫（2000）
61. モーリス・センダック／作　神宮輝夫／訳『かいじゅうたちのいるところ』冨山房（1986）
62. 森絵都『アーモンド入りチョコレートのワルツ』角川文庫（2005）
63. 森絵都『DIVE!!』上下巻　角川文庫（2006）
64. 安野光雅『ふしぎなえ』福音館書店（1971）
65. ルイス・キャロル／作　脇明子／訳『不思議の国のアリス』岩波少年文庫（2000）
66. ルイス・キャロル／作　脇明子／訳『鏡の国のアリス』岩波少年文庫（2000）
67. ルーシー・モード・モンゴメリ／作　村岡花子／訳『赤毛のアン』新潮文庫（2008）
68. レイチェル・ルイス・カーソン／作　上遠恵子／訳『センス　オブ　ワンダー』新潮社（1996）
69. レオ・レオニ／作　谷川俊太郎／訳『あおくんときいろちゃん』好学社（1969）
70. レオ・レオニ／作　藤田圭雄／訳『あおくんときいろちゃん』至光社（1985）
71. レオ・バスカーリア／作　みらいなな／訳『葉っぱのフレディ』童話屋（1988）

## あとがき

　本書の特徴は、臨床心理学的アプローチをベースにした体験型ワークが、多くの章に組み込まれていることです。これらのワークは、臨床心理学的観点から、心の成長を促し主体性を育てることを目指しています。教育相談という科目が重視しているのは、学生が、「体験学習からリアリティをもって学ぶこと」です。

　本書は、研究型総合大学で、教職を目指す大学生や大学院生を読者に想定して書かれています。このような研究型総合大学で、教職を目指す学生は、各学部の専門分野を学びつつ、広い知識と経験をその後の教育現場において役立てることを求められています。これから将来を考えていく思春期・青年期の中学生や高校生に、幅広い視点からさまざまな職業選択や人生の在り方を提示できるところが強みだと言えましょう。一方、教育大学で学ぶ学生に比べると、時間的制約もあり、自由に教育関係のボランティアなどの体験から学ぶ機会が少ないのが現状です。そのため、どうしても授業によって知識を伝えることが教員の仕事だという思い込みを持ちやすいのではないかと思われます。座学を中心としたアプローチだけでは、頭では理解できるが生身の体験として実感できないのではないか、という問題意識から、学生が体験型ワークに取り組むことによってリアリティをもって学ぶことができるだろうと考えました。

　本書は、教育相談の授業を担当する7人の講師と助教たちが、学生たちにできるだけ等質で同じ内容の授業をするにはどうすればよいか、と考えるなかで、「担当教員全員で教科書を書きましょう」という声が上がり、そこから始まりました。執筆者の多くは、教師経験のある臨床心理士やスクールカウンセラー経験者であり、学校現場で教師や子どもたちとさまざまな問題に向

き合ってきました。このようなことから、掲載されているワークは、大阪大学や他大学の学生に対する授業はもちろん、学校現場や現職の教員研修などでもワークとして実践した体験型ワークです。

　また、大阪大学人間科学部（臨床心理学研究分野）の各教員からそれぞれの専門に関して、コラムを寄せてもらったり、さらなる読書のために絵本や児童文学の中から大学生に読んでおいて欲しいものも含めて、学生たちが知識を深められるような本のリストを挙げました。教科書に読者自身の気づきなどを記入できるスペースも設けてあるので、読者の学びの軌跡が残り、自分自身の教科書を創っていくことができるようになっています。

　教育相談における心理臨床の観点からすると、心理療法をそのままの形で学校教育のなかに取り入れることはできませんが、教師が個々の子どもの心の問題を扱うことに目を向ける方法として、心理療法の知見を取り入れてみることはできるものと思われます。コミュニケーションがとりにくいことがもとで人間関係でトラブルを起こしやすい子どもたちや、不登校・いじめ・ひきこもりなどの子どもたちの心の問題の増加をみるにつけて、今の教育を補うものとして、個々の子どもの心の成長を促し、主体性を育てることを目指す視点も重要だと考えられるからです。また、保護者たちへの対応に悩みを抱え込んでいる教師のサポートになるようにも考えられています。

　ここでのプログラムは、「教職課程の教育相談を履修している大学生、及び、その学生たちが教師（教育実習も含む）になった時に関わるであろう中学、高校生にも実施できるようなもの」という視点から取り上げられています。

　大学の講義で体験したものを、教員となった学生が活用してくれ、また現職の教師の方々にも読んでいただき、新たな気づきを得てもらえれば幸いです。本書が、明日の学校現場を担う方々に少しでもお役に立てることを、切に願っています。

　大阪大学出版会の川上展代さんには、企画の段階から多大なご尽力、ご支援をいただき、こうして、出版の日を迎えることができました。ここに、お

| あとがき |

礼を申し上げます。

　2014年11月　銀杏の木々が黄色く色づいた待兼山にて

　　　　　　　　　　　　　　　　　　　　　　　大前玲子

## 執筆者紹介

**小野田　正利**（おのだ・まさとし）〔はじめに〕
大阪大学名誉教授。学校経営学・教育制度学。
主な著書は次のとおり。
『悲鳴をあげる学校〜親の"イチャモン"から"結びあい"へ』（旬報社、2006年）
『普通の教師が普通に生きる学校〜モンスターペアレント論を超えて』（時事通信社、2013年）
『教育参加と民主制〜フランスにおける教育審議機関に関する研究』（風間書房、1996年）
『親はモンスターじゃない！〜イチャモンはつながるチャンスだ』（学事出版、2008年）
『ストップ自子チュー〜親と教師がつながる』（旬報社、2010年）

**藤川　信夫**（ふじかわ・のぶお）〔第1章〕
広島大学大学院教育学研究科単位修得満期退学。博士（教育学）。広島大学教育学部講師、広島大学大学院国際協力研究科講師、大阪大学大学院人間科学研究科助教授を経て、現在、同研究科教授。2009年4月から2013年3月まで、大阪大学教育実習等専門部会長。著書として『教育学における神話学的方法の研究』（単著、風間書房、1998年）、『教育学における優生思想の展開』（編著、勉誠出版、2008年）、『教育／福祉という舞台』（編著、大阪大学出版会、2014年）などがある。

**上野　和久**（うえの・かずひさ）〔第2章・第12章〕
鳴門教育大学学校教育専攻生徒指導コース終了。臨床心理士、公認心理師。
1976年より和歌山県公立高等学校教諭、教頭、その後、和歌山心療オフィス所長、大阪大学全学教育推進機構非常勤講師を経て、現在　高野山大学文学部准教授。
和歌山県臨床心理士会会長。（一社）和歌山県公認心理師協会会長。

**管生　聖子**（すがお・しょうこ）〔第3章・第14章〕
大阪大学大学院人間科学研究科博士後期課程修了。博士（人間科学）。臨床心理士、公認心理師。2006年から2009年まで公立高校スクールカウンセラー。2007年より精神科診療所非常勤臨床心理士。現在、大阪大学大学院人間科学研究科講師。

**大前　玲子**（おおまえ・れいこ）〔第4章・第7章・あとがき〕
大阪大学大学院人間科学研究科単位修得満期退学。博士（人間科学）、臨床心理士、公認心理師。大阪大学大学院人間科学研究科助教、大阪大学大学院医学系研究科特任講師、大阪大学大学院人間科学研究科公認心理師プログラム運営室特任講師を経て、現在大阪大学全学教育推進機構非常勤講師、奈良大学学生相談カウンセラー、阪神wara心理教育研究所。

稲月　聡子（いなつき・さとこ）〔第5章・第8章・第9章1節・3節〕
大阪大学大学院人間科学研究科単位修得満期退学。臨床心理士、公認心理師。現在、日本福祉大学大学院社会福祉学研究科招聘准教授。

山本　惠子（やまもと・けいこ）〔第6章〕
大阪大学大学院人間科学研究科単位修得満期退学。博士（人間科学）。元臨床心理士。大阪大学人間科学部助手、聖母被昇天短期大学助教授・教授、大阪産業大学・大学院教授を経て、和学（なごみがく）研究所®の所長。1995年から2017年まで大阪大学全学共通教育機構非常勤講師。

藤澤　佳澄（ふじさわ・かすみ）〔第9章2節・第10章・第11章〕
大阪大学大学院人間科学研究科単位修得満期退学。博士後期課程在学中より、各種学校で心理学非常勤講師を務める。同時に、2006年から2014年までメンタルクリニックにて非常勤心理職として従事。現在、大阪大学全学教育推進機構非常勤講師。Rodina研究所兼務。

藤野　陽生（ふじの・はるお）〔第13章〕
大阪大学大学院人間科学研究科博士後期課程退学。博士（人間科学）。臨床心理士、公認心理師。現在、大分大学教育学部准教授。動作法を用いた障害児・者への支援などの実践を行っている。

井村　修（いむら・おさむ）〔コラム〕
大阪大学大学院人間科学研究科教授を定年退官後、現在、奈良大学社会学部教授。臨床心理学。
「筋ジストロフィー患者への心理的サポート」Brain and Nerve Vol.63、No.11、pp.1245-1252、2011年。障害を持つ子どもたちを対象に、臨床動作法の実践と研究を行っている。また筋ジストロフィーの心理的支援や発達障害傾向の問題にも関心を寄せている。自称体育会系研究者。モットーは知力よりは体力。

老松　克博（おいまつ・かつひろ）〔コラム〕
大阪大学大学院人間科学研究科教授。ユング心理学、精神医学。
著書として『人格系と発達系─〈対話〉の深層心理学』（講談社、2014年）、『ユング的悩み解消術』（平凡社、2011年）、『アクティヴ・イマジネーションの理論と実践①〜③』（トランスビュー、2004年）ほか、訳書としてユング『ヴィジョン・セミナー』（共監訳、創元社、2011年）、ユング『哲学の木』（監訳、創元社、2009年）、ユング『クンダリニー・ヨーガの心理学』（創元社、2004年）、アスパー『自己愛障害の臨床』（創元社、2001年）ほかがある。

| 執筆者紹介 |

**野村　晴夫**（のむら・はるお）〔コラム〕
大阪大学大学院人間科学研究科教授。臨床心理学、生涯発達心理学。
「生活史面接後の「内なる語り」：中高年の不随意的想起に着目した調査」『心理臨床学研究』32、pp.336-346、2014年。
「ナラティヴ・アプローチが照射する心理臨床の主観と客観：協同構成される物語の方向性と共有可能性に着目して」『人間性心理学研究』32、pp.79-86、2014年。

**佐々木　淳**（ささき・じゅん）〔コラム〕
大阪大学大学院人間科学研究科准教授。臨床心理学、異常心理学。
『大学生における自我漏洩感の心理学的研究：認知行動療法の視点から』風間書房、2011年。Sasaki, J., Wada, K., & Tanno, Y.（2013）. Understanding Egorrhea from Cultural-Clinical Psychology. *Frontiers in Psychology*, 4: 894. など。


イラスト
　加地　哲（第5章・第8章）
　杉山千尋（第2章・第4章・第7章・第9章・第10章・第12章・第14章）

# 索　引

**アルファベット**

AD/HD　125, 192
DSM-5（Diagnostic and Statistical Manual of Mental Disorders-5）　117-120, 125, 126, 149, 152-154, 192
HTP法　100
LD　127-129
TAT　94, 117

**あ 行**

愛着　197-199
愛着行動　121, 199
アイデンティティ　142, 147, 154, 166
アクティング・アウト　98
アサーション・トレーニング　22, 23
アスペルガー（Asperger, H.）　119, 120, 137
アスペルガー症候群（Asperger's Syndrome: AS）　118, 119, 124
アセスメント　28, 32, 107, 190, 220, 221
アニマ　40
アニムス　40
アルヴァン（Alvin, J.）　105
アンガーマネジメント　22
安全基地　165, 197-199, 206
いいかえ技法　216, 217
意識　16, 19, 26, 28, 32-34, 38, 39, 41, 43, 46, 65, 66, 71, 74, 75, 80, 85, 88, 101, 131, 135, 143, 144, 150, 153, 162, 169, 173, 174, 178, 182, 205, 211, 212, 214, 218, 219, 221, 226, 243, 246, 250, 253
いじめ　2, 5, 7, 9, 127, 144, 145, 148, 159, 165, 173-188, 191, 192, 199-203, 230, 231
いじめの構造　175
イチャモン（無理難題要求）　219
一本の実のなる木　98
イド　33, 34
今・ここ　20, 21
イメージ　3, 8, 23-27, 33, 39-41, 43, 47, 49, 50, 54, 65, 69, 71, 79, 83, 88-90, 93, 94, 96, 103, 106, 113, 114, 149, 153, 155, 159, 180, 182, 203, 206, 244, 246, 247, 254-256, 258
医療機関　214, 230, 233, 234, 238, 239
インクルージョン教育　130, 131
インストラクション　74, 76, 80-82
ウィング（Wing, L.）　119
ウィングの「三つ組み」　121
エクササイズ　73-77, 82
エス　33, 34
エッシャー（Escher, M. C.）　90, 91
エリクソン（Erikson, E. H.）　142, 198
円枠家族描画法　99
音楽療法　8, 95, 104-108, 110, 112, 114

**か 行**

絵画療法　8, 95, 96

# 索引

解釈　36, 39, 41, 66, 84, 90, 96-98, 135
ガイダンスカリキュラム　22-24
開発的カウンセリング　12, 22, 53, 71, 72
快楽原則　34
カウフマン（Kaufman, S. H.）　99
カウンセラーの3つの基本的態度　56
カウンセリング　1, 8, 11-13, 16, 17, 21, 22, 24, 29-31, 36, 37, 41, 51, 53-56, 71, 72, 78, 83, 89, 90, 95, 104, 115, 134, 153, 169, 172, 205, 210, 213, 220, 230, 232, 234, 245
カウンセリング・マインド　7, 9
かかわり技法　214
影（シャドウ）　173
家族描画法　99
課題画法　96
カタルシス　84, 94, 105, 247, 248
学級崩壊　9, 191-194, 196, 200
カナー（Kanner, L.）　119
過敏性腸症候群　5, 150
身体の距離と心の距離　224, 227
カルフ（Kalff, D. M.）　102, 103
河合隼雄　103
感情の反映　217
関与的観察　95, 100
聴く　6, 8, 20, 54, 57-62, 64, 104, 112, 122, 155, 210, 213-215, 217, 247
北岡明佳　91-93
気づき　8, 9, 23-26, 29, 32, 33, 37, 41, 61, 66, 69, 70, 75-77, 85, 109, 170, 185, 188, 201, 204, 210, 213, 215, 217, 218, 220, 225, 252, 253
虐待　201, 232
逆転移　37
客観的な視点（俯瞰する力）　222
キャリアカウンセリング　22
九分割統合絵画法　99, 100
教育支援センター　168, 233
共感的理解（empathic understanding）　56-58, 90, 169
教師いじめ　193
教師集団の協働　221
強迫性障害　42, 127, 153, 154
共有　17, 37, 51, 73, 75, 79, 81-84, 111, 121, 134, 135, 145, 147, 170, 187, 206, 209, 210, 212, 213, 221, 237-240
局所論　33
空間象徴　97
グッドイナフ人物画知能検査　98
クライエント（client）　30-33, 36, 37, 39-41, 43, 54-57, 65-67, 89, 90, 95, 96, 98-100, 103, 104, 106-109, 111, 113, 149
クライエント中心療法（Client-Centered-Therapy）　54-56, 58, 59
グループ・エンカウンター　22, 72, 77
グループ体験　8, 21, 22, 24, 73
グレート・マザー　41
KJ法　23, 76, 255, 257
芸術療法　8, 84, 94, 95, 99, 113
形態分析　97
傾聴　6, 8, 54, 57-59, 62, 65, 69, 71, 84, 90, 104, 134, 186
傾聴のトライアングルワーク　69
元型　39, 40
言語的　36, 83, 94, 215, 227
言語連想検査　94
現実の世界　14, 18, 19, 184, 212
建設的なパーソナリティ変化が起こるための6つの条件　56
高機能自閉症（High Functioning Auitizm: HFA）　119, 128, 129
構成的グループエンカウンター　72-76, 82
構造論　33
広汎性発達障害（Pervasive Developmental Disorder: PDD）　118-120
合理化　35
コーピング　152, 248, 249

275

心の世界　14, 18, 19, 67, 212
個人的守秘義務　16, 17
個人的無意識　38, 39
個性化　39, 84
コッホ（Koch, K.）　97
コミック会話　138
コミュニケーションスキル　17, 77, 170, 214, 223
コミュニケーションの障害　121, 133
コラージュボックス法　65
コラージュ療法　65-68, 95, 102, 103

## さ　行

サイコドラマ　78, 113
催眠療法　32, 33
錯視　90-92
査定　23, 100, 107, 183
シェアリング　64, 72, 74, 75, 78, 81, 83, 86, 114, 115
自我　22, 33, 34, 38-40, 58, 78, 84, 197
視覚支援　133, 136-138
自画像　98
自我防衛　34, 247, 248
色彩分割法　96
刺激　19, 20, 34, 83, 90, 94, 106, 109, 111, 112, 122, 245, 246, 255
自己　2, 4, 8, 19, 20, 23, 28, 31, 34, 35, 39, 45, 55, 56, 60, 63, 66, 71-73, 75, 80, 82-84, 89, 101, 106, 109, 111, 114, 115, 122, 142, 148, 149, 151, 154, 161, 174, 181, 190, 203, 205, 211, 215, 216, 222, 248, 253, 254
――一致（congruence）　56-58
――実現　39, 41, 55, 78, 84
――主義　218
――調整能力　8, 18-21, 25, 26
――防衛的　213
自子主義　218

思春期　20, 54, 58, 65, 77, 83, 117, 122, 130, 141, 142, 144, 146-150, 153-155, 158, 159, 161, 162, 165, 166, 171, 174, 181, 190, 193, 195, 200, 205, 230, 232
自傷　151, 152, 205, 240
――行為　151, 152
実感　18, 20, 21, 64, 72, 75, 83, 84, 139, 147, 161, 169
質問技法（開かれた質問・閉じた質問）　215
児童虐待　55, 234, 235, 240
自動思考　43, 46-50
児童相談所　168, 230, 233, 234, 240
自閉症スペクトラム　118-120, 132, 133, 137-139
社会性の障害　121
社会不安障害　42, 152
自由画法　96
集合的無意識　38-40
集団的守秘義務　16, 17
主体性　8, 30, 219
受動的音楽療法　106, 107
樹木画法　97
受容的態度　186
巡回相談員　130, 230, 233
純粋性（genuiness）　56
昇華　35, 93
情報共有　152, 238
自立と依存　54, 144
神経症　32, 33, 90, 110, 150
心身症　28, 112, 150, 151
身体感覚　20, 21, 28, 66
身体表現　108, 111
心的現実　39, 89, 90
人物画テスト　→マコーバー人物画テスト
人物画法テスト　94, 98
信頼関係（ラポール）　15, 16, 43, 54, 58, 65, 97, 136, 149, 152, 155, 159, 161, 167, 168, 170, 179, 192, 198, 212-214,

276

221-223, 238
心理劇　9, 72, 78, 79, 95, 111, 113
治療的カウンセリング　12
心理的課題　8, 54, 66-68, 70
心理的支援　14, 15
心理的離乳　144, 197
スキーマ　43, 48
スクールカウンセラー　13-17, 22, 30, 130, 131, 135, 143, 146, 152, 157, 165-169, 182, 186, 191, 194, 204, 212, 230, 232, 238
スクールソーシャルワーカー　230, 232
スケーリングクエスチョン　216
図と地の反転　90, 91
ストレス　5, 22, 23, 42, 69, 80, 84, 104, 110, 127, 148, 152, 181, 192, 209, 214, 218, 219, 221, 222, 244-254
──・コーピング　8, 192
──耐性　248, 249, 251
──マネジメント　252-254
ストレッサー　245, 247-249, 254
精神的健康　21
精神分析　31-33, 36, 38, 39, 89, 93
性同一性に関する問題　154
世界技法　102
摂食障害　42, 148-150, 154, 205
セラピスト　16, 24, 30, 37, 39, 40, 55-57, 65, 66, 90, 95, 96, 103, 104, 111, 112
セルフケア　244
前意識　33
造形療法　8, 95, 96, 103
相互調整能力　8, 18-21, 25, 26
想像力の障害とそれに基づく行動の障害　121, 122
相対立する概念（両極性　polarity）　17
相談的側面　15, 16
ソーシャル・スキル・トレーニング（SST）　8, 22, 72, 79-82, 133, 137
ソーシャルストーリー　137, 138

ソーシャルネットワーキングサービス　174, 191
ゾンディテスト　94

## た　行

対教師暴力　192
退行　35, 93
代償　35, 148, 149
第二次性徴　142, 148, 195
第二反抗期　143, 195, 197
髙江洲義英　95, 116
多義図形　90, 91
だまし絵　90
ダンス・ムーヴメント・セラピー　8
知覚過敏性　122
超自我　33, 34
通告　240
つながり　15, 41, 58, 84, 121, 147, 210, 214, 229, 235
定型発達　124, 133, 134, 138, 204
抵抗　33, 36, 37, 84, 149, 234, 239
適応指導教室　167, 230, 233
適切な距離　220
転移　33, 37
同一視　35
投影　34, 90, 93, 94, 98, 147, 181
──法　93, 94, 98, 99
統合HTP法　100
統合失調症　28, 42, 101, 110
洞察　30, 36, 37, 78
動態分析　97
動的家族描画法　99
特別支援教育　117, 128-131, 134, 135, 138, 221, 223
──コーディネーター　129, 135, 230, 233
──支援員　230, 232

277

## な 行

中井久夫　100, 101
日本音楽療法学会　105, 106
認知行動療法　8, 42, 43, 190
認知物語アプローチ　8, 54, 65-68, 70
ネグレクト　158
ネットいじめ　179
能動的音楽療法　106, 108

## は 行

パーソナリティ検査　94
バーンズ（Burns, R. C.）　99
廃用性症候群　112
バウム・テスト　8, 24, 26, 97
はげまし技法　215
箱庭療法　8, 65, 66, 95, 102, 103
発達アンバランス症候群　132
発達加速現象　195
発達課題　141, 142, 198
発達障害　8, 78, 80, 110, 117-120, 125, 127, 128, 132-139, 158, 192, 194, 199, 200, 204, 207, 230, 232, 234, 236, 238, 241
ハルス（Hulse, W. C.）　99
反動形成　34
反応　2, 19, 24, 25, 43, 57, 83, 88, 94, 106, 144, 152, 184, 190, 227, 245, 246, 249, 252
ピア・サポート　22, 72, 82, 83
東山紘久　59-62
引きこもり　13, 14, 145, 205
非言語的　23, 28, 36, 65, 83, 94, 95, 106, 215
非行　159, 160, 201, 234
非障害自閉症スペクトラム　132, 133
非定型発達　204

評価　14, 15, 17, 45, 47-50, 66, 81, 107, 120, 144, 149, 152, 161, 192, 218, 219, 234, 254, 259
描画法　96, 101
表現療法　8, 65, 89, 94-96, 103, 104
開かれた質問　115, 216, 226
風景構成法　100
不登校　5-7, 9, 13, 14, 16, 80, 127, 145, 157-163, 165, 167-170, 178, 191, 199, 200, 205, 206, 230-233, 235, 250, 251
プレイセラピー　31, 54
フロイト（Freud, S.）　32-34, 38, 39, 90, 201
文章完成法　94
分析心理学　38, 39, 84, 163, 173
ベーシック・エンカウンター・グループ　20
ベック（Beck, A. T.）　42
ペルソナ　40, 182
防衛　34, 102, 211, 216
防衛機制　33, 34, 36, 93, 98, 181, 201, 247, 248
保健室登校　5, 6, 216, 232
保護者の二極化　218
補償　35, 41
ボックスヒル（Boxhill, E. H.）　106
補導的側面　15, 16, 209

## ま 行

マイクロカウンセリング　214
マインドマップ　138
マガジン・ピクチャーコラージュ法　65
マコーバー人物画テスト　98
見守る　30, 103, 146, 147, 150, 160, 166-168, 170, 199, 200, 202, 214
ミュラー・リエールの錯視　92
ミラクルクエスチョン　216
無意識　15, 21, 32-34, 36-41, 65, 88, 94,

## 索 引

98, 101, 169
無条件の肯定的関心（unconditional positive regard） 56, 57, 58, 90
メラビアンの法則 23, 94
メンタルヘルス 205, 243-245, 252, 253
森谷寛之 65, 67, 99
モンスターペアレント 201
問題行動 1, 2, 4-7, 12, 137, 145, 191, 196, 199-202, 204, 205, 207, 218, 249-251

### や 行

山中康裕 100, 161
夢 23, 33, 39, 41, 88, 94, 115, 160, 163
ユング（Jung, C. G.） 38-41, 84, 88, 103, 173
養護教諭 151, 152, 154, 230-232
要約技法 217
抑圧 33, 34, 38, 93, 94, 96, 103
欲求不満耐性 247, 248

### ら 行

来談者中心療法 42, 55
ライフサイクル 141
ライフスキルトレーニング 22
ラポール →信頼関係（ラポール）
リビドー 33
リファー 104
療育 204
ルビン 91, 224
ルビンの杯 91
連携 9, 130, 135, 147, 150, 152-154, 167, 168, 174-176, 182, 184-186, 194, 209-211, 229-240
連続体（スペクトラム） 118-120, 127
ローエンフェルド（Lowenfeld, M.） 102
ローゼンツヴァイク絵画フラストレーション・テスト 94
ロールシャッハ・テスト 93, 94, 100
ロールプレイ 9, 23, 62, 72, 78, 80, 81, 86, 187, 188
ロジャーズ（Rogers, C. R.） 20, 54-56, 58, 59, 72

**体験型ワークで学ぶ教育相談**

2015年4月15日　初版第1刷発行
2017年7月1日　初版第2刷発行
2020年9月30日　初版第3刷発行

監　修　小野田正利・藤川信夫
編　著　大前玲子
発行所　大阪大学出版会
　　　　代表者　三成賢次
　　　　〒565-0871　大阪府吹田市山田丘2-7
　　　　　　　　　　大阪大学ウエストフロント
　　　　電話（代表）06-6877-1614　FAX 06-6877-1617
　　　　URL　http://www.osaka-up.or.jp

印刷・製本　（株）遊文舎

装幀　ことばとデザイン

ⒸR. Ohmae et al. 2015　　　　　　　　　Printed in Japan
ISBN978-4-87259-424-9 C3037

|JCOPY|〈出版者著作権管理機構 委託出版物〉

本書の無断複製は著作権法上での例外を除き禁じられています。複製される場合は、その都度事前に、出版者著作権管理機構（電話03-5244-5088、FAX 03-5244-5089、e-mail: info@jcopy.or.jp）の許諾を得てください。

## 大阪大学出版会の本

### 教育／福祉という舞台　動的ドラマトゥルギーの試み
藤川信夫編　A5判・並製・270頁・定価（本体3,800円＋税）

### 学び続ける教師の養成　成長観の変容とライフヒストリー
姫野完治著　A5判・上製・338頁・定価（本体4,500円＋税）

### 排除する社会・排除に抗する学校
西田芳正著　A5判・並製・288頁・定価（本体2,600円＋税）

### 格差を超える学校づくり　関西の挑戦
志水宏吉編　四六判・並製・306頁・定価（本体2,000円＋税）

### 「力のある学校」の探究
志水宏吉編　A5判・上製・312頁・定価（本体2,900円＋税）

### 教育社会学への招待
志水宏吉監修　若槻健・西田芳正編　A5判・並製・278頁・定価（本体2,400円＋税）